高等职业教育汽车类专业创新教材

汽车传感器原理与检修

第2版

主　编	梁金赟	吴文琳	
副主编	张树维	刘亿文	王　勇
	牛文学	徐国旗	
参　编	柳　桐	王　彬	王利鹤
	张俊东	胡根荣	陈百强
	唐龙泉	林瑞玉	

机械工业出版社

本书从实用角度出发，全面、系统地介绍了汽车传感器的作用、结构、工作原理和检修方法等内容。书中涉及温度传感器、压力传感器、气体和液体流量传感器、位置与角度传感器、气体浓度传感器、速度与加速度传感器、爆燃与碰撞传感器以及其他传感器共 12 大类，按具体应用或功能分类有 130 种，另外还有新能源汽车用传感器 12 种。对一些传感器的检测方法给出了具体车型示例，便于读者查阅。

本书内容全面、系统，实用性强、图文并茂，可以作为高职高专院校汽车类专业教材，也可供汽车维修、汽车检测及相关技术人员作为培训或参考用书。

为方便各院校不同专业的教学计划和培养方案，目录中标"＊"的章节可以选择性学习。

本书配备教学课件、习题答案、任务工单样章，选用本书作为教材的教师可在机械工业出版社教育服务网（www.cmpedu.com）注册后免费下载，或添加客服人员微信获取（微信号码：13070116286）。

图书在版编目（CIP）数据

汽车传感器原理与检修/梁金赟，吴文琳主编. —2 版. —北京：机械工业出版社，2021.6（2025.2 重印）
高等职业教育汽车类专业创新教材
ISBN 978-7-111-68077-2

Ⅰ.①汽… Ⅱ.①梁…②吴… Ⅲ.①汽车-传感器-理论-高等职业教育-教材②汽车-传感器-车辆修理-高等职业教育-教材 Ⅳ.①U463.6

中国版本图书馆 CIP 数据核字（2021）第 072843 号

机械工业出版社（北京市百万庄大街 22 号　邮政编码 100037）
策划编辑：齐福江　责任编辑：齐福江
责任校对：樊钟英　封面设计：张　静
责任印制：单爱军
北京虎彩文化传播有限公司印刷
2025 年 2 月第 2 版第 6 次印刷
184mm×260mm・17.75 印张・440 千字
标准书号：ISBN 978-7-111-68077-2
定价：59.00 元

电话服务　　　　　　　　网络服务
客服电话：010-88361066　　机　工　官　网：www.cmpbook.com
　　　　　010-88379833　　机　工　官　博：weibo.com/cmp1952
　　　　　010-68326294　　金　书　网：www.golden-book.com
封底无防伪标均为盗版　　　机工教育服务网：www.cmpedu.com

前　言

为了提高汽车的动力性、经济性、安全性、舒适性以及减少汽车排放污染，电子控制技术已在汽车控制系统中得到了广泛应用。在汽车电子控制系统中汽车传感器是至关重要的元件，担负着信息的采集和传输任务。汽车传感器工作性能的好坏，直接关系到汽车的运行状况和车辆行驶的安全性、经济性和舒适性等。

掌握好现代汽车的维修技术，必须全面了解传感器的结构、原理，以及检测与维修方法。为了满足广大汽车维修人员的迫切要求，我们编写了本书。

本书从实用角度出发，全面、系统地介绍了汽车传感器的作用、结构、工作原理和检修方法等内容。书中涉及温度传感器、压力传感器、气体和液体流量传感器、位置与角度传感器、气体浓度传感器、速度与加速度传感器、爆燃与碰撞传感器以及其他传感器共有 12 类，按具体应用或功能分类，有 130 种以上；另外还有新能源汽车用传感器 12 种。书中对一些传感器的检测方法给出了具体车型示例，便于读者查阅。

本书内容全面新颖、图文并茂、浅显易懂；具有较强的实用性和可操作性，可作为大专院校、职业学校和培训班的专业教材，也可供汽车维修人员作为培训、参考用书。

本书由梁金赟、吴文琳任主编，梁金赟策划并编写第 1、2 章，吴文琳统稿；张树维、刘亿文、王勇、牛文学、徐国旗任副主编，张树维编写第 3、5 章，并完成全书课后习题及电子课件的编写；刘亿文、王勇、牛文学、徐国旗分别编写第 4、6、7、8 章；参编人员有柳桐、王彬、王利鹤、张俊东、胡根荣、陈百强、唐龙泉、林瑞玉，共同编写第 9、10 章，并负责全书的多次校核。无锡德尔投资集团有限公司邱平部长、湖南交通职业技术学院汽车工程学院黄威老师参与了本书的审稿工作，在此表示感谢。在本书编写过程中参考了一些资料，并得到同行帮助，在此一并表示衷心感谢！

由于编者水平有限，书中难免存在不妥和疏漏之处，敬请广大读者批评指正。

编　者

目　录

前言

第一章　概述 ……………………………………………………………………… 1
　　一、传感器的定义与组成 ………………………………………………………… 1
　　二、汽车传感器的分类特征与工作原理 ………………………………………… 2
　　三、汽车传感器的应用 …………………………………………………………… 5
　　四、汽车传感器的识别与常见故障及影响 …………………………………… 13
　　五、未来汽车传感器的发展 …………………………………………………… 19
　　复习题 …………………………………………………………………………… 24

*第二章　传感器的检测方法 …………………………………………………… 25
　　第一节　传感器的检测程序及注意事项 ……………………………………… 25
　　　　一、传感器的检测程序 …………………………………………………… 25
　　　　二、传感器检测及使用注意事项 ………………………………………… 26
　　第二节　传感器的检测方法 …………………………………………………… 27
　　　　一、故障检测仪检测法 …………………………………………………… 28
　　　　二、测试灯检测法 ………………………………………………………… 30
　　　　三、万用表检测法 ………………………………………………………… 31
　　　　四、数据流的测试 ………………………………………………………… 32
　　　　五、传感器波形的检测与分析 …………………………………………… 38
　　　　六、模拟法 ………………………………………………………………… 46
　　　　七、替代法 ………………………………………………………………… 46
　　复习题 …………………………………………………………………………… 46

第三章　温度传感器 …………………………………………………………… 48
　　第一节　热敏电阻式温度传感器 ……………………………………………… 49
　　　　一、冷却液温度传感器 …………………………………………………… 49
　　　　二、进气温度传感器 ……………………………………………………… 53

三、车内、车外空气温度传感器 ………………………………………………………… 56
　　四、空调蒸发器出口温度传感器 ………………………………………………………… 60
　　五、排气温度传感器 ……………………………………………………………………… 62
　　六、废气再循环（EGR）系统监测温度传感器 ………………………………………… 64
　　七、自动变速器油温度传感器 …………………………………………………………… 65
　　八、燃油温度传感器 ……………………………………………………………………… 66
　*九、HV（混合动力汽车）蓄电池温度传感器 ………………………………………… 67
　*十、HV 蓄电池进气温度传感器 ………………………………………………………… 68
　*十一、辅助蓄电池温度传感器 …………………………………………………………… 69
　*十二、混合动力系统电机温度传感器 …………………………………………………… 70
　*十三、升压变换器温度传感器 …………………………………………………………… 70
　*十四、尿素溶液温度传感器 ……………………………………………………………… 71
　*十五、制冷剂温度传感器 ………………………………………………………………… 71
　*第二节　热敏铁氧体温度传感器 ………………………………………………………… 73
　　一、热敏铁氧体温度传感器的结构与原理 ……………………………………………… 73
　　二、热敏铁氧体温度传感器的检测 ……………………………………………………… 74
　复习题 ……………………………………………………………………………………… 74

第四章　压力传感器 ……………………………………………………………………… 75

　第一节　机油压力开关 …………………………………………………………………… 75
　　一、机油压力开关的结构与原理 ………………………………………………………… 75
　　二、发动机机油压力开关的检测 ………………………………………………………… 76
　第二节　进气歧管压力传感器 …………………………………………………………… 76
　　一、半导体压敏电阻式进气压力传感器 ………………………………………………… 76
　　二、电容式进气歧管压力传感器 ………………………………………………………… 78
　　三、真空膜盒式进气压力传感器 ………………………………………………………… 79
　第三节　涡轮增压压力传感器 …………………………………………………………… 81
　第四节　大气压力传感器 ………………………………………………………………… 82
　　一、大气压力传感器的结构与原理 ……………………………………………………… 82
　　二、大气压力传感器的检测 ……………………………………………………………… 83
　*第五节　蓄能器压力传感器 ……………………………………………………………… 84
　　一、蓄能器压力传感器结构与原理 ……………………………………………………… 84
　　二、蓄能器压力传感器的检测 …………………………………………………………… 85
　*第六节　共轨压力传感器 ………………………………………………………………… 85
　　一、共轨压力传感器安装位置和作用 …………………………………………………… 86
　　二、共轨压力传感器的检测 ……………………………………………………………… 87
　第七节　轮胎压力传感器 ………………………………………………………………… 88
　第八节　其他压力传感器 ………………………………………………………………… 90
　　一、空调压力开关 ………………………………………………………………………… 90

二、发动机机油压力传感器 …………………………………………………………… 91
三、发动机机油液面传感器 …………………………………………………………… 91
四、制动压力传感器 …………………………………………………………………… 92
五、燃油压力传感器 …………………………………………………………………… 93
复习题 ………………………………………………………………………………………… 94

第五章　气体和液体流量传感器 …………………………………………………………… 95

＊第一节　翼片式空气流量传感器 ……………………………………………………… 95
一、翼片式空气流量传感器的结构与原理 …………………………………………… 95
二、翼片式空气流量传感器的检测 …………………………………………………… 97
三、翼片式空气流量传感器检测示例 ………………………………………………… 98

第二节　卡门涡旋式空气流量传感器 …………………………………………………… 99
一、超声波式卡门涡旋空气流量传感器 ……………………………………………… 99
二、反光镜式卡门涡旋空气流量传感器 …………………………………………… 101

第三节　热线式与热膜式空气流量传感器 …………………………………………… 103
一、热线式空气流量传感器 ………………………………………………………… 103
二、热膜式空气流量传感器 ………………………………………………………… 104

第四节　量芯式空气流量传感器 ……………………………………………………… 109
一、量芯式空气流量传感器的结构与原理 ………………………………………… 109
二、量芯式空气流量传感器的检测 ………………………………………………… 110

第五节　光电式燃油流量传感器 ……………………………………………………… 111
一、光电式燃油流量传感器的结构与原理 ………………………………………… 111
二、光电式燃油流量传感器的检测 ………………………………………………… 111

＊第六节　静电式制冷剂流量传感器 …………………………………………………… 111
一、静电式制冷剂流量传感器的作用与原理 ……………………………………… 111
二、静电式制冷剂流量传感器的检测 ……………………………………………… 112
复习题 ……………………………………………………………………………………… 113

第六章　位置与角度传感器 ………………………………………………………………… 114

第一节　曲轴位置传感器 ……………………………………………………………… 115
一、磁脉冲式曲轴位置传感器 ……………………………………………………… 115
二、光电式曲轴位置传感器 ………………………………………………………… 117
三、霍尔式曲轴位置传感器 ………………………………………………………… 120

第二节　凸轮轴位置传感器 …………………………………………………………… 121
一、概述 ……………………………………………………………………………… 121
二、磁阻元件式凸轮轴位置传感器 ………………………………………………… 123
三、柴油发动机凸轮轴位置传感器 ………………………………………………… 125

第三节　节气门位置传感器 …………………………………………………………… 125
＊一、触点开关式节气门位置传感器 ……………………………………………… 126

二、线性输出型节气门位置传感器 128
三、双霍尔式节气门位置传感器 129
第四节 车身高度传感器与转角传感器 132
一、车身高度传感器 132
二、转角传感器 136
第五节 液位传感器 141
一、浮子舌簧开关式液位传感器 141
二、浮子可变电阻式液位传感器 143
三、热敏电阻式液位传感器 144
四、电容式液位传感器 146
五、电热式液位传感器 147
六、电极式液位传感器 148
七、半导体型液位传感器 149
第六节 溢流环位置传感器 149
一、可调电感式溢流环位置传感器的结构与原理 149
二、可调电感式溢流环位置传感器的检测 150
第七节 加速踏板位置传感器 150
一、电位计式加速踏板位置传感器 151
二、双霍尔式加速踏板位置传感器 152
第八节 齿杆位置传感器 154
一、差动变压器式齿杆位置传感器 154
二、差动自感式齿杆位置传感器 154
三、电涡流式齿杆位置传感器 155
*第九节 喷油器针阀升程传感器 156
一、喷油器针阀升程传感器的结构 156
二、喷油器针阀升程传感器的检测 157
第十节 座椅位置传感器 157
第十一节 方位传感器 161
一、磁通量闸门式方位传感器 161
二、双线圈发电机型地磁矢量方位传感器 163
第十二节 EGR 阀位置传感器 164
一、EGR 阀位置传感器的结构 164
二、EGR 阀位置传感器的检测 164
第十三节 距离传感器 167
一、压电式超声波传感器 167
二、激光传感器 170
三、电磁波测距传感器（毫米波雷达传感器） 170
第十四节 离合器位置传感器 171
复习题 173

第七章　气体浓度传感器 …… 174

第一节　氧传感器 …… 174
一、二氧化锆式氧传感器 …… 175
二、二氧化钛式氧传感器 …… 180

第二节　稀薄混合气传感器 …… 181
一、稀薄混合气传感器的结构及作用 …… 181
二、稀薄混合气传感器的检测 …… 183

第三节　全范围空燃比传感器 …… 183
一、全范围空燃比传感器的结构与原理 …… 183
二、全范围空燃比传感器的检测 …… 185

*第四节　烟雾浓度传感器 …… 186
一、烟雾浓度传感器的结构与原理 …… 186
二、烟雾浓度传感器的检测 …… 187

*第五节　柴油机烟度传感器 …… 188
一、柴油机烟度传感器结构与原理 …… 188
二、柴油机烟度传感器检测 …… 189

*第六节　NO_x 传感器 …… 190

*第七节　空气品质传感器 …… 192

复习题 …… 194

第八章　速度与加速度传感器 …… 195

*第一节　发动机转速传感器 …… 196
一、柴油发动机用转速传感器 …… 196
二、舌簧开关式发动机转速传感器 …… 198

第二节　车速传感器 …… 199
*一、舌簧开关式车速传感器 …… 200
二、电磁感应式车速传感器 …… 201
三、光电式车速传感器 …… 202
四、霍尔式车速传感器 …… 204
五、可变磁阻式车速传感器 …… 205
六、多普勒雷达式车速传感器 …… 207

第三节　轮速传感器 …… 207
一、电磁感应式轮速传感器 …… 208
二、励磁式轮速传感器 …… 210
三、霍尔效应式轮速传感器 …… 210
四、磁阻式轮速传感器 …… 212

第四节　加速度与减速度传感器 …… 214
一、光电式减速度传感器 …… 214

二、水银式减速度传感器 ··· 215
　　三、差动变压器式减速度传感器 ·· 216
　　四、压电式减速度传感器 ··· 217
　　五、压阻式减速度传感器 ··· 217
　　六、开关式加速度传感器 ··· 220
第五节　横摆角速度传感器与组合传感器 ·· 220
　　一、横摆角速度传感器 ·· 220
　　二、组合传感器 ··· 220
复习题 ··· 224

第九章　爆燃与碰撞传感器 ·· 225

第一节　爆燃传感器 ··· 225
　　一、压电式爆燃传感器 ·· 226
　　二、共振型磁致伸缩式爆燃传感器 ·· 229
　　三、火花塞座金属垫型爆燃传感器 ·· 230
第二节　碰撞传感器 ··· 230
　　一、滚球式碰撞传感器 ·· 231
　　二、滚轴式碰撞传感器 ·· 233
　　三、偏心锤式碰撞传感器 ··· 233
　　四、电阻应变计式碰撞传感器 ··· 234
　　五、压电式碰撞传感器 ·· 235
　　六、水银开关式碰撞传感器 ·· 235
　　七、阻尼弹簧式碰撞传感器 ·· 236
　　八、应变仪式安全传感器 ··· 237
　　九、碰撞传感器的检测 ·· 237
　　十、防盗振动传感器 ··· 240
复习题 ··· 243

第十章　其他传感器 ·· 244

第一节　光量传感器 ··· 244
　　一、日照传感器 ··· 244
　　二、光电式光量传感器 ·· 245
　　三、装有光电二极管的自动控制器用光量传感器 ·· 247
　　四、热释电式红外线传感器 ·· 248
第二节　湿度传感器 ··· 249
　　一、热敏电阻式湿度传感器 ·· 249
　　二、结露传感器 ··· 250
　　三、空气湿度传感器 ··· 250
*第三节　电流检测用传感器 ··· 253

一、晶体管式电流传感器 …………………………………………………………………… 253
　　二、舌簧开关式电流传感器 ………………………………………………………………… 253
　　三、正温度系数热敏电阻式（PTC）电流传感器 ………………………………………… 254
　　四、电阻-集成电路式电流传感器 ………………………………………………………… 254
　　五、集成电路式灯泡断丝检测传感器 ……………………………………………………… 255
　　六、制动器摩擦片磨损检测传感器 ………………………………………………………… 256
　　七、HV 蓄电池电流传感器 ………………………………………………………………… 256
　　八、ION 传感器 …………………………………………………………………………… 257
　第四节　雨滴传感器 …………………………………………………………………………… 258
　　一、压电式雨滴传感器 ……………………………………………………………………… 259
　　二、电容式雨滴传感器 ……………………………………………………………………… 260
　　三、光电式雨滴传感器 ……………………………………………………………………… 261
　第五节　视觉传感器 …………………………………………………………………………… 262
　第六节　存储式后视镜用传感器 ……………………………………………………………… 265
　　一、存储式后视镜用传感器的结构 ………………………………………………………… 265
　　二、存储式后视镜用传感器的检测 ………………………………………………………… 265
＊第七节　燃油含水率传感器 …………………………………………………………………… 266
　　一、燃油含水率传感器的作用与原理 ……………………………………………………… 266
　　二、燃油含水率传感器的检测 ……………………………………………………………… 266
　第八节　空调压缩机锁定传感器 ……………………………………………………………… 267
　第九节　汽车导航传感器 ……………………………………………………………………… 267
　　一、罗盘传感器 ……………………………………………………………………………… 268
　　二、车轮转差方向传感器 …………………………………………………………………… 269
　　三、陀螺仪 …………………………………………………………………………………… 270
＊第十节　智能型蓄电池传感器 ………………………………………………………………… 271
＊第十一节　侵入传感器 ………………………………………………………………………… 272
　复习题 …………………………………………………………………………………………… 273

参考文献 ………………………………………………………………………………………… 274

第一章 概 述

随着电子和计算机技术的发展,在汽车发动机、底盘和车身上应用了各种电控系统。电控系统主要由传感器、电子控制单元和执行器组成。传感器在这些系统中承担了信息的采集和传输工作。它将采集到的信息传送到电子控制单元(ECU),电子控制单元根据这些信息向执行器发出指令,使执行器动作,完成电子控制。汽车传感器可以及时识别汽车本身和周围环境的变化,进行信息反馈,从而实现电控系统的自动控制。

在现代汽车电子控制系统中,传感器是相当重要的关键部件。电子控制装置要实现各类精确控制,需要各种必要的信息来提供判断依据,而这些信息的采集和发送就是利用各种传感器来实施的。如果没有各类传感器提供发动机、汽车工作状况和外部环境等信息,电子控制装置就失去了决策依据。

目前,汽车用传感器产品和传感器技术都得到了迅速发展,敏感器件的种类越来越多,捕捉信息的范围也越来越宽,精度不断提高,寿命逐渐增加,价格也有所下降,并且向固体化、集成化、数字化和智能化方向发展。

一、传感器的定义与组成

1. 定义

汽车传感器是一种能检测物理量、电量和化学量等信息,并能把它转换成ECU能接收的电信号,也就是对信息进行采集和传输的器件。在国标GB7665—2005《传感器通用术语》中,将传感器定义为:"能够感觉规定的被测量,并按一定的规律将其转换成输出信号的器件或装置,通常由敏感元件和转换元件组成"。敏感元件指传感器中能直接感受或响应被测量的部分;转换元件指传感器中能将敏感元件感受的或响应的被测量转换成适合于传输的电信号的部分。国际电工委员会的定义为:"传感器是测量系统中的一种前置部件,它将输入变量转换成可供测量的信号"。

2. 组成

传感器一般由敏感元件、转换元件和其他辅助元件组成。有时也将信号调节与转换电路及辅助电源作为传感器的组成部分,如图1-1所示。

敏感元件指直接感受被测量(一般为非电量),并输出与被测量成确定关系的其他量(一般为电量)的元件。如应变式压力传感器的弹性膜片就是敏感元件,它的作用是将压力

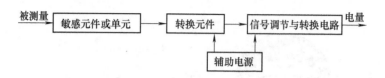

图 1-1 传感器组成框图

转换成膜片的变形。

转换元件指传感器中能将敏感元件感受（或响应）的被测量转换成适合于传输和（或）测量的电信号部分。当输出为规定的标准信号时，则一般称为变送器，又称转换器，一般情况下不直接接收被测量，而是将敏感元件输出的量转换为电量输出的元件。如应变式压力传感器的应变片，它的作用是将弹性膜片的变形转换为电阻值的变化。

信号调节与转换电路一般是指能把传感元件输出的电信号转换为便于显示、记录、处理和控制的有用电信号的电路，信号调节与转换电路的选择要视传感元件的类型而定，常用电路有信号放大器电桥、振荡器、阻抗变换器等。

二、汽车传感器的分类特征与工作原理

1. 汽车传感器的分类

汽车传感器的种类很多，已由从前一般的电磁、光电传感器等发展为用激光、光导纤维、磁敏、气敏、力敏、热敏、霍尔效应、光栅、雷达等制成的各类传感器，精度也有很大提高，且一种被测参数可用多种不同类型的传感器来测量，而同一种传感器往往也可以测量多种被测参数。传感器的分类有多种方法，常见的分类方法可按能量关系、信号转换、输入量、工作原理、输出信号、制造工艺和使用功能进行分类。

（1）按能量关系分类

传感器按能量关系分类可分为主动型和被动型两类。汽车上使用的传感器大多数属被动型传感器，这种被动型传感器需要外加输入电源才能产生电信号，所以这类传感器实际上是一个能量控制器。采用电阻、电感、电容，利用应变效应、磁阻效应、热阻效应制成的传感器，都属于被动型传感器。

> 主动型传感器的工作不需要外界提供电源，由自身吸收其他能量（光能和热能），经变换后再输出电能，它是一个能量变换装置。采用压电效应、磁致伸缩效应、热电效应、光电效应等原理制成的传感器都属于主动型传感器。

（2）按信号转换分类

传感器按信号转换关系分类，可分为由一种非电量转换成另一种非电量的传感器，如弹性敏感元件和气动传感器；另一种是由非电量转换成电量的传感器，如热电偶温度传感器、压电式加速度传感器等。

（3）按输入量分类

传感器按输入量分类即按被测量分类，可分为位移、速度、加速度、角位移、角速度、力、力矩、压力、真空度、温度、电流、气/液体成分（浓度）传感器等。

(4) 按工作原理分类

按传感器的工作原理分类，有电阻式、电容式、应变式、电感式、光电式、光敏式、压电式、热电式传感器等。

(5) 按输出信号分类

按传感器输出信号分类，有模拟式和数字式传感器两种。

> 模拟电压信号是指随时间延续而连续变化的电信号。在汽车控制单元控制系统中，大多数传感器以产生模拟电压信号为主。
>
> 数字电压信号是指随时间延续而不连续变化的电信号，该信号只有两种状态，即：高电平和低电平，同时也包括一些开关信号。数字电压信号不需要经过 A/D 转换，能够由 ECU 直接处理。

(6) 按制造工艺分类

按制造工艺可以将传感器分为集成传感器、薄膜传感器、厚膜传感器、陶瓷传感器等类型。

(7) 按使用功能分类

传感器按其使用功能又可分为两类：一类是使驾驶、维修人员了解汽车各部分状态的传感器，如温度、车速、发动机转速、液体压力传感器等；另一类是用于控制汽车运行状态的传感器，如节气门位置传感器、轮速传感器、减速度传感器、偏航率传感器等。汽车用传感器的种类见表1-1。

表1-1 汽车用传感器的种类

传感器种类	检测量或检测对象
温度传感器	冷却液、排出气体、吸入空气、发动机机油、自动变速器油、车内空气、燃油
压力传感器	进气歧管压力、大气压力、燃烧压力、发动机机油压力、自动变速器油压力、各种泵压力、轮胎压力、燃油压力、共轨压力、冷却液压力
转速传感器	曲轴转角、曲轴转速、转向盘转角、车轮速度
速度、加速度传感器	车速、加速度
流量传感器	吸入空气量、燃料流量、废气再循环量、二次空气量、制冷剂流量
液量传感器	燃油、冷却液、电解液、洗涤液、机油、制动液
位移、方位传感器	节气门开度、废气再循环阀开度、车辆高度、行驶距离、行驶方位、GPS全球定位
气体浓度传感器	氧气、二氧化碳、NO_x、HC、柴油烟度
其他传感器	转矩、爆燃、燃料成分、湿度、玻璃结霜、饮酒状态、睡眠状态、蓄电池电压、蓄电池容量、灯泡断线、荷重、冲击物、轮胎失效、风量、日照、光照、电磁、雨滴等

2. 汽车传感器的基本特征

汽车传感器的基本特征有静态特性和动态特性两种。

(1) 静态特性

传感器的静态特性是指被测量的值处于稳定状态的输入、输出关系。只考虑传感器的静态特性时,输入量与输出量之间的关系中就不含时间的变量。衡量静态特性的主要指标是线性度、灵敏度、迟滞和重复性等。理想的传感器应该线性度好、灵敏度高、迟滞不明显、重复性好。

(2) 动态特性

传感器的动态特性是指其输出对随时间变化的输入量的响应特性。当输入量随时间变化时(即属于时间函数时),则传感器的输出量也是时间函数,其时间关系用动态特性来表示。一个理想的传感器其输出信号与输入信号应该具有相同形态的时间函数。

3. 传感器主要工作原理

汽车传感器的主要工作原理有:电磁感应、霍尔效应、光电效应、压电效应、压阻效应、磁阻效应、自感与互感和焦耳定律等几种。

(1) 电磁感应

导体放在变化的磁通量中会产生电动势的现象称为电磁感应现象。这种电动势称为感应电动势或感生电动势。若将此导体闭合成一回路,则该电动势会驱使电子流动,从而形成感应电流(感生电流)。

其中磁通量的概念如图1-2a所示,假设在磁感应强度为B的匀强磁场中,有一个面积为S且与磁场方向垂直的平面,磁感应强度B与面积S的乘积,称为穿过这个平面的磁通量,简称磁通,用符号"ϕ"表示。磁通量发生变化时,在线圈中将会产生感应电动势。

(2) 霍尔效应

霍尔效应的原理如图1-2b所示。当电流I通过放在磁场中的半导体基片(称为霍尔元件)且电流方向和磁场方向垂直时,在垂直于电流和磁通的半导体基片的横向侧面上产生一个电压,这个电压称为霍尔电压U_H。霍尔电压U_H的高低与通过的电流I和磁感应强度B成正比。

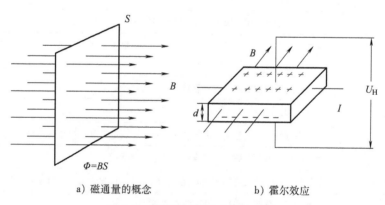

a) 磁通量的概念　　b) 霍尔效应

图1-2　磁通量的概念与霍尔效应

(3) 光电效应

光电效应是指在光的照射下,某些物质内部的电子会被光子激发出来而形成电流,即光生电的现象。

(4) 压电效应

正压电效应是指某些电介质在沿一定方向且受到外力的作用而变形时,其内部会产生极化现象,同时在它的两个相对表面上出现正负相反的电荷。当外力去掉后,它又会恢复到不带电的状态的现象。当作用力的方向改变时,电荷的极性也随之改变。相反,当在电介质的极化方向上施加电场时,这些电介质也会发生变形,电场去掉后,电介质的变形随之消失,这种现象称为逆压电效应。

(5) 压阻效应

所谓压阻效应,就是在应力的作用下,半导体电阻发生改变的现象。

(6) 磁阻效应

通过半导体元件的磁通量发生变化时,半导体元件的电阻会随之发生变化。该半导体元件被称为磁阻元件。

(7) 自感与互感

自感是由线圈内部磁通量的变化而在线圈自身中产生感应电动势的现象。由自感产生的感应电动势称为自感电动势。

互感是由一个线圈中的电流变化而使另一个线圈产生感应电动势的现象。由互感产生的感应电动势称为互感电动势。

(8) 焦耳定律

焦耳定律是指载流导体中产生的热量 Q(称为焦耳热)与电流 I 的平方、导体电阻 R、通电时间 t 成正比。

三、汽车传感器的应用

现代汽车电子控制中,传感器广泛应用在发动机、底盘和车身各个系统中。汽车传感器在这些系统中担负着信息的采集和传输功用,它采集的信息由控制单元(ECU)进行处理后,形成向执行器发出的指令,完成电子控制。传感器在电子控制和自诊断系统中是非常重要的装置,它能及时识别外界和系统本身的变化,再根据变化的信息去控制系统本身的工作。各个系统控制过程正是依靠传感器进行信息的反馈,实现自动控制工作的。

> 控制单元不断地检测各个传感器的信号,一旦检测出某个输入信号不正常,就可将错误的信号存入存储器内,需要时可以通过专用诊断仪或采取人工方法读取故障信息,再根据故障信息进行维修。

车用传感器所检测的信息包括车辆运动状态以及驾驶操纵、车辆控制、运动环境、异常状态监控等所需信息。汽车电子控制系统上应用了多种传感器,如空气流量传感器、压力传感器、位置传感器、速度传感器、温度传感器、气体浓度传感器等。在这些传感器的共同作用下,汽车电子控制系统对发动机、底盘、行驶安全、信息等进行集中控制。

1. 汽车发动机控制

(1) 电控汽油喷射(电喷 EFI)

电控汽油喷射系统根据空气流量传感器或进气压力传感器、发动机转速传感器、节气门位置传感器、凸轮轴位置传感器、进气温度传感器、冷却液温度传感器、氧传感器等信号计算喷油量。该系统能使发动机在各种工况下实现空气与燃油匹配最佳,具有提高功率、降低油耗、减少排气污染等功效。在一定条件下,控制单元可根据氧传感器输出的含氧浓度信号修正燃油供给量,使混合气浓度保持在理想状态。

1）喷油量控制。控制单元（ECU）根据空气流量传感器或进气压力传感器、发动机转速传感器、进气温度传感器、冷却液温度传感器等所提供的信号，计算喷油脉冲宽度，即喷油量。发动机各种工况下的最佳喷油量存储在控制单元的存储器中。

2）喷油正时控制。当发动机采用多点顺序燃油喷射系统时，ECU除了控制喷油量以外，还要根据发动机的各缸点火顺序，将喷油时间控制在最佳时刻，以使汽油充分燃烧。但在电子控制间歇喷射系统中，采用独立喷射时，控制单元还要对喷射燃油的气缸辨别信号进行分析，根据发动机各缸的点火顺序和发动机工况的不同，而将喷油时间控制在最佳时刻。

3）进气增压控制。进气谐波增压控制是ECU根据发动机转速传感器检测到的发动机转速信号，控制增压控制阀的开闭，改变进气管的有效长度，实现中低转速区和高转速区的进气谐波增压，提高发动机的充气效率。涡轮增压控制阀装在有电子控制涡轮增压器的发动机上，在发动机工作中，能保证获得最佳增压值。涡轮增压发动机排气温度高，容易产生爆燃，电子控制装置可以通过降低增压压力和调节点火正时相结合的办法阻止爆燃，使发动机的功率不会下降，而得到稳定发挥。

4）发电机输出电压的控制。控制单元根据发动机转速传感器输入的转速信息，以及蓄电池温度等信息，控制励磁电流，实现对发电机输出电压的控制。当发电机输出电压超过额定值时，ECU使励磁电路接通时间变短，减弱励磁电流，降低发电机电压；相反，当输出电压低于额定值时，ECU使励磁电路接通时间变长，增强励磁电流，提高发电机电压。

5）电子节气门控制。在电控加速踏板中安装有一个电位器作为传感器，它可把加速踏板的位置信息输入ECU，ECU再根据发动机的工况，计算节气门位置的理论值，该理论值与发动机运行参数、加速踏板位置有关。控制单元可把节气门位置调整在理论值范围内，这样可以避免在加速踏板传动机构中由于间隙、磨损产生的误差，可在燃油消耗优化的前提下，发挥较好的加速性。

6）冷起动喷油器控制。为了提高发动机低温时的冷机起动性能，在进气总管上安装了一个冷起动喷油器，其喷油时间由定时开关控制，或由控制单元和起动喷油器定时开关同时控制。有些电控发动机已经取消了冷起动喷油器，在低温起动过程中，ECU根据发动机冷却液温度信息，在冷机起动时加浓混合气，以使起动顺利。

7）燃油泵控制与燃油泵泵油量控制。在电控燃油喷射系统中，燃油泵的控制方式有两种：一种是当点火开关打开后，ECU使燃油泵运转2~3s，以产生必要的油压，若发动机没有起动，就没有信号输入ECU，ECU会立即切断燃油泵继电器控制电路，使燃油泵停止工作；另一种控制方式是只有发动机运转时，燃油泵才投入运转。

有的燃油泵控制系统是使泵油量随发动机的负荷而变化，即当发动机高转速、大负荷工作时，燃油泵高速运转以增加供油量；当发动机低转速、小负荷工作时，燃油泵低速运转，以减少供油量。

8）断油控制。发动机的断油控制分为减速断油控制和超速断油控制。减速断油控制是汽车在正常行驶中，驾驶人突然放松加速踏板，ECU根据转速信号将自动切断燃油喷射控制电路，使燃油喷射中断，目的是降低减速时HC和CO的排放量；而当发动机转速下降到临界转速时，又能自动恢复供油。超速断油控制是发动机加速时，当转速超过安全转速或汽车车速超过设定的最高车速时，ECU将会在临界转速时切断燃油喷射控制电路，停止喷油，以防超速。

9) 停车起动控制。在汽车停车数秒后，停车起动系统会发出控制信号将燃油切断。具体工作过程是当离合器脱开，汽车停车或车速约为2km/h时，发动机熄火。若要使发动机起动，可将离合器踩到底，再踏下加速踏板，当加速踏板踩到总行程的1/3时，发动机将再次起动。

10) 排放控制。废气再循环（EGR）控制是当发动机的废气排放温度达到一定值时，ECU根据发动机的转速和负荷信号，控制EGR阀的开启动作，使一定数量的废气进行再循环，以降低排气中NO_x的排放量。

① 开环与闭环控制是在装有氧传感器及三元催化转化器的发动机中，ECU根据发动机的工况及氧传感器反馈的空燃比信号，确定开环控制或闭环控制。

② 二次空气喷射控制是ECU根据发动机的工作温度，控制新鲜空气喷入排气歧管或三元催化转化器，用以减少排气造成的污染。

③ 燃油蒸气回收控制是ECU根据发动机的工作温度、转速和负荷信号，控制清污电磁阀的开启工作，将活性炭吸附的汽油蒸气吸入进气管，进入发动机燃烧，以降低燃油蒸发排放。

11) 自诊断与报警。当电子控制系统出现故障时，ECU会点亮仪表板上的"发动机检查（CHECK ENGINE SOON）"指示灯，提醒驾驶人发动机已经出现故障，应立即停车检修。ECU将故障以故障码的形式存储在ECU的存储器中，维修人员通过诊断插座，使用专用诊断仪或采用人工方法读取故障信息。

12) 安全保险与备用功能。当ECU检测到电控系统出现的故障时，会自动按照ECU预先设置的数据，使发动机保持运转（但发动机的性能有所下降），以便尽快将车送到维修站检修。

当ECU本身出现故障时，会自动启用备用系统，使发动机进入"跛行状态"，以便将车开到维修站检修。

（2）电控点火装置

发动机运转时，控制单元根据空气流量传感器或进气压力传感器、发动机转速传感器、凸轮轴位置传感器、温度传感器等信号，使发动机在最佳点火提前角工况下工作，输出最大功率和转矩，将油耗和排放降到最低限度。该系统可通过爆燃传感器进行反馈控制，其点火时刻的控制精度比无反馈控制时高，但排气净化差。

1) 点火提前角控制。在ECU的存储器中存储着发动机在各种工况下的最佳点火提前角。发动机运转时，ECU根据发动机的转速和负荷信号确定基本提前角，并再根据其他信号进行修正，最后确定最佳点火提前角，然后向电子点火控制器输出点火信号，以控制点火系统的工作。

2) 通电时间（闭合角）与恒流控制。点火线圈初级电路在断开时需要保证足够大的断开电流，以使次级线圈产生足够高的次级电压。与此同时，为防止通电时间过长而使点火线圈过热损坏，ECU根据蓄电池电压及发动机转速信号等，控制点火线圈初级电路的通电时间。

在现代汽车高能点火系统电路中，还增加了恒流控制电路，使初级电流在极短的时间内迅速增长到额定值，减少转速对次级电压的影响，改善点火特性。

3）爆燃控制。当 ECU 接收到爆燃传感器输入的电信号后，ECU 对该信号进行处理并判断是否产生爆燃。当检测到爆燃信号后，ECU 立即推迟发动机点火提前角，采用反馈控制避免爆燃产生。

(3) 柴油机电控喷射控制

柴油机电子控制系统通常具有以下控制功能。

柴油机电子控制系统的控制功能
- 喷油量控制
- 喷油时间控制
- 发动机转矩控制
- 急速控制
  - 转速控制
  - 稳定性控制
  - 急速升速控制
- 进气控制
  - 进气节流控制
  - 进气加热控制
- 引导喷射控制
- 空调关闭控制
- EGR 控制
- 涡轮增压控制
- 故障自诊断
- 故障应急控制

柴油机电子控制燃油系统根据各机型产生高压燃油的机构不同，可分为电子控制直列泵喷射系统、电子控制分配泵喷射系统、电子控制泵喷嘴喷射系统、电子控制共轨喷射系统等 4 种。

传感器不断检测柴油机、车辆运行状态及操作量等信息，并送给控制单元。系统使用的主要传感器有发动机转速传感器、齿杆位置传感器、喷油提前角传感器及加速踏板位置传感器等。

目前，柴油机电控系统中应用各种不同类型、不同功能的传感器，如曲轴位置传感器、凸轮位置传感器、加速踏板位置传感器、冷却液温度传感器、油压和温度传感器等。这些传感器输入信号到电控制单元，用于发动机整个工作范围内控制最优燃油喷射量、喷射时间，以减小废气污染物排放并提高发动机功率和燃油经济性。

控制单元负责处理所有信息、执行程序，并将运行结果作为控制指令输出到执行器。此外，它还有通信功能，即和其他控制系统——如传动装置控制单元进行数据输送和交换，同时考虑到其他系统的实时情况，适当修正燃油系统的执行指令，即适当修正喷油量、喷油提前角等。

执行器根据控制单元送来的指令驱动调节喷油量及喷油正时的相应机构，从而调节柴油机的运行状态。在直列泵系统中，有调速器执行器（调节喷油泵的齿杆位移）和提前执行器（调节发动机驱动轴和喷油泵凸轮轴的相位差，从而调节喷油时间），在分配泵系统中也还有一些独特的执行器。

电控柴油发动机采用的主要传感器见表 1-2。

第一章 概　述

表1-2　柴油机电控系统中的主要传感器及其作用

传感器类型		作　用
温度传感器	燃油温度传感器	向ECU提供燃油温度信号，一般设置在第二级燃油滤清器盖内。ECU将根据燃油的温度变化调节供给单体式喷油器的脉宽调制信号，因为燃油随着温度升高而膨胀，将会导致发动机功率降低
	冷却液温度传感器	用于向ECU提供发动机冷却液温度信号。该传感器可以用于触发自动降低发动机功率的保护功能，像机油压力和机油温度超限一样，当冷却液温度超限时也会使发动机停机。现在许多重型货车还利用该传感器对冷却风扇进行控制
	进气温度传感器	向ECU指示进气管内空气温度，ECU将根据进气温度调节喷油脉宽调制信号，以控制排放
	机油温度传感器	始终向ECU指示发动机的机油温度。通常，ECU及发动机保护功能可以提供像机油压力过低时同样的保护特性。当机油温度超过正常的安全限值时，首先会将仪表板上的黄色警告灯点亮，当机油温度进一步升高到预设的最高温度限值时，将会触发发动机停机功能，之后，发动机将像机油压力超限后一样停止运转。许多电控发动机在起动时，特别是在寒冷气温状态下，该传感器信号将使ECU进入快怠速控制，有些发动机的ECU在这种情况下是根据冷却液温度传感器的输入信号进行快怠速控制的。该信号会使ECU改变喷油PWM时间，以控制发动机冷态时的白烟排放。当机油温度或冷却液温度达到预设限值或发动机运转规定时间之后，发动机的怠速转速将自动恢复到正常
位置传感器	加速踏板位置传感器	在加速踏板下面安装一个电位计或变阻器，该传感器用于向ECU传送驾驶人所希望提供的油量。加速踏板位置传感器从ECU接受5V基准直流电压，当驾驶人踩下加速踏板时，加速踏板位置传感器向ECU反映加速踏板踩下的百分比。在加速踏板位置传感器上设有怠速确认开关，该开关可以保证即使在加速踏板位置传感器电路发生故障时，发动机仍然能够保持怠速运转。在加速踏板处于怠速位置时，ECU向加速踏板位置传感器电位计供给5V电压，电位计滑臂所处的位置使输入电压通过整个线圈，通过滑臂向ECU返回的电压大约只有0.5V，微处理器将加速踏板位置传感器的输入信号与储存的加速踏板关闭时的电压值进行比较。在加速踏板全开位置时，通过滑臂向ECU返回的电压大约只有4.5V，将该电压与储存的代表加速踏板全开的电压值进行比较。加速踏板位于怠速和全开之间的任何位置时，由电位计滑臂位置决定的输出信号电压值与驾驶人要求的供油量成正比例。因此，按照驾驶人要求的供油量，加速踏板位置传感器输出的电压信号在0.5~4.5V之间变化
	调节滑套位置传感器	喷油定时的基准信号
	针阀升程传感器	喷油定时的基准信号
	冷却液液位传感器	用于监测散热器上水室或膨胀水箱中冷却液液位。通常该传感器信号与ECU的发动机保护系统相关，当冷却液液位过低时，会使发动机停止运转。此外，当该传感器测到冷却液液位过低时，发动机将不能起动，并使仪表板上的警告灯点亮
	空气流量传感器	发动机控制单元利用空气流量传感器测得的进气量来计算喷油量和废气再循环率

(续)

传感器类型		作用
压力传感器	共轨压力传感器	共轨压力传感器的作用是以足够的精度,在较短的时间内测定共轨中的实时压力,并向ECU提供电信号
	燃油压力传感器	一般监测第二级燃油滤清器出口处燃油压力。该传感器测得的压力用于诊断目的
	进气歧管压力传感器	进气歧管压力传感器提供的信号用于检查增压压力。发动机控制单元将实际测量值与增压压力图上的设定值进行比较。若实际值偏离设定值,发动机控制单元通过电磁阀调整增压压力,实现增压压力控制
	机油压力传感器	向ECU通报发动机机油主油道压力,当机油压力低于其限值时,ECU将启用降低发动机转速和功率的保护功能,来调节发动机的转速和功率。当感到危险的机油压力时,ECU将使仪表板上的红色警告灯闪亮,向驾驶人发出警告信号,有些发动机或汽车还可能伴有蜂鸣声。如果ECU设有停机保护功能,当机油压力低于限值30s后会使发动机自动停机。有此系统时可能还设有手动延时按钮,按下该按钮后,发动机的转速时间将延长30s,以便驾驶人能够将汽车安全地停靠到路边
	冷却液压力传感器	一般用于大排量发动机,以严密监测水泵和气缸体内冷却液压力
	大气压力传感器	向发动机控制单元传递一个瞬时环境空气压力信号,此值取决于海拔。有了该信号,发动机控制单元可以计算出一个控制增压压力和废气再循环的大气压力修正值
	曲轴箱压力传感器	通常用于矿山、电站和船舶的大排量发动机上,该传感器直接监测曲轴箱内的压力。在二冲程发动机上,该传感器用于监测发动机气缸体中曲轴箱的空气压力
速度传感器	发动机转速传感器	发动机转速传感器产生的信号记录发动机转速和准确的曲轴位置,利用此信号发动机控制单元计算出喷油始点和喷油量
	气缸判别传感器	凸轮轴每转一圈向ECU提供一个信号,ECU据此确定哪个气缸的活塞处于压缩行程上止点(TDC)
	车速传感器	车速传感器一般安装在汽车变速器输出轴上,向ECU提供汽车速度信号。该信号用于进行巡航控制、车速限制

2. 汽车底盘控制

(1) 电控自动变速器(ECT)

电控自动变速器能根据节气门位置传感器和车速传感器的信号计算换档时刻,使换档阀动作,使汽车处于相应的最佳档位,改善换档质量,提高汽车行驶平稳性。在控制过程中,电控自动变速器使用多个传感器,例如,超速档和直接档离合器转速传感器、1号和2号车速传感器用于换档时间控制;自动变速器油温传感器用于检测自动变速器油的温度信号,用于换档、油压控制和锁定离合器控制等。

(2) 防抱死制动(ABS)

在现代轿车上,ABS系统多采用双回路控制,即在车轮上安装使用两个、三个或四个车轮轮速传感器。当某一个车轮将被抱死时,ECU根据车速信号,将发出指令使控制电磁阀打开或关闭控制油路,实行防抱死制动控制。

(3) 电控动力转向(EPS)

在液压式动力转向系统中有车速传感器,它将车速信号不断输入ECU,由ECU控制液压油量实现助力作用。电子控制动力转向系统，由车速传感器和转矩传感器输入信号给ECU，ECU根据输入信号确定助力转矩的大小和方向，通过电磁离合器和减速机构，将转矩加到转向机构上，实现电子控制动力转向。

（4）电控悬架（TEMS）

电控悬架系统根据不同的路面状况及车身状态（加速度、位移或其他目标参数）传感器的信号控制车辆高度，调整悬架的阻尼特性及弹性刚度，改善车辆行驶的稳定性、操纵性和乘坐舒适性。在电子控制悬架系统中的控制装置主要有ECU、信号输入装置和输出装置。信号输入装置主要有车速传感器、高度传感器、转角传感器、节气门位置传感器等，信号输出装置即执行器。传感器将信号输入ECU，经ECU处理后发出指令，由执行器控制悬架的刚度和阻尼力，使汽车平稳行驶。

（5）巡航控制系统（CCS）

汽车行驶中，可利用巡航控制装置对车速进行自动控制，即驾驶人的脚离开加速踏板后，汽车仍能按选定的速度稳定行驶，不需要反复调节节气门大小，这样可以减少速度变化和驾驶人长时间操作带来的疲劳。而在需要解除定速控制时，按下OFF开关即可使自动控制系统停止。当需要提高或降低车速时，可按一定的操作方法，保持车辆按选定速度行驶。

巡航控制系统主要由电子模块、速度传感器、电磁阀等组成。速度传感器是利用速度表轴驱动装置，产生与车速成正比的电压，传感器输出的电压输入电子模块，电子模块接收驾驶人控制开关与速度传感器输入的信号，根据接收的信号，电子模块通过电磁阀调整供给伺服装置的真空度，进行车速控制。

3. 汽车行驶安全系统

（1）安全气囊系统

辅助乘员保护系统（Supplemental Restraint System，SRS），属于被动式安全系统，由安全气囊和带预紧装置的安全带组成。当车辆发生前方一定角度的高速碰撞时，汽车前端的碰撞传感器和与SRS控制单元安装在一起的安全传感器就会检测到汽车突然减速的信号，并将信号传送到SRS控制单元。SRS经过计算和比较后，立即向SRS气囊组件内的电热引爆管发出点火指令，引爆电雷管，使点火药粉受热爆炸，产生的气体充入气囊，在驾驶人与转向盘之间、前排乘客与仪表板之间形成一个缓冲软垫，避免因硬性撞击而使乘员受伤。

（2）雷达防撞系统

为防止汽车追尾事故发生，安全车距自动控制装置中的多普勒雷达（用于测速和测距传感器）可以测出两车的距离、车速、相对车速等有关信息，输入控制单元后进行比较。若实测距离小于安全距离，控制单元发出报警信息，若驾驶人未采取措施，执行器就会自动对汽车的制动系统起作用，使汽车减速，防止事故发生。当车距超过安全车距时，制动系统恢复正常，这样对安全车距进行自动控制。

汽车倒车安全装置用超声波及雷达作为传感器，可分为超声波倒车安全装置及雷达倒车安全装置两种。目前，超声波倒车安全装置应用较多，该系统有两对超声波传感器，并列安装在后保险杠上。该系统发射超声波脉冲，后方有障碍物时发出报警信号，提醒驾驶人，以保证倒车安全。

（3）驱动防滑控制系统（ASR）

驱动防滑控制系统（ASR）是在防抱死制动系统的基础上开发的，两系统有许多共同组件。ASR通过驱动轮上的轮速传感器检测到驱动轮将打滑时，控制元件使发动机降低转速，防止车轮打滑。该系统在雪地或湿滑路面上能发挥特性，保证行驶安全。

ASR的作用是防止汽车起步、加速过程中驱动轮打滑，特别是防止汽车在非对称路面或转弯时驱动轮打滑。在装有电子控制防滑差速器的车辆上，可对防滑差速器（LSD）进行控制，防止打滑。

（4）前照灯自动控制系统

前照灯自动控制系统包括前照灯自动开关和自动调光系统。前照灯自动开关的作用是当车外日光暗到一定程度时，前照灯自动开启；而当日光增强到一定程度时，前照灯会自动关闭。该控制系统中，安装在仪表板上的日照传感器在受到日光照射时会产生微弱电流，电流大小与受光量成正比。这个电流经放大后控制继电器，即控制前照灯的开启或关闭。在夜间行车时，为减少来往行车灯光的相互干扰，前照灯具有远近光照射功能。这其中，日照传感器可以感受车外明暗情况，实现远近光自动调节。驾驶人也可根据需要调整室内控制器，控制日照传感器放大器作用时所需光的强弱，以使系统根据环境灯光的明暗程度进行远近光的自动调节。

4. 汽车信息系统

（1）信息显示与报警系统

信息显示与报警系统可将发动机工况和各传感器的信息参数通过微处理机处理后，输出对驾驶人更有用的信息，并用数字、线条显示或声光报警。当出现不正常情况时，可随时报警。报警系统传感器有机油压力传感器、各类液量传感器、各油液温度传感器、车速及发动机转速传感器等。

（2）语言信息系统

语言信息包括语音报警和语音控制两类。语音报警通过开关型传感器监测车内部件的工作情况，一旦检测到故障，即闭合开关，触发控制器，启动语言电路，同时发出报警声音信号。语音控制是指驾驶人可用声音指挥、控制汽车的某个部件的工作，进行指令动作。

（3）车用定位和导航系统

定位和导航技术已经应用在汽车上。车用导航系统是汽车行驶向智能化发展的标志，它能定向选择最佳行驶路线。

它将全球定位系统（GPS）接收机安装在车上，并使用推算技术，即利用各种传感器，如相对位置传感器、绝对位置传感器、转向角传感器、车轮传感器（测距）、地磁传感器、陀螺盘（测方向）、罗盘等精确测定汽车目前所在的位置，定向选择最佳行驶路线。

5. 驾驶舒适性控制

（1）自动空调的控制

汽车自动空调是用温度设定开关设定所需要的温度，再把各种传感器所测出的汽车室内温度、汽车室外空气温度、太阳光照强度、发动机的冷却液温度等信息输入ECU，ECU经过数据处理后，计算出自动空调所输送空气的温度值，从而向执行器发出控制指令，控制空气混合板的开度、冷却液阀的开闭、风机的转速、空气吸入口和送出挡板的开度变换等，根据乘客需要，使车内温度、湿度等处在最佳值，让人感到舒适。

（2）自动座椅控制

自动座椅控制是运用人体工程学和电子技术来设计和控制座椅，使它能适合不同体型、不同身材的乘客，满足乘客的舒适性要求。

6. 安全防盗

GPS 机动车防盗系统是具有网络报警功能的汽车电子防盗系统。在汽车上安装一台全球卫星定位系统（GPS）终端设备，卫星监控中心就可以对车辆进行 24 小时不间断、高精度的监控。该系统由指挥中心的中央控制系统、安装在车辆上的 GPS 终端机，以及 GSM 通信网络组成。该系统可计算出移动目标的经度、纬度、速度、方向，并利用 GSM 网络的短消息平台当作通信媒介来实现定位信息的传输。如果汽车被盗，控制中心将自动对车辆进行被盗确认，报警，协助警方确定车辆位置，甚至可以遥控熄火，使汽车不能行驶。

四、汽车传感器的识别与常见故障及影响

1. 汽车传感器的识别

（1）传感器的结构、安装位置与用途

汽车传感器的结构、安装位置与用途见表 1-3。

表 1-3 汽车传感器的结构、安装位置与用途

传感器种类	结构	安装位置	用途
冷却液温度传感器	负温度系数热敏电阻	冷却水道上	测量冷却液温度
冷却液温度表热敏电阻式温度传感器	负温度系数热敏电阻	仪表板上	测量冷却液温度
车内、外空气温度传感器	负温度系数热敏电阻	车内：风窗玻璃下方 车外：前保险杠内	测量车内、外空气温度
进气温度传感器	热敏电阻	空气流量传感器内或空气滤清器内；进气总管内；进气导管内	测量进气温度
蒸发器出口温度传感器	热敏电阻	空调蒸发器片上	空调蒸发器出口温度
排气温度传感器	热敏电阻、热电偶、熔断器	三元催化转化器上	测量排气温度
EGR 监测温度传感器	热敏电阻	EGR 进气道上	EGR 废气温度和 EGR 工作情况
散热器冷却风扇传感器	热敏元件	散热器上	控制散热器风扇转速
变速器油液温度传感器	热敏电阻	阀体上	测量油液温度，向 ECU 输入温度信息，以便控制换档、锁定离合器、控制油压
真空开关传感器	膜片、弹簧	空气滤清器上	检测空气滤清器是否堵塞
油压开关传感器	膜片、弹簧	发动机主油道上	检测发动机油压
制动主缸油压传感器	半导体式	制动主缸的下部	控制制动系统油压
绝对压力传感器	硅膜片式	悬架系统	检测悬架系统油压
相对压力传感器	半导体式	空调高压管上	检测制冷剂压力

(续)

传感器种类	结构	安装位置	用途
半导体压敏电阻式进气压力传感器	半导体压敏电阻	进气总管上	检测进气压力
真空膜盒式进气压力传感器	真空膜盒	进气总管上	检测进气压力
电容式进气压力传感器	膜片式	进气总管上	检测进气压力
表面弹性波式进气压力传感器	压电基片	进气总管上	检测进气压力
涡轮增压传感器	硅膜片	涡轮增压器上	检测增压压力
叶片式空气流量传感器	叶片、电位计	进气管上	检测进气量
卡门涡旋式空气流量传感器	涡旋发生器、超声波发生器、光电管	进气管上	检测进气量
热线式空气流量传感器	铂金热线	进气管上	检测进气量
热膜式空气流量传感器	铂金属固定在树脂膜上构成发热体	进气管上	检测进气量
量芯式空气流量传感器	量芯、电位计	进气管上	检测进气量
二氧化锆式氧传感器	锆管、加热元件	排气管、三元催化转化器上	控制空燃比
二氧化钛式氧传感器	钛管、加热元件	排气管	控制空燃比
全范围空燃比传感器	二氧化锆元件、陶瓷加热器	排气管	控制空燃比
烟雾浓度传感器	发光元件、光电元件、信号电路	驾驶室内	净化空气
磁脉冲式曲轴位置传感器（轮齿）	信号转子、永久磁铁、线圈	分电器内或曲轴前端带轮之后	检测曲轴转角位置、测量发动机转速
磁脉冲式曲轴位置传感器（轮子）	正时转子、G、Ne线圈	分电器内	检测曲轴转角位置，测量发动机转速
光电式曲轴位置传感器	信号盘	分电器内	检测曲轴转角位置，测量发动机转速
触发叶片式霍尔曲轴位置传感器	内、外信号轮	曲轴前端	检测曲轴转角位置，测量发动机转速
同步信号传感器（或称凸轮轴位置传感器）	脉冲环、霍尔信号发生器	分电器内	判缸信号
稀薄混合气传感器	二氧化锆固体电解质	三元催化转化器上	测量排气中氧浓度、控制空燃比
磁致伸缩式爆燃传感器	磁心、感应线圈、永久磁铁	发动机缸体上	检测爆燃信号、输入ECU

（续）

传感器种类	结构	安装位置	用途
共振型压电式爆燃传感器	压电元件、振荡片	发动机缸体上	检测爆燃信号、输入ECU
非共振型压电式爆燃传感器	平衡重、压电元件	发动机缸体上	检测爆燃信号、输入ECU
线性输出型节气门位置传感器	怠速触点、全开触点电阻器、导线	节气门体上与节气门连接	判断发动机工况，控制喷油脉宽
开关型节气门位置传感器	IDL触点、PSW功率触点、凸轮、导线	节气门体上与节气门连接	判断发动机工况，控制喷油脉宽
滚球式碰撞传感器	滚球、磁铁、导缸、触点	两侧翼子板内；两侧前照灯支架下；散热器支架左右两侧；驾驶室仪表板和杂物箱下方或车身前部中央位置	检测汽车加速度
滚轴式碰撞传感器	滚轴、触点、片状弹簧		
偏心锤式碰撞传感器	偏心锤臂、触点、弹簧、轴		
水银开关式碰撞传感器	水银、电极		
电阻应变计式碰撞传感器	电子电路、应变计、振动块、缓冲介质		
无触点式转矩传感器	线圈、扭力杆	转向轴上	测量转向盘与转向器之间相对转矩
滑动可变电阻式转矩传感器	电位器、滑环、齿轮、扭杆	转向轴上	
光电式车身高度传感器	光电耦合元件、遮光盘、轴	悬架系统减振器杆上	将车身高度转换成电信号，输入ECU
座椅位置传感器	霍尔元件、永久磁铁	座椅调节装置上	调节座椅状态
方位传感器	线圈、铁心	GPS终端机上	车辆导航
舌簧开关型车速传感器	舌簧开关、磁铁	变速器输出轴或组合仪表内	测量汽车行驶速度
光电耦合型车速传感器	光电耦合器、转子	组合仪表内	
电磁型车速传感器	转子、线圈	变速器输出轴上	
超速档/直接档离合器转速传感器	与车速传感器相同	变速器输入轴上	测定变速器输入轴转速
电磁式轮速传感器	传感器头、齿圈	车轮上、减速器或变速器上	检测轮速
霍尔式轮速传感器	霍尔元件、触发齿圈、永久磁铁		
日照传感器	光电管、滤光片	风窗玻璃下、仪表板上方	把太阳照射情况转变成电流，修正车内温度
光电式光量传感器	光电元件、陶瓷基片、电极	仪表板上方灯光控制器内	汽车灯具亮、熄自动控制

(续)

传感器种类	结构	安装位置	用途
光电二极管式光量传感器	光电二极管、放大器	仪表板上,可接收外来灯光处	检测车辆周围亮度,自动控制前照灯的亮度
雨滴传感器	振动板、压电元件、放大电路	发动机舱盖板上	检测降雨量、控制刮水器转速
蓄压器压力传感器	半导体压敏电阻元件	油压控制组件上方	检测油压控制组件的压力
空调压力开关	膜片、活动触点、固定触点、感温包	高压压力开关安装在高压管路上；低压压力开关安装在低压管路上	高压压力开关：高压回路压力高于规定值时使压缩机停机。低压压力开关：低压回路压力低于规定值时使压缩机停转

（2）汽车传感器接头端子连接线路

汽车传感器接头端子数量及连接线路名称见表1-4。

表1-4 汽车传感器接头端子数量及连接线路名称

传感器接头端子数量	传感器种类	端子连接线路名称
1	爆燃传感器	一条信号线
	液位传感器	一条信号线
2	冷却液温度传感器	THW-信号线（电源+5V 输入）；E_2-地线
	进气温度传感器	一条正极信号线；一条负极信号线
	氧传感器	信号线；地线
	舌簧开关型车速传感器	信号线；地线
	电磁型车速传感器	信号线；地线
3	带加热器氧传感器	信号线；地线；HT 加热线
	空气流量传感器	电源线；信号线；地线
	开关型节气门位置传感器	IDL-怠速触点端子；PSW-全负荷触点；TL-电源线
	线性输出型节气门位置传感器	电源线；信号线；地线
	光电耦合型车速传感器	电源线；信号线；地线
	进气歧管压力传感器（丰田）	Vcc-电源线；PIM-信号线；E_2-地线
	曲轴位置传感器（三菱）	1-转角信号线；4-上止点脉冲信号线；2-地线
	同步信号传感器（北京切诺基）	A-电源线；B-同步信号；C-地线
	爆燃传感器（桑塔纳2000、捷达）	1-信号线（+）；2-信号线（-）；3-传感器屏蔽线
	进气歧管压力传感器（北京切诺基）	C-电源线；B-信号线；A-地线
	进气歧管压力传感器（福特）	26-电源线；45-信号线；46-地线
	曲轴位置传感器（桑塔纳2000、捷达）	1-曲轴转角及转速信号正极线；2-曲轴转角及转速信号负极线；3-屏蔽线

第一章 概 述

（续）

传感器接头端子数量	传感器种类	端子连接线路名称
3	霍尔式凸轮轴位置传感器（桑塔纳2000、捷达）	1-电源线；2-信号线；3-地线
4	氧传感器（三菱）	3-电源线；5、2-地线；1-信号线
	加热型氧传感器（北京切诺基）	A-加热电源线；B-地线；C-信号线；D-地线
	进气歧管压力传感器（桑塔纳2000GLi）	1-地线；2-进气温度传感器信号线；3-电源线（+5V）；4-信号线
	节气门位置传感器（皇冠3.0）	IDL-怠速触点；VTA-信号线；Vc-电源线；E_2-地线
	氧传感器（桑塔纳2000Gsi）	1-加热元件正极线；2-加热元件负极线；3-信号电压负极线；4-信号电压正极线
	曲轴位置传感器（丰田）	C_1-六缸上止点信号线；C_2-一缸上止点信号线；G-判缸信号线及活塞上止点信号线；Nc-曲轴转角及转速信号线
5	涡旋式空气流量传感器（凌志）	Vc-电源线；Ks-信号线；THA-进气温度传感器电源线；E_1、E_2-地线
	量心式空气流量传感器（马自达）	THA-进气温度传感器信号线；Vc-基准电压线（+5V）；Vs-信号线；E_1、E_2-地线
6	热线式空气流量传感器（日产VG30E）	A-可变电阻器；B-信号线；C、D-地线；E-电源线；F-自清信号线
	热线式空气流量传感器（美洲虎Xj6）	3-空气流量信号线；5-电源线；6-起动、熄火控制线；1、2-地线；4-空脚

2. 常见故障及影响

（1）发动机控制

发动机控制用传感器常见故障及影响见表1-5。

表1-5 发动机控制用传感器常见故障及影响

传感器名称	常见故障	对电控燃油喷射系统的影响	对电控发动机的影响
翼板式空气流量传感器	电位计电阻值不准确	空气流量信号不正确	发动机功率下降、运转不平稳、油耗增加
	电位计滑动臂与碳膜电阻接触不良	空气流量信号时有时无	发动机间断运行或不工作
	回位弹簧力变弱	喷油量过多	发动机油耗过高
	油泵开关触点接触不良	起动后燃油泵断电不工作	发动机起动困难或发动机起动后熄火
热膜式空气流量传感器	热膜沾污	空气流量信号电压下降而使供油量过小	发动机运转不平稳或不工作，发动机运转无力、加速不良
	热膜损坏	无空气流量信号输出	发动机不工作
	热敏电阻不良	空气流量信号电压不准确	发动机油耗过高或运转不平稳

（续）

传感器名称	常见故障	对电控燃油喷射系统的影响	对电控发动机的影响
卡门涡旋式空气流量传感器	电子元件失效	不能正确传递频率信号	发动机不易起动，急速不稳，燃油消耗量大，爆燃，加速不良
电阻应变计式进气压力传感器	真空管破裂	不能准确反映进气歧管绝对压力，进气量检测信号不准确，从而影响基本喷油量	发动机工作性能不良，加速性差，油耗增加，发动机无力
	压力转换元件损坏	不能准确测量进气量	发动机起动困难，动力不足，工作性能不良，油耗增加，加速性差
真空膜盒式进气压力传感器	真空管破裂	不能准确反映进气歧管绝对压力，进气量检测信号不准确，从而影响基本喷油量	发动机工作性能不良，加速性能差，油耗增加，发动机无力
	电路板损坏	不能准确测量进气量	发动机起动困难，动力不足，工作性能不良，油耗增加，加速性差
进气温度传感器	内部线路接触不良或断线、热敏元件性能变化	进气温度传感器无信号或信号不准	发动机不能起动，发动机运转不平稳，停转或间断运转，发动机功率下降
开关式节气门位置传感器	急速触点接触不良	无急速信号	急速不稳或无急速
	急速触点调整不当	急速信号不正确	发动机急速不稳或急速熄火或急速过高不能调低，开空调（或用动力转向）时熄火
	全负荷触点接触不良	无全负荷信号	发动机加速困难
滑动电阻式节气门位置传感器	电位计电阻值不准确	节气门位置信号不正确	发动机动力不足
	电位计滑动臂与碳膜电阻接触不良	节气门位置信号时有时无	发动机工作性能不良，发抖、喘振、加速性差、发动机加速失速
综合式节气门位置传感器	急速触点接触不良	无急速信号	急速不稳或无急速
	急速触点调速不当	急速信号不正确	发动机急速不稳或急速熄火或急速过高不能调低，开空调或动力转向时熄火
	全负荷触点接触不良	无全负荷信号	发动机加速困难
	电位计电阻值不准确	节气门位置信号不正确	发动机动力不足
	电位计滑动臂与碳膜电阻接触不良	节气门位置信号时有时无	发动机工作性能不良，发抖、喘振、加速性能差、发动机加速失速
曲轴位置传感器	集成电路失效或线路断路	不能正确将曲轴上止点的信号传输给电控单元	发动机无法起动或起动困难，加速不良、急速不稳、容易熄火、间歇性熄火
凸轮轴位置传感器	集成电路失效或线路断路	不能正确传输凸轮轴位置信号	发动机无法起动、发动机工作不良、运转不佳，急速不稳、间歇性熄火、发动机不易起动、高压火弱

(续)

传感器名称	常见故障	对电控燃油喷射系统的影响	对电控发动机的影响
冷却液温度传感器	内部线路接触不良或断线、热敏元件性能变化	冷却液温度传感器无信号或信号不准	发动机不能起动，发动机运转不平稳，停转或间断运转，发动机功率下降
爆燃传感器	爆燃传感器失效	不能正确检测爆燃信号	发动机转速下降，加速无力
氧传感器	内部线路断线或脱落，陶瓷元件破损。加热电阻丝烧断	不能得到排气管中氧浓度的信息	发动机油耗和排气污染增加，怠速不稳、缺火、喘振（抖）

（2）自动变速器控制

自动变速器控制用传感器常见故障及影响见表1-6。

表1-6 自动变速器控制用传感器常见故障及影响

传感器名称	常见故障	对自动变速器电控系统的影响	对自动变速器的影响
车速传感器	线路断路或短路	不能正确检测车速	换档时刻不正确
转速传感器	线路断路或短路	不能正确检测变速器转速	换档时产生冲击
油温传感器	线路断路或短路	不能正确检测油温信号	换档时产生冲击

（3）电控悬架控制

电控悬架控制用传感器常见故障及影响见表1-7。

表1-7 电控悬架控制用传感器常见故障及影响

传感器名称	常见故障	对电控悬架的影响	对汽车车身的影响
车身高度传感器	车身高度传感器及线路失效	不能正确检测汽车悬架装置的位移量	不能正确调节汽车车身高度
转角传感器	转角传感器失效	不能正确检测汽车转向轮的偏转角及偏转方向	不能正确调节车身的高度

（4）电控动力转向控制

电控动力转向控制用传感器常见故障及影响见表1-8。

表1-8 电控动力转向控制用传感器常见故障及影响

传感器名称	常见故障	对电控系统的影响	对电控动力转向系统的影响
转矩传感器	转矩传感器失效	不能准确输出信号或无信号输出	转向盘无助力感

五、未来汽车传感器的发展

未来汽车传感器的发展方向不仅要求确保汽车功能齐全，而且在可靠性、安全性、舒适性等方面提出了更高、更精的要求，尤其在减少排气污染、降低油耗等方面需要做更多的开发，其主要特点是新结构、新材料和新工艺的广泛应用。未来汽车传感器技术总的发展趋势是微型化、多功能化、集成化和智能化。

1. 向微型化发展

微型传感器基于从半导体集成电路技术发展而来的微机械加工（MEMS）技术，微型传感器利用微机械加工技术将微米级的敏感元件、信号处理器、数据处理装置封装在一块芯片上，由于具有体积小、价格便宜、便于集成等特点，所以可以明显提高系统测量精度。目前，该技术日渐成熟，可以制作各种能敏感地检测力学量、磁学量、热学量、化学量和生物量的微型传感器。基于MEMS技术的微型传感器具有降低汽车电子系统成本及提高其性能方面的优势，它们已开始逐步取代基于传统机电技术的传感器。

目前，利用硅材料制作的传感器体积已经很小。如传统的加速度传感器是由重力块和弹簧等制成的，体积较大，稳定性差，寿命也短，而利用激光等各种微细加工技术制成的硅加速度传感器体积非常小，互换性、可靠性都较好。

微传感器不是传统传感器简单的物理缩小，而是基于半导体工艺技术的新一代器件，用与标准半导体工艺兼容的材料，应用新的工作机制和物化效应，用微细加工技术设备制成，因此有时也称为硅传感器。同样，可以用类似的定义和技术特征类推描述微执行器和微变送器。

例如微加速度传感器，它由两块芯片组成，一块是具有自检测能力的加速度计单元，另一块则是微传感器与微处理器（MCU）间的接口电路和MCU。

2. 多功能汽车传感器

对于一些有共性或者信号来源可以共用的传感器，高度整合将成趋势。多功能化是指一个传感器能检测两个或者两个以上的特性参数或者化学参数，从而减少汽车传感器数量，提高系统可靠性。

例如，针对轮胎压力监控系统（TPMS），德国英飞凌公司开发了高集成度芯片SP35，它集成了压力传感器、加速度传感器、温度传感器、电源电压传感器，还集成了单片机、存储单元、低频接收单元、射频发射单元和一些必备外设，真正实现了轮胎模块的单芯片解决方案。

3. 微机电传感器技术

一般传感器的输出信号（电流或电压）很弱，若将它连接到外部电路，则寄生电容、电阻等的影响会彻底掩盖有用的信号，因此采用灵敏元件外接处理电路的方法已不可能得到质量很高的传感器，只有把两者集成在一个芯片上，才能具有最好的性能，系统单片集成化的MEMS便应运而生。MESM是从半导体集成电路技术发展而来的，但MEMS器件芯片一般都有活动部件，这是MEMS器件与集成电路芯片的主要不同。

MEMS指的是微机电系统，也就是微小的机械电子系统，因为此系统既包含机械部件又包含电子部件，因此称这类微小的机械电子系统为微机电系统。微机械电子系统是微电子技术的拓宽和延伸，它是将微电子技术和精密机械加工技术相互融合，并将微电子与机械融为一体的系统。这些传感器的体积和能耗小，可实现许多全新的功能，便于大批量和高精度生产，单件成本低，易构成大规模和多功能阵列，这些特点使得它们非常适合于汽车方面的应用。

集成化是指利用IC制造技术和精细加工技术，直接利用半导体特性材料制成单片集成电路传感器，或是将分立的小型传感器制作在硅片上，例如集成化温度、压力传感器及霍尔电路等。

集成传感器在汽车上的运用。例如，集成加速度传感器。在 ESP 制动控制系统，将测量横摆角速度和侧向加速度的传感器集成于电子控制单元中，这两个加速度传感器彼此之间互成直角，这样液压模块虽然仍必须水平安装，但却可以根据要求围绕垂直轴进行定位。因此，基于已知的安装位置和两个加速度传感器发出的信号，车辆的侧向加速度便能够精确计算出来。

又如，惯性集成传感器。将集成后的惯性传感器融入安全气囊控制单元，不仅将传感器置于靠近车辆重心的地方，而且将惯性传感器和碰撞传感器融入一个模块当中，可以为增加检测覆盖范围提供替代性方案，让惯性传感器能提高检测侧撞和翻滚危险的功能，提升了把单个传感器融入集成式多传感器组件当中的潜力。并且，独立惯性传感模块所需的许多部件可以被省去，并不会影响电子稳定性控制系统的设计或性能，为汽车的安全性提供了更为可靠的保证。

4. 智能传感器

随着现代化的发展，新型传感器已突破了传统传感器的功能，它输出的不再是一个单一的模拟信号（如 0~10mV），而是经过微电脑处理好后的数字信号，有的甚至带有控制功能，这就是数字传感器。

智能化是指传感器与大规模集成电路相结合，带有 CPU，具有智能作用，以减少 ECU 的复杂程度，减少其体积，并降低成本。

智能传感器是一种以微处理器为核心单元，兼有检测、判断和信息处理等功能的传感器。智能传感器的最大特点，就是将传感器检测信息的功能与微处理器的信息处理功能有机地融合在一起。

例如，智能压力传感器（图 1-3）具有测量、转换、运算、处理和程控等功能，可进行温度补偿和非线性误差修正，能稳定地工作在环境温度变化较大的场合。

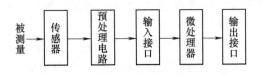

图 1-3　智能压力传感器原理

随着汽车智能化的发展，对传感器提出了更高的要求，汽车传感器将进一步实现微型化、多功能化、无线传感器网络化和智能化。智能传感器的智能化与集成化分不开，集成化程度越高，则智能化功能越强。现在各国都在研究智能汽车，具有分析、判断、自适应、自学习功能的汽车智能传感器是必然的发展趋势，新的多功能智能传感器的出现将会使汽车系统性能上升一个新的台阶。

（1）智能传感器在汽车安全系统中的应用

1）电子式自动照明系统。电子式感应前照灯可通过车外的光线明暗感应器监测到外界光线，在天色变暗或进入山洞时，电子式感应器自动地将前照灯打开，从而减少驾驶人的操作，增加行车安全性。在白天光照强烈时，感应器会在确保足够明亮度的情况下自动关闭前照灯，从而节省能耗。

2）胎压监测系统。汽车高速行驶时，轮胎故障是所有驾驶人最为担心和最难预防的，也是突发性事故的重要原因之一。保持标准的车胎气压行驶和及时发现车胎漏气是防止爆胎的关键。一种能实时检测监控轮胎气压、气温的安全预警系统——汽车轮胎胎压监测系统（TPMS）能实时监测胎压变化，有效防止爆胎，把爆胎事故消除在萌芽状态。

TPMS 的工作原理是，在汽车四个轮胎上安装高灵敏度的传感器，在汽车行驶状态下实时、动态地检测轮胎压力和温度，并将数据通过无线电信号发射到接收器，接收器以数字形式反映气压值，驾驶人能随时掌握漏气与温度升高时的轮胎状况。系统对任何原因（如铁钉扎入轮胎等）导致的轮胎漏气都能自动报警，从而使驾驶人及时发现问题，有效预防事故的发生。

目前，应用于 TPMS 的胎压监测传感器比较有代表性的是德国英飞凌科技公司开发的 SP12 系列传感器，主要包括 SP12、SP12T、SP30。SP12 和 SP12T 的结构和功能类似，只是压力测量范围不同，SP12 的测量范围为 100～450kPa，适于轿车使用；SP12T 的测量范围为 500～1400kPa，适于大型车辆使用。SP30 是 SP12 和微处理器的集成，属于智能传感器，这样可以减少系统组件，提高稳定性，降低功耗。

3）安全气囊触发系统。一个集成式安全气囊触发系统包括加速度探测部分、电压调节部分、单片机和有线通信协议。加速度传感器类型众多，可覆盖 X、XY、XYZ 和 Z 轴方向。这些卫星式加速度传感器可扩展到整个汽车周围以探测碰撞。电子控制单元用于探测碰撞和触发汽车正面、侧面的安全气囊，它必须具有足够的智能化程度，在关键时刻必须能及时、正确地瞬时打开。在绝大多数时间内气囊处在待命状态，因此安全气囊的电子控制单元必须具有自检、自维护能力，不断确认气囊系统的可靠性，确保动作的"万无一失"。

为提高下一代汽车安全气囊系统的性能、灵敏度和可靠性，飞思卡尔半导体公司推出了新的惯性传感器。飞思卡尔的 MMA6222EG、MMA6255EG 和 MMA621010EG 惯性传感器基于新一代高深宽比微机电系统（HARMEMS）技术，这是一种经过验证的安全气囊传感应用技术。

4）酒精检测系统（MEMS）。酒精检测系统由酒精传感器与相应的信号调节电路集成。酒精传感器可吸附氧气，当环境中的氧气浓度改变时，其电阻值相应改变。正常状况下，元件在吸附空气中的氧气后会保持某个电阻值不变，一旦空气中含有酒精，元件表面的氧元素便会与酒精发生反应，使电阻值下降。因此，通过测定电阻值可检测出呼气中含有的酒精浓度。酒精检测传感器可以植入在密封外壳内，连同信号调节电路等一起嵌入转向盘内，一旦检测出驾驶人呼出的气体含有酒精，便发出安全警报，切断发动机点火系统，防止驾驶人酒后驾驶。

5）自动刮水器系统。光电式自动刮水器系统在汽车上的应用比较广泛。发光二极管对前风窗玻璃发出光束，当雨滴打在感应区的玻璃上时，光束所反射的光线强度会因玻璃上的雨量或湿气含量而有所变化，因此可根据光束所反射的光线强度改变刮水器的刷动频率。

6）汽车防抱死制动系统（ABS）。汽车防抱死制动系统（ABS）能实时判定汽车在制动过程中车轮的滑动率，并自动调节作用在车轮上的制动力矩，防止车轮抱死。它能把车轮的滑动率控制在一定的范围之内，充分地利用轮胎与路面之间的附着力，有效地缩短制动距离，显著地提高车辆制动时的可操纵性和稳定性。

(2) 智能传感器在辅助系统及节省能耗方面的应用

1) 主动避撞系统。主动避撞系统用于辅助驾驶人在可能发生追尾事故的情况下进行车辆制动,主要由接近速度传感器(CV)和制动辅助系统组成。接近速度传感器系统可以在一定范围内对车辆前方进行扫描。如果探测到有物体存在,其"发送—接收"单元会根据传感器信号计算物体距车体的距离和与车体的相对速度。如果车体间距离减小得过快,可能引发追尾事故时,制动系统会被置于紧急模式,制动油压会被提高。驾驶人一踩下制动踏板,制动系统就会迅速给出反应;如果驾驶人松开加速踏板,则主动避撞系统会自动施加一个制动力。因此,即便仅是轻微地连续踩踏,由于制动辅助系统的介入,也能保证提供给车辆最大的制动力。接近速度传感器提供的数据可以让安全气囊控制单元更好地评估碰撞发生的可能性。这样,安全气囊只有在真正需要的情况下才会开启,从而显著降低了由轻微事故带来的维修费用。

2) 其他辅助系统。在高端汽车中,常常会使用智能图像传感器来辅助驾驶。而且随着技术的进步,辅助驾驶系统的成本进一步降低,其应用前景将十分广阔,例如,电子稳定控制系统(也称为汽车动态控制系统)以及可用于道路分离报警和引导、驾驶人睡意探测、道路障碍传感、智能气囊部署、盲点探测等传感器的智能系统。

3) 蓄电池 IVT 传感器。由于车载电子设备越来越多,使为其提供电力的蓄电池工作负荷不断增大,因此对蓄电池充电状态(SOC)进行准确计算以确保蓄电池发挥最佳性能的重要性也日益突出。而德尔福的蓄电池 IVT 传感器可以提升蓄电池的使用效率,帮助蓄电池达到最佳性能。

德尔福的蓄电池 IVT 传感器可精确测量作为确定蓄电池工作状态三大关键参数的电流(I)、电压(U)和温度(T)。在蓄电池处于满充状态时,蓄电池 IVT 传感器可减少交流发电机所需输出的电力,从而降低发动机的机械载荷,并达到提高燃料效率的目的。

当用电量超过车载发电机发电能力时,蓄电池会提供电力以满足使用需求。如果在这些时间里,蓄电池充电和放电未得到有效监控和管理,蓄电池蓄电量将被耗尽,一旦发动机关闭后,蓄电池内电力不足,则无法重新起动发动机。IVT 传感器减少了存储过多能源的需要,使车辆可使用更小型的蓄电池和交流发电机。传感器还会使与安全相关的重要功能获得不间断的电力供应,为发动机起动保留可接受的最低电量,并允许车上灯具在车辆使用寿命内以最低平均电压工作。

4) 高温微电子部件在汽车中的应用。高温微电子部件在汽车发动机控制、气缸和排气管、电子悬架和制动、动力管理及分配等方面的监控中都起着非常重要的作用。例如,用于发动机控制的高温微电子传感器和控制器,将有助于对燃烧进行更好的监测和控制,使燃烧更加彻底,提高燃烧效率。用传统的硅半导体技术制作的微电子器件,不能在很高的温度下工作。为了解决在高温环境下的温度测量问题,必须研制一种新的材料来取代传统的半导体材料。第三代宽能带半导体材料 SiC 具有高击穿电场、高饱和电子漂移速率、高热导率及抗辐照能力强等一系列优点,特别适合制作高温、高压、高功率、耐辐照等半导体器件。集成的 SiC 传感器可以直接与高温油箱和排气管接触,这样能进一步获得有关燃料燃烧效率和废气排放的更多信息。研究表明,一旦 SiC 半导体技术能解决好材料、封装等技术而得到进一步的发展,SiC 功率器件的工作范围将超过传统的硅功率器件,而且其体积比硅功率器件还要小。

复 习 题

一、填空题

1. 传感器一般由（　　）、（　　）和其他辅助元件组成。
2. 敏感元件是指直接感受（　　），并输出与被测量成确定关系的其他量的元件。
3. 转换元件指传感器中能将敏感元件感受的被测量，转换成适合于传输和测量的电信号部分，当输出为规定的标准信号时，则一般称为（　　），又称（　　）。
4. 微传感器不是传统传感器简单的（　　），而是基于半导体工艺技术的新一代器件。
5. 智能传感器是一种以（　　）为核心单元，兼有检测、判断和信息处理等功能的传感器。

二、简述题

1. 在汽车上，传感器有什么作用？
2. 未来汽车传感器的发展趋势有哪些？

第二章 传感器的检测方法

第一节 传感器的检测程序及注意事项

一、传感器的检测程序

当汽车电子控制系统产生故障时，通过自诊断测试，指明某传感器有故障或怀疑某传感器有故障时，应用示波器、万用表等对传感器进行测试。测试前要明确测试数据、测试方法和测试条件。

传感器的检测程序如下：

1）征兆判断。推断可能发生故障的部位。

2）解码器检测。确认被怀疑的传感器在解码器中是否有故障码，并通过数据流数据加以强化判断。

3）传感器周围的检查。为防止不是因为传感器本身故障而导致的传感器误判，要首先对怀疑的传感器部位进行外部检查，看是否有短路、断路、脏污、脱开、连线、泡水、腐蚀、氧化、接触不良、传感器变形等情况。

4）外部电压、搭铁及线束导通的检查。为防止有源传感器由于没有供给电源而导致不能正常工作，要首先对外部电源进行检查。例如，霍尔式曲轴位置传感器如果没有12V或5V电压的供给，传感器是不会有信号输出的。如果电源和搭铁不正常，则应检查线路。

5）本体检查。主要是外观检查和电阻检查，不用连接外部电路。针对能够进行电阻测量的传感器，如可变电阻式传感器、磁电式传感器，可以直接进行电阻的测量。例如，轮速传感器电阻检查可以关闭点火开关，拔下传感器插接器，检查前后轮的轮速传感器端子电阻，应为$1.0 \sim 13k\Omega$。节气门位置传感器、磁电式曲轴位置传感器的电阻和电阻变化的平稳性，可以用万用表的电阻档直接测量，从而判断传感器是否正常。

6）输出信号检查。输出信号检查主要是将传感器连接到外部经检查已经是正常的线路中，或是额外提高传感器工作条件，来对传感器输出信号进行检查。输出信号检查比电阻检查更前进了一步。这是因为控制单元要接收的就是输出的信号，而不是传感器本身的电阻。传感器本身电阻正常，输出的信号不一定正常。

因此，不论是有源传感器，还是无源传感器，都可以在模拟工作状况下进行输出信号检查。需要说明的是，无源传感器必须在正确供给工作电源的情况下，才可以对传感器输出信号进行检测。输出信号的检查可以使用万用表的电压档或电流档进行，但使用汽车专用万用表对输出信号只是给出简单的判断，要更精确地判断出信号可以使用示波器来进行。

① 模拟直流信号。如节气门位置传感器可用汽车专用万用表直流电压档检测。

② 模拟交流信号。ABS轮速传感器、磁电式曲轴位置传感器可用汽车专用万用表交流电压档检测。

③ 脉冲脉宽调制信号/频率调制信号的电子信号。这些信号虽然可以使用万用表检测，但结果不够准确，要想看清具体的变化过程，必须使用示波器。

例如，三菱汽车用的卡门涡旋式空气流量传感器，在怠速时输出信号为2.2~3.2V，此电压为频率调制信号的平均电压，用示波器才可以看出空气流量传感器信号的频率和幅值是否符合规定。

7）维修与更换。对传感器进行以上检查后，可以基本确定传感器的好坏。更换传感器时，要严格按照操作规程操作，切忌蛮干。要关闭点火开关，且不可带电操作，否则容易损坏其他电子部件。安装时要轻拿轻放。

8）维修与更换传感器后，要切记用解码器清除故障码并重新试车，模拟故障出现时的状况。如果在试车过程中故障现象没有重复出现，检查故障码也没有重新出现，说明判断准确，安装正确，传感器检修操作完成。

二、传感器检测及使用注意事项

传感器检测及使用的注意事项如下：

1）除在测试过程中特殊指明外，一般不能用指针式万用表测试ECU及传感器，应使用高阻抗数字式万用表或汽车专用万用表进行测试。禁止使用"划火法"检查晶体管电路的通、断状况。不要用普通试灯去测试任何与ECU相连接的电气装置，以防止晶体管损坏。脉冲电路应采用LED灯或示波器检查。

2）在拆卸或安装电感性传感器时，应将点火开关断开（OFF），以防止其自感电动势损伤ECU和产生新的故障。

3）在车身上进行电弧焊时，应先断开ECU电源。在靠近ECU或传感器的地方进行车身修理作业时，更应特别注意。

4）ECU和传感器必须防止受潮。不允许将ECU或传感器的密封装置损坏，更不允许用水冲洗。ECU必须防止受剧烈振动。

5）在电控系统中，故障多的不是ECU、传感器和执行部件，而是插接器。插接器常会因松旷、脱焊、烧蚀、锈蚀和脏污而接触不良或瞬时短路。因此，当出现故障时，不要轻易地更换电子器件，而应首先检查插接器的状况。

6）断开蓄电池时需注意以下几点：

① 必须关闭点火开关。如果在点火开关接通的状态下断开蓄电池连接，电路中的自感电动势会对电子元器件造成击穿的危险。

②检查自诊断故障码是否存在。若有故障码，应记下故障码后再断开蓄电池。

③断开蓄电池前，应牢记带防盗码的音响设备的编码，否则在下次使用中，音响系统自锁会影响使用。

7) 蓄电池搭铁极性切不可接错，必须负极搭铁。严禁在发动机高速转动时将蓄电池从电路中断开，以防产生瞬时过电压将ECU和传感器损坏。

8) 跨接起动其他车辆或用其他车辆跨接本车时，需先关闭点火开关，才能拆装跨接线。

9) 在点火开关接通的情况下，不要进行断开任何电气设备的操作，以免电路中产生的感应电动势损坏电子元件。

10) ECU有学习功能，但ECU的电源电路一旦被切断（如拆下蓄电池），它在发动机运行过程中存储的数据会消失，因此，蓄电池断开后要装复。如果出现发动机工作状况不如以前时，先不要随便更换零部件，因为这种情况可能是蓄电池断开后ECU中的学习修正记忆消除的缘故。因为ECU根据系统实际情况进行的学习修正与根据厂家存储在只读存储器（ROM）中的数据共同进行控制，相比起来发动机工作状况会有差异。如果是此种原因，待发动机运行一段时间后，ECU会自动建立修正记忆。如果想让ECU完全"恢复记忆"，则需通过在不同工况下的路试让ECU重新学习，发动机工作的不良状况会自动消失。

11) 注意检查搭铁线的状况，其电阻值一般不应大于1.5Ω。

12) 带有安全气囊系统的汽车，对安全气囊进行检修时，如果操作不当将会使安全气囊意外张开，因此必须严格按操作程序进行。对安全气囊进行检修作业时，先将点火开关置于关闭位置，先断开蓄电池负极，等待90s后再进行操作，以免发生意外。

13) 检修氧传感器时，注意不要让氧传感器跌落碰撞到其他物体，不要用水冷却。换氧传感器时，一定要用专用的防粘胶液刷涂螺纹，以免下次拆卸困难。

14) 某些故障警告灯的功率不得随意改变，否则会出现异常情况。

15) 注意屏蔽线。对于电磁式凸轮轴位置传感器输出信号情况，单单通过测量电压或电阻来确定其好与坏是不全面的。有很多电磁式传感器测量电阻、电压都正常，但线路屏蔽不好也会导致故障。

当ECU判断出某一电路发生故障时，只是提供了故障的性质和范围，最终确定是传感器、执行器还是相应的配线的故障，需要进一步检查配线、插头、ECU和相关部件，才能准确找到故障原因。

发动机电控系统各种传感器正常工作时，其输入ECU的信号电压是在一定范围内变化的。当某一传感器电路出现超出规定范围的信号时，ECU判断为该电路信号发生了故障。如果ECU在一段时间内收不到某一传感器的输入信号，ECU亦判断发生了故障。发动机在工作中，如果偶然出现一些不正常的信号，ECU不判断为故障。只有不正常的信号持续一定时间或多次出现时，才判断为故障。

第二节　传感器的检测方法

汽车传感器的检测方法有故障检测仪检测、数据流测试、万用表检测和示波器测试等

4种。

一、故障检测仪检测法

汽车车载故障自诊断系统时刻监测汽车电控系统的工作，一旦发现问题便设定相应的故障码。维修人员利用汽车故障检测仪通过数据插接器可以读取故障码，依据故障码的提示便可以确定车辆的故障部位。

汽车电控系统的传感器故障内容，多以故障码形式储存于控制单元自诊断系统的存储器中，因此可以通过读取故障码的方法判断传感器或其相关电路是否产生了故障。在读取故障码时，可利用随车自诊断系统或车外自诊断系统进行。

1. 故障检测仪的使用方法

现以一汽捷达 SDI 发动机为例，说明故障检测仪的使用方法。

（1）SDI 发动机故障自诊断的特点

发动机控制单元有故障存储功能，它一旦检测到传感器或部件有故障，便会将故障和故障类型存储起来。对于偶发故障，显示屏上显示"SP"。偶发故障可能是由于接触不良及导线断路等原因造成的。若偶发故障在发动机起动 50 次内没有再出现，则该偶发故障会自动被清除。若故障被确认并且影响驾驶性能、状态，则警告灯会闪亮。

（2）故障自诊断设备

大众车系故障自诊断设备可分为两大类，即大众专用诊断设备和通用诊断设备。

大众专用诊断设备主要有 V. A. G1551、V. A. G1552、V. A. S5051、V. A. G5052 等，其中 V. A. G1551 或 V. A. G1552 在一般汽车修理厂使用较多，而 V. A. S5051 和 V. A. G5052 主要在大众 4S 站使用。

通用诊断设备类型很多，如电眼睛、修车王、金德、金奔腾等，这些仪器一般是国产的，可以用于大众车系的故障诊断，但其功能没有大众专用诊断设备强大。

（3）读取故障码的步骤

1）连接 V. A. G1551 或 V. A. G1552，通过"地址码 01"选择发动机控制单元。进行此操作时，发动机应处于怠速状态。

2）打开点火开关但发动机不起动，按"Print"键打开 V. A. G1551 打印器，按键里的警告灯必须点亮。显示屏显示如下：

```
Rapid dada transfer（快速数据传递） HELP（帮助）
Select function ××（选择功能××）
```

3）根据显示屏显示的信息操作 V. A. G1551，按"0"和"2"键，选择"查询故障记忆"功能，按"Q"键确认，显示屏会显示储存的故障码或无故障识别，显示屏显示如下：

```
× Faults recongnised
×个故障
```

4）若有一个或一个以上的故障码被储存，则故障码都会显示出来并可打印。

5）所有存储的故障码打印完毕后，显示屏显示如下：

```
Rapid dada transfer（快速数据传递） HELP（帮助）
Select function × ×（选择功能 × ×）
```

6）使用故障表检修打印出的故障，检修结束后清除故障码。如果无故障码，则根据显示屏上的提示按键，显示屏显示如下：

```
Rapid dada transfer（快速数据传递） HELP（帮助）
Select function × ×（选择功能 × ×）
```

7）按"0"与"6"键，选择"结束打印"功能，按"Q"键确认，关闭点火开关。

(4) 清除故障码的步骤

1）连接 V. A. G1551 或 V. A. G1552，通过"地址码 01"选择发动机控制单元。进行此操作时，发动机应处于怠速状态。

2）按"0"和"2"键，选择"查询故障记忆"功能，按"Q"键确认。持续按键，直到所有储存的故障码出现。按"0"与"5"键，选择"清除故障记忆"功能，按"Q"键确认，显示屏显示如下：

```
Rapid dada transfer（快速数据传递） HELP（帮助）
Fault memory is erased（故障记忆被删除）
```

3）若无法清除故障记忆，则应排除该故障。根据显示屏上的提示按键，显示屏显示如下：

```
Rapid dada transfer（快速数据传递） HELP（帮助）
Select function × ×（选择功能 × ×）
```

4）按"0"和"6"键，选择"结束输出"功能，按"Q"键确认。

2. 使用故障检测仪的注意事项

1）在读取故障码之前，发动机应处于规定的初始状态：蓄电池电压高于 11V；节气门完全关闭（节气门位置传感器内的怠速开关闭合）；手动变速器位于空档，自动变速器位于驻车档；关闭所有附属设备（如空调器、音响、灯光等）；发动机处于正常工作温度。

2）并不是所有的故障都会出现故障码。例如，三菱 V73 的 6 线式步进电动机，由于 ECU 以脉冲方式进行控制，因此没有监控装置，所以出现故障后，没有故障码。又如，当冷却液温度传感器的电阻发生漂移而不准确时，如果电阻总值没有超出规定范围，虽然有故障，但不会显示故障码。

3）故障码的含义说明需弄清楚是传感器或执行器自身故障，还是线路故障；线路故障要分清是短路还是断路，是与电源短路或断路，还是与搭铁短路或断路等。只有清楚、明白故障码的确切含义，才能更好地利用故障码排除故障，维修起来也可以少走弯路。

4）通过解码器查出的故障码，只是说明某一系统或相关系统有故障。不要看到故障码就断定是该传感器或执行器有故障，就要更换，与之相关的系统同样会造成故障，并且出现相同的故障码。

5）要弄清楚是历史性故障码还是当前的故障码，以及故障码出现的次数。如果是历史性故障码，就表示故障较早之前出现过，现在不出现了，但在 ECU 里面有一定的存储记忆；而当前故障码则表示是最近出现的故障，当前故障码绝大部分和目前出现的系统故障有很大关系。

例如，大众公司的故障检测仪上故障码前显示"SP"，均表示临时的偶发性故障。故障发生的原因主要是，发动机运转或点火钥匙在打开的过程中拔下了某个电气插头，或者某个传感器或执行器的插头虚接。这都是软故障，不是硬故障。

6）当读不出故障码但车辆依旧有故障症状时，要利用故障检测仪的数据流对传感器和执行器进行深入的分析和判断。所谓数据流，简单来说就是电控系统中的一些主要传感器和执行器的当前工作参数值（如发动机转速、蓄电池电压、空气流量、喷油时间、节气门开度、点火提前角、冷却液温度等）。在维修过程中，可以通过阅读数据流来分析、发现故障所在，特别是当电控系统无故障码可供参考时，数据流分析就更加重要。每个传感器和执行器在一定条件上的工作参数值是有一定标准范围的，可以通过实际值与标准值的比较来判断某传感器和执行器是否存在异常。

7）当参考故障码排除故障后，要利用故障检测仪来清除故障码，也就是从 ECU 内存中清除故障码，并在发动机运转一段时间后（有条件的话，可以进行路试），再通过故障检测仪来测试是否还会出现相似的故障现象，或者存储同样的故障码。

8）清除故障码，不提倡用拔掉蓄电池负极的办法来进行。早期的车辆，如三菱和现代车系，在清除故障码时可以使用拔掉蓄电池负极的方法来进行。但随着汽车技术的发展，越来越多的车辆已将故障码存储在 ECU 和 EEPROM 中，用拔掉蓄电池负极的方法是清除不掉故障码的。使用拔掉蓄电池负极的方法来清除故障码，不但清除不掉故障码，还会导致许多问题：一是很多车辆的 ECU 具备了自适应和自学习功能，拔掉蓄电池负极后，存储在 KAM（可保持存储器）中的自适应信息丢失，导致车辆运行不稳定；二是会触发音响防盗等的防盗功能起作用导致锁死，如果不知道密码，音响便不能正常使用，预先设置在音响中的播放顺序、座椅的预定设置位置也会因此丢失。

> **注意**：随车自诊断系统通常只能提供与电控系统有关的电气装置或线路故障诊断，一般只能做出初步诊断结论，具体故障原因，还需要通过直接诊断和简单仪器进行深入诊断。

二、测试灯检测法

测试灯有自制的测试灯和检测专用的测试灯两种：可以自带电源，也可以不带电源，自制的测试灯可以用发光二极管（LED）灯外接 300~500Ω 电阻串联制成，具体类型如图 2-1 所示。

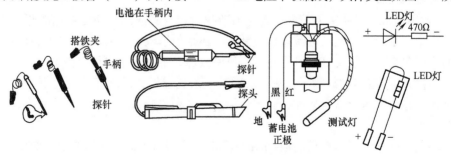

图 2-1　测试灯的类型

测试灯主要有以下几个功能:

1) 检查传感器、电控元件本体或连接电路的通、断。
2) 检测传感器参考电压供给是否正常。
3) 根据测试灯发光二极管频闪信号,可以检查传感器是否有脉冲输出,或 ECU 是否有执行信号输出。

三、万用表检测法

汽车上使用万用表,除了早期手工调码读取故障码要求使用指针式万用表外,一般都不主张使用指针式万用表,甚至在检测某些元件时,特别是半导体元件、有关 ECU 电路时,强调必须使用数字式万用表。这是因为数字式万用表阻抗大,通过元器件的电流小,可以避免在测量时烧毁其他元器件。

万用表检测传感器的方法,通常是采用测量传感器线束插接器相关端子间电压或电阻,若检测结果不符合规定,则应修理或更换传感器。

1. 电阻检测法

电阻检测法主要用于可变电阻、电位计传感器、磁电式传感器电阻的检测。对于半导体元件,一般要与标准元件的测量值对比才能得出结论。

> 检测方法:将点火开关置于"OFF"位置,拆下轮速传感器插接器,用数字式高阻抗万用表 R×1 档测试传感器两端电阻值。将测得的值与标准值比较,若不符合标准,则应修理或更换传感器。例如,对磁电式轮速传感器,可以用万用表电阻档检查其电阻值,一般在室温时,电阻值在 600~2300Ω 范围内为正常。电阻值太小为线圈短路;电阻值过大为连接不良;电阻值非常大为断路;线圈与外壳导通为搭铁,如图 2-2 所示。

2. 电压检测法

对于有源传感器,由于在工作时自身可以产生电压,因此可以使用电压检测法来检测传感器工作是否正常。

当点火开关置于"ON"位置时,检测传感器的输出信号电压。将测得的值与标准值比较,若不符合标准,则应修理或更换传感器。例如氧传感器、曲轴位置传感器、凸轮轴位置传感器、爆燃传感器等。仍以 ABS 用轮速传感器为例,拆开 ABS ECU 接线插座或拔下轮速传感器的接线插头,使被测车轮

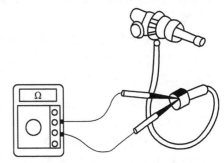

图 2-2 用万用表检测轮速传感器

以 1r/s 的速度转动时,使用万用表交流电压(mV)档测量各车轮的轮速传感器对应端子间的电压,万用表指示值应为 70mV 以上。如测量值低于规定值,原因可能是传感器与轮齿的间隙过大或传感器本身有问题,需要更换新件。

3. 电流检测法

电流检测法主要用于检测产生电流调制信号的新型集成电路传感器,如主动型轮速传感器,通过万用表也可以对传感器进行检测,线路连接如图 2-3 所示。将万用表拨至量程在

200mA 以上的电流档处，将表笔串在其中一根输出线上，另一根输出线正常接线（指针式万用表要注意极性），接通汽车电路使 ABS 系统通电，用手缓慢转动传感器安装侧的车轮，正常情况下，电流指示应在 7～14mV 之间来回波动。如果读数值只固定在 7mA 或 14mA 上，同时调整空气间隙无效时，则说明传感器失效。另外，如果接通电路后电流数值直接显示为 0 或 100mA

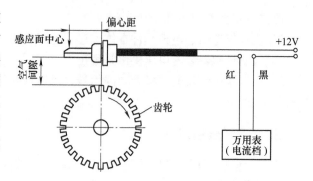

图 2-3　用电流法检测主动型轮速传感器

以上时，在确认万用表接线无误后，可以判定传感器已经断线或短路。

4. 传感器与 ECU 连接线束电阻值的检查

用高阻抗万用表电阻档测量传感器与 ECU 两连接线束的电阻值（传感器信号端、地线端分别与对应 ECU 的两端子间电阻），线路应导通；若不导通或电阻值大于规定值，说明传感器线束存在断路，或插接器插头接触不良，应进一步检查或更换。

四、数据流的测试

汽车数据流是指控制单元（ECU）与传感器和执行器交流的数据参数，通过诊断接口由专用诊断仪读取的数据，它随时间和工况而变化。数据的传输就像队伍排队一样，一个一个通过数据线流向诊断仪。

汽车控制单元（ECU）中所记忆的数据流，真实地反映了各传感器和执行器的工作电压和状态，为汽车故障诊断提供了依据。数据流只能通过专用诊断仪器读取。汽车数据流可作为汽车 ECU 的输入、输出数据，使维修人员随时可以了解汽车的工作状况，及时诊断汽车的故障。

使用汽车故障控制单元检测仪，可以得到大量的汽车运行数据，使用和分析这些数据，可以帮助分析故障，找到故障原因。数据流分析是运用各种测试手段对电控系统的各类相关数据参数进行综合分析的过程。

读取汽车数据流可以检测汽车各传感器的工作状态，并检测汽车的工作状态，通过数据流还可以设定汽车的运行数据。

1. 读取发动机数据流的步骤

现以奥迪车系发动机为例说明发动机数据流的读取方法。用故障检测仪 V. A. G1552 读取发动机数据流的步骤如下：

1) 打开诊断插口盖板，将故障检测仪 V. A. G1552 用 V. A. G1551/3 电缆连接到车上位于变速杆前的诊断插座上。

2) 打开点火开关或者发动机怠速运转，同时打开检测仪的电源开关，这时，显示器上首先显示下列文字：

Test of Vehicle systems　HELP	车辆系统测试　　　帮助
Enter address word　××	输入地址码　××

3）输入"发动机电子系统"的地址指令01，并按"Q"键确认，显示器上将显示：

```
330 907 404 1.8L R4/2V MOTR HS D01→
Coding 08001 WSC ××××
```

其中：

330 907 404—发动机控制单元零件编号。

1.8L—发动机排量。

R4/2V—直列式发动机、4缸、每缸2气门。

MOTR—Motronic。

HS—手动变速器。

D01—控制单元软件版本。

Coding 08001—控制单元编码。

WSC××××—维修站代码。

4）根据需要，选择故障检测仪功能。

```
Test of Vehicle systems    HELP        车辆系统测试    帮助
Select function                        选择功能    ××
```

V.A.G1552故障检测仪的功能见表2-1。

表2-1　V.A.G1552故障检测仪的功能

功能码	含　义	点火开关 是否接通	发动机怠速 是否运转
01	Interrogate control unit wersions（询问控制单元版本）	是	否
02	Interrogate fault memory（查询故障存储）	是	是
03	Final control diagnosis（最终控制诊断）	是	否
04	Introduction of basic settling（基本设定）	是	否
05	Erase fault memory（清除故障存储）	是	是
06	End out put（结束输出）	是	是
07	Code control unit（控制单元编码）	是	否
08	Read measuring value block（读测量数据块）	是	是
09	Read individual measuring value（读取单个测量数据）	×	×
10	Adaptation（匹配、自适应）	×	×
11	Log-on（登录）	×	×

注：必须在下述工作完成后进行。

　1.更换发动机控制单元、节气门控制单元或拆下蓄电池连接线。

　2.仅在冷却液温度高于80℃时能进行，在此之前这项功能锁止。

5）输入08功能"读测量数据块"，按"Q"键确认，显示器上将显示：

```
Read measuring value block    HELP        读测量数据块    帮助
Enter display group number    ××         输入显示组别号    ××
```

根据需要输入组别号，即可读出发动机各部分的数据流。

车型不同读取数据流的方法不同；同时，不同车型的各数据块的显示界面及其含义也有所不同。

2. 数据流分析的一般步骤

（1）有故障码时的分析

在进行故障码分析并确认有故障码存在时，一方面可以利用查看记录故障码时的冻结数据帧，确认故障码发生时的车辆运行工况，同时可以使车辆在冻结数据帧提示的工况下进行故障验证，从而快速、准确地确定故障部位；另一方面，可以直接找出与该故障码相关的各组数据进行分析，并根据故障码设定的条件，分析故障码产生的原因，进而对数据的数值波形进行分析，找出故障点。

（2）无故障码时的分析

在调取故障码后确认无故障码存在时，应从故障现象入手，根据控制系统的工作原理和结构，推断相关数据参数，再用数据分析的方法对相关数据参数进行观察和全面分析。在进行数据分析时，常常需要知道所修车系统的基本原理和结构、基本的控制参数及其在不同工况条件下的正确读取方法，并经过认真分析，才有可能得出准确的判断。

（3）数据流综合分析步骤

1）数据综合测量：

> ① 发动机故障码读取。当发动机故障灯点亮时，故障码一定存在。此时经过查阅维修手册，便可明确故障类型，并相应地找到解决办法。
> ② 发动机数据流测量。当系统中没有故障码时，读取标准工况下的控制单元数据比较关键，特别要注意数据标准及数据变化量。常规测量工况应选择热车状态下怠速工况和发动机转速在 2000r/min 时的无负荷工况。
> ③ 发动机真实数据流测量。一般要测量的数据应该是车辆工作的基本数据，例如对于发动机系统，这些数据包括：进气歧管的真空度、气缸压力、点火正时、发动机转速、燃油系统压力、机油压力、发动机冷却液温度、进气阻力（真空法测量）、废气排放值、排气阻力及曲轴箱通风压力等。测量完成后，需要将实测值与故障诊断仪读取的数据进行对比，差值过大的数据即为故障所在。例如，发动机控制单元显示冷却液温度为 60℃，而实测冷却液温度为 85℃，则说明发动机冷却液温度传感器数据存在偏差，故障原因可能在于线路接触电阻过大，控制单元 A/D 转换器偏差等。

2）数据综合分析：

① 建立数据群模块。建立数据群模块即将某一故障现象所涉及的数据集中起来，逐一检查、对比及分析。例如发动机怠速转速过高，达到 1000r/min，这里所涉及的数据将包括冷却液温度、节气门开度、怠速控制阀步数（或开度）、点火提前角、进气歧管绝对压力、氧传感器信号、喷油脉宽、燃油系统压力、蓄电池电压、空调开关状态、转向助力开关状态、车速、档位开关状态及发动机废气排放等。

② 分析数据。分析数据时应注意如下事项：

a. 将控制单元的数据与实际测量数据进行对比，差值越小，说明控制单元及传感器越精确。

b. 将控制单元数据与维修手册标准对比，若误差值超过极限，说明相应的数据为工作不良数据。

c. 找出疑问数据进行分析。例如，氧传感器信号电压变化值为 0.1~0.9V，无故障码。简单看，氧传感器无故障，数据也在维修手册规定范围内，但与新车 0.3~0.7V 的正常值相比，却有了很大变化。由此说明氧传感器接触到的发动机废气中的氧含量变化不稳定，即燃烧时混合气的空燃比不稳定。导致此种故障发生的原因包括发动机进气管漏气、气门积炭、气门关闭不严、曲轴箱通风阀堵塞及发动机活塞环密封不严等。

③ 综合分析。为了准确地分析故障，需要将几个问题数据间的关联关系逐一进行分析。

3. 基本数据分析

（1）冷却液温度分析

发动机冷却液温度是一个数值参数，其单位可以通过故障检测仪选择为℃或℉。在单位为℃时其变化范围为 -40~199℃。该参数表示控制单元根据冷却液温度传感器送来的信号计算后得出的冷却液温度数值。该参数的数值应能在发动机冷车起动至热车的过程中逐渐升高，在发动机完全热车后怠速运转时的冷却液温度应为 85~105℃。当冷却液温度传感器或其线路断路时，该参数显示为 -40℃；若显示的数值超过 185℃，则说明冷却液温度传感器或其线路短路。

如果发动机工作时，冷却系统的节温器已完全打开，而冷却液温度不是逐渐上升，而是逐渐下降，这就表明冷却液温度传感器已损坏。

（2）大气压力参数分析

大气压力是一个数值参数，它表示大气压力传感器送给控制单元的信号电压的大小，或控制单元根据这一信号经计算后得出的大气压力的数值。该参数的单位依车型而不同，有 V、kPa 及 cmHg 三种，其变化范围分别为 0~5.12V、10~125kPa 和 0~100cmHg。有些车型的控制单元显示两个大气压力参数，其单位分别为 V 和 kPa 或 cmHg。这两个参数分别代表大气压力传感器电压的大小及控制单元根据这一信号计算后得出的大气压力数值。大气压力数值和海拔有关：在海平面附近为 100kPa 左右，高原地区大气压力较低；在海拔 4000m 附近为 60kPa 左右。在数值分析中，如果发现该参数和环境大气压力有很大的偏差，说明大气压力传感器或控制单元有故障。

（3）进气歧管压力的分析

进气歧管压力是一个数值参数，表示由进气歧管压力传感器送给控制单元的信号电压，或表示控制单元根据这一信号电压计算出的进气歧管压力数值。该参数的单位依车型不同，也有 V、kPa 及 cmHg 三种，其变化范围分别为 0~5.12V、0~205kPa 和 0~150cmHg。进气歧管压力传感器所测量的压力是发动机节气门后方的进气歧管内的绝对压力。在发动机运转时该压力的大小取决于节气门的开度和发动机的转速。在相同的转速下，节气门开度越小，进气歧管的压力就越低（即真空度越大）；在相同节气门开度下，发动机转速越高，该压力就越低。涡轮增压发动机的进气歧管压力在增压器起作用时，则大于 102kPa（大气压力）。在发动机熄火状态下，进气歧管压力应等于大气压力，该参数的数值应为 100~102kPa。如果在数值分析时，发现该参数值和发动机进气歧管内的绝对压力不符，则说明传感器不正常或 ECU 有故障。

（4）空气流量的分析

空气流量是一个数值参数，它表示发动机 ECU 接收到的空气流量传感器的进气量信号。该参数的数值变化范围和单位取决于车型和空气流量传感器的类型。

采用翼板式空气流量传感器、热线式空气流量传感器及热膜式空气流量传感器的汽车，该参数的数值单位均为 V，其变化范围为 0 ~ 5V。在大部分车型中，该参数的大小和进气量成反比，即进气量增加时，空气流量传感器的输出电压下降，该参数的数值也随之下降。5V 表示无进气量，0V 表示最大进气量。也有部分车型该参数的大小和进气量成正比，即数值大表示进气量大，数值小表示进气量小。

采用涡旋式空气流量传感器的汽车，该参数的数值单位为 Hz 或 ms，其变化范围分别为 0 ~ 1600Hz 或 0 ~ 625ms。在怠速时，不同排量发动机的该参数数值为 25 ~ 50Hz。进气量越大，该参数的数值也越大。在 2000r/min 时为 70 ~ 100Hz。如果在不同工况时该参数的数值没有变化或与标准有很大差异，说明空气流量传感器有故障。

（5）进气温度的分析

进气温度是一个数值参数，其数值单位为 ℃ 或 ℉，在单位为 ℃ 时其变化范围为 -50 ~ 185℃。该参数表示控制单元按进气温度传感器的信号计算后得出的进气温度数值。在进行数值分析时，应检查该数值与实际进气温度是否相符。在冷车起动之前，该参数的数值应与环境温度基本相同；在冷车起动后，随着发动机的升温，该参数的数值应逐渐升高。若该参数显示为 -50℃，则表明进气温度传感器或其线路有断路；若该参数显示为 185℃，则表明进气温度传感器或其线路有短路。

（6）节气门开度的分析

节气门开度是一个数值参数。其数值的单位根据车型不同有以下三种：若单位为电压（V），则数值范围为 0 ~ 5.1V；若单位为角度（°），则数值范围为 0° ~ 90°；若单位为百分数（%），则数值范围为 0% ~ 100%。

该参数的数值表示发动机 ECU 接收到的节气门位置传感器信号值，或根据该信号计算出的节气门开度的大小。其绝对值小，则表示节气门开度小；其绝对值大，则表示节气门开度大。在进行数值分析时，应检查在节气门全关时参数的数值大小。以电压（V）为单位的，节气门全关时的参数数值应低于 0.5V；以角度（°）为单位的，节气门全关时的参数的数值应为 0°；以百分数（%）为单位的，节气门全关时该参数的数值应为 0。此外，还应检查节气门全开时的数值。不同单位下的节气门全开时的数值应分别为 4.5V 左右、82°以上和 95% 以上。若有异常，则可能是节气门位置传感器有故障或调整不当，也可能是线路或 ECU 内部有故障。

（7）爆燃的分析

1）爆燃信号分析。这是一个状态参数，其显示内容为"YES"或"NO"。该参数表示控制单元是否接收到爆燃传感器送来的爆燃信号。当参数显示为"YES"时，说明控制单元接到爆燃信号；显示"NO"时，表示没有接到爆燃信号。在进行数值分析时，可在发动机运转中急加速，此时该参数应能先显示"YES"，后又显示为"NO"。如果在急加速时该参数没有显示为"YES"或在等速运转时也显示为"YES"，说明爆燃传感器或线路有故障。

2）爆燃计数分析。爆燃计数是一个数值参数，其变化范围为 0 ~ 255。它表示控制单元根据爆燃传感器信号计算出的爆燃数量和相关的持续时间。参数的数值并非爆燃的实际次数和时间，它只是一个与爆燃次数及持续时间成正比的相对数值。任何大于0的数值都表示已发生爆燃。数值低表示爆燃次数少或持续时间短，数值高表示爆燃次数多或持续时间长。

3）爆燃推迟分析。爆燃推迟是一个数值参数，其变化范围为0°~99°。它表示控制单元在接到爆燃传感器送来的爆燃信号后，将点火提前角推迟的数值。该参数的数值不代表点火提前角的实际数值，仅表示点火提前角相对于当前工况最佳点火提前角向后推迟的角度。

(8) 氧传感器工作状态的分析

氧传感器工作状态参数表示由发动机排气管上的氧传感器所测得的混合气的浓稀状况。有些双排气管的汽车将这一参数显示为左氧传感器工作状态和右氧传感器工作状态两种参数。排气中的氧气含量取决于进气中混合气的空燃比。氧传感器是测量发动机混合气浓稀状态的主要传感器。氧传感器必须被加热至300℃以上才能向ECU提供正确的信号。而发动机ECU必须处于闭环控制状态才能对氧传感器的信号做出反应。

氧传感器的工作状态参数依车型而不同。有些车型以状态参数的形式显示出来，其变化为浓或稀；也有些车型将它以数值参数的形式显示出来，其数字单位为mV。浓或稀表示排气的总体状态，数值表示氧传感器的输出电压。该参数在发动机热车后以中速（1500~2000r/min）运转时，呈现浓稀的交替变化或输出电压在100~900mV之间来回变化，每10s内的变化次数应大于8次（0.8Hz）。若该参数变化缓慢或不变化或数值异常，则说明氧传感器或ECU内的反馈控制系统有故障。

(9) ATF温度的分析

ATF温度是一个数值参数，单位为℃或℉。在单位为℃时，其变化范围为-40~199℃。该参数表示ECU根据自动变速器油温（ATF）传感器送来的信号计算后得出的油温数值。该参数的数值应能在汽车行驶过程中逐渐升高，正常时，油温应在60~80℃之间。

ATF温度用于检测自动变速器油的温度，以作为ECU进行换档控制、油压控制和锁止离合器控制的依据。

若ATF温度在35~45℃恒定不变时，表明油温传感器损坏或线路不良。

在有些车型中，自动变速器油温参数的单位为V，表示这一参数的数值直接来自油温传感器信号电压。该电压与油温之间的比例关系依电路的不同而异，一般成反比例关系，即油温低时信号电压高，油温高时信号电压低。但也可以成正比例关系。在油温传感器正常工作时，该参数的数值范围是0~5.0V。

注意：如果ATF温度超过130℃时，此时可观察热模式状态参数，此参数应显示为接通，表示自动变速器油液温度已超过130℃，且在5s后没有冷却到120℃，因此进入热模式状态。此时TCC在4档接合，直到油温降至130℃以下，或制动，或TPS电压信号较低时才断开。

(10) 变速器输入转速的分析

变速器输入转速（ISS）传感器的正常允许显示范围为0~8091r/min，变矩器锁止离合器（TCC）工作时，小于发动机转速。当TCC工作时，变速器输入转速应等于发动机转速，否则说明TCC有打滑现象，其主要原因是TCC摩擦材料烧焦、TCC电磁阀不良、TCC油压过低。短时间内，转速变化超过1300r/min，表示变速器ISS传感器有间歇性断路故障，其主要原因包括：变速器 ISS 传感器的线束有电磁干扰，PCM 的 CI 插头不良，变速器的 20 芯插头连接不良，变速器 ISS 传感器的 2 芯插头连接不良，变速器 ISS 传感器的线路有短路或断路故障。

（11）变速器输出转速的分析

变速器输出转速（OSS）传感器正常允许显示范围为 0～8091r/min。若显示 0r/min，表示汽车处于驻车档或空档，汽车未行驶。若显示转速过低，小于 150r/min 持续 2s，表示变速器输出转速信号过低，其主要原因是 OSS 高线路断路，OSS 高线路与搭铁短路，OSS 高线路与 OSS 低线路短路，OSS 低线路断路，OSS 低线路与搭铁短路，OSS 的电阻值不对，OSS 的信号转子损坏、变形，OSS 的信号转子与 OSS 没有对准。

（12）ABS 数据流的分析

车轮转速传感器正常允许显示范围为 0km/h 至最大车速。若车辆行驶速度大于 8km/h，但显示为 0km/h，表示车轮转速传感器输入信号为 0km/h，其主要原因是车轮转速传感器的高信号线短路，车轮转速传感器的高信号线断路，车轮转速传感器插接器连接不良，EBCM/EBTCM 不良。若瞬时变化太大，如在 0.01s 内变化大于 24km/h，表示车轮转速传感器信号变化太大，其主要原因是车轮转速传感器的高信号线短路，车轮转速传感器的高信号线断路，车轮转速传感器的电阻值不对，车轮转速传感器插接器连接不良，EBCM/EBTCM 不良。

五、传感器波形的检测与分析

汽车专用示波器是用于快速判断电子控制系统故障的有效工具，示波器主要用来显示控制系统中输入、输出信号的电压波形，以供维修人员根据波形分析判断电控系统故障。示波器比一般电子设备的显示速度快，是唯一能显示瞬时波形的检测仪器，是电控系统故障诊断中的重要设备。示波器检测是最准确、最直观的检测方法，可以将传感器的输出电流或电压以波形的形式显示出来。

现以主动型轮速传感器为例，将示波器的信号输入接在传感器输出端与信号处理电路的搭铁端（注意区分传感器电源端进线及信号输出端），打开汽车电路使系统通电，此时用手缓慢转动传感器安装侧的车轮，正常情况下，示波器应显示出方形脉冲波形，如图 2-4 所示。如果没有脉冲波形或与标准波形不一致，则要调整传感器的安装空气间隙，如果调整后仍没有脉冲波形，则说明传感器失效，应更换。

用汽车示波器测试传感器输出的信号波形及信号电压的变化情况，可以确定传感器本身性能的好坏，由此可以确定某个系统的运行情况。

1. 波形检测工具简介

（1）电子信号分析

1）电控系统电子信号的类型。对于电控系统而言，其电子信号一般有以下 5 大

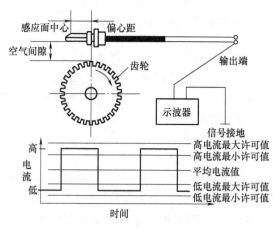

图 2-4　用示波器检测轮速传感器

类型：

① 直流（DC）信号。在汽车电控系统中产生直流（DC）信号的传感器或电源装置有蓄电池电压或控制单元（ECU）输出的传感器参考电压；模拟传感器信号，如发动机冷却液温度传感器、燃油温度传感器、进气温度传感器、自动变速器油温度传感器、蒸发器温度传感器、节气门位置传感器、废气再循环阀位置传感器、旋转翼片式或热线式空气流量传感器和节气门开关，以及通用汽车、克莱斯勒汽车和亚洲大多数汽车的进气歧管绝对压力传感器等，如图2-5所示。

② 交流（AC）信号。在汽车电控系统中产生交流（AC）信号的传感器，具体包括车速传感器（VSS）、磁脉冲式曲轴位置（CKP）和凸轮轴位置（CMP）传感器，从模拟进气歧管绝对压力传感器（MAP）信号得到的发动机真空平衡波形，以及爆燃传感器（KS）波形等，如图2-6所示。

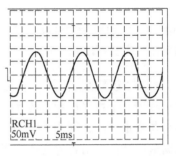

图2-5 直流信号波形　　　　图2-6 交流信号波形（车速传感器信号）

③ 频率调制信号。在汽车电控系统中，产生可变频率信号的传感器和装置包括：数字式空气流量传感器、数字式进气歧管绝对压力传感器、光电式车速传感器（VSS）、霍尔式车速传感器（VSS）、光电式凸轮轴位置（CMP）和曲轴位置（CKP）传感器、霍尔式凸轮轴位置（CKP）和曲轴位置（CKP）传感器等，如图2-7所示。

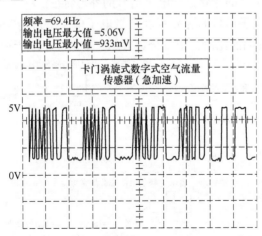

图2-7 频率调制信号波形（卡门涡旋式数字式空气流量传感器信号波形）

④ 脉宽调制信号。在汽车电控系统中产生脉宽调制信号的电路或装置包括：点火线圈初级绕组、电子点火正时电路、废气再循环控制（EGR）阀、排气净化电磁阀、涡轮增压

电磁阀和其他控制电磁阀、喷油器、怠速控制电动机、怠速控制电磁阀等，如图2-8所示。

⑤ 串行数据（多路）信号。控制单元都具有故障自诊断功能以及其他串行数据传输能力，而串行数据信号是由发动机 ECU、车身控制模块（BCM）、防抱死制动系统控制模块（ABS ECU），以及其他一些控制模块产生的，如图2-9所示。

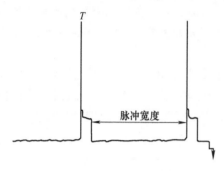

图 2-8　脉宽调制信号波形
（活性炭罐电磁阀控制波形）

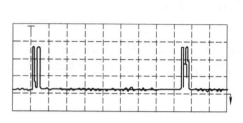

图 2-9　串行数据（多路）信号波形
（车载网络系统通信信号）

2) 电子信号的判定依据。任何一个汽车电控系统电子信号都应该具有幅值、频率、形状、脉冲宽度和阵列五个可以度量的参数指标。从信号"五要素"中得到的这五种判定特征的信息类型是非常重要的，因为 ECU 需要通过分辨这些特征，识别各个传感器提供的各种信息，并依据这些特征发出各种命令，指挥不同的执行器动作。这就是电控系统电子信号的五种判定依据。

① 幅值。所谓电子信号的幅值是指电子信号在一定点上的即时电压，也表示波形的最高和最低的差值，如图2-10a 所示。

② 频率。所谓电子信号的频率就是信号的循环时间，即电子信号在两个事件或循环之间的时间，一般指每秒的循环数（Hz），也表示每秒的波形周期数，如图2-10b 所示。

③ 形状。所谓电子信号的形状是指电子信号的外形特征。

④ 脉冲宽度。所谓电子信号的脉冲宽度是指电子信号所占的时间宽度，而占空比是指信号的脉冲宽度与信号周期的比值，用百分数表示，如图2-10c 所示。

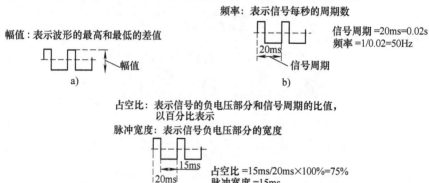

图 2-10　波形图的含义

⑤ 阵列。所谓电子信号的阵列是指组成专门信息信号的重复方式，例如第 1 缸传送给发动机 ECU 的上止点同步脉冲信号，或传给故障检测仪的有关冷却液温度是 210℃ 的串行数据流等。

每一类型的电子信号都可以由五种判定依据中的一个或多个特征组成，见表 2-2。

表 2-2 电子信号的判定依据

信号类型	判定依据				
	幅值	频率	形状	脉冲宽度	阵列
直流信号	√				
交流信号	√	√	√		
频率调制信号	√	√			
脉宽调制信号	√	√		√	
串行数据（多路）信号	√	√	√	√	√

汽车示波器主要用来显示控制系统中输入、输出信号的电压波形，以供维修人员根据波形分析判断电控系统故障。

在汽车 ECU 和其他智能电子设备中用来通信的串行数字信号是最复杂的信号，它是包含在汽车电子信号中的最复杂的"电子句子"，在实际检测过程中，多数情况下要用专门的故障检测仪去读取信息。

（2）汽车专用示波器简介

1）结构简介。汽车专用示波器种类较多，现以 OTC VISION2 汽车专用示波器为例，介绍它的组成情况。如图 2-11 所示，示波器主要由诊断模块、测试主机、存储卡、外接电源线、热启动开关、主电源开关、串行接口、外部电源接口、测试线缆等组成。

诊断模块：电控系统传感器输出的电压、电阻和频率信号，必须经诊断模块进行处理，使之成为测试主机能够识读的数字信号。该示波器有两种诊断模块：一种是示波器诊断模块；另一种是发动机测试模块。它安装在测试主机顶部，对采集的信号进行预处理，测试线缆与它相连。

测试主机：它包括显示器、键盘和电路板，显示器为人机对话的界面，操作菜单、测试结果、所测波形通过显示器显示。键盘为仪器的输入元件，测试元件的选择、波形的分析等功能均通过键盘来完成。

存储卡：它为主机提供内存、最新的软件程序。存储卡可以升级，以加强示波器的功能。存储卡安装在主机底部卡槽内，一般升级时才需要拔出。

外接电源线：示波器使用直流 12V 电源，可

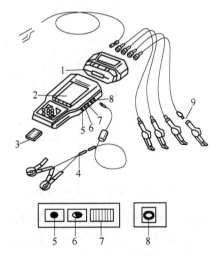

图 2-11 OTC 示波器组成
1—诊断模块　2—测试主机　3—存储卡
4—外接电源线　5—热启动开关　6—主电源开关
7—串行接口　8—外部电源接口　9—测试线缆

接在车辆的 12V 蓄电池上或用 A/C 充电器为仪器充电。

热启动开关：仪器工作时，若出现死机，可以通过热启动开关重新启动仪器。

主电源开关：示波器配有主电源开关。

串行接口：该接口用于连接打印机、控制单元或废气分析仪等。

外部电源接口：示波器内装有可充电电池，当电池电力不足时，可使用外接电源充电。

测试线缆：该线缆一端接到诊断模块接口，另一端接测试探头。仪器备有 4 根测试线缆，分别为黄、蓝、红和绿 4 种颜色，另有一根黑色搭铁线缆，如图 2-12 所示。线缆分通用型和专用型。在进行不同项目测试时，可选用专用适配器。

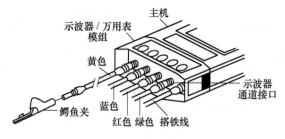

图 2-12　测试线缆的连接

2）示波器的基本功能。汽车专用示波器的功能分基本功能和附加功能。基本功能就是对汽车电控系统中的模拟信号和数字信号进行波形显示。附加功能包括万用表功能和发动机性能测试功能。

图 2-13、图 2-14 为测试电控系统中主要传感器与执行器的信号波形，如进气压力传感器、空气流量传感器、节气门位置传感器、氧传感器、曲轴位置传感器、凸轮轴位置传感器、轮速传感器、喷油器、怠速控制阀、EGR 阀、混合气控制阀等。

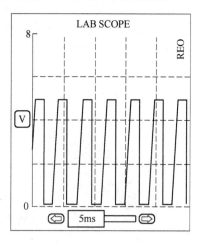

图 2-13　MAF 和 MAP 数字信号波形

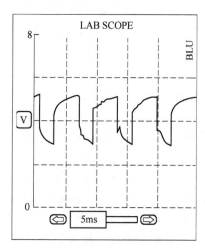

图 2-14　怠速控制阀模拟信号

目前，测试用汽车示波器多为双通道显示，也有四通道显示。示波器有多个通道接口，能够同时显示多个波形，把示波器连接到四个不同传感器与执行器，即可以把四种信号波形同时显示出来，便于分析判断。图 2-15 为四通道显示屏幕，它同时测试了两个喷油器、点火正时与参考信号等四个信号波形。

当测试波形信号需要进行分析时，通过功能键操作可对波形进行锁定和存储，以便仔细分析波形，进行判断，也可以通过功能键的操作重新查看和删除。

通过设定信号电压的大小和改变扫描时间的长短,可以确定所测波形的大小与屏幕坐标是否相配,以便于观察。

示波器设有波形资料库,它收集有各系统电子元件的标准波形,如传感器波形和执行器波形、点火波形等,可以通过测试波形与标准波形的对比进行分析。通过功能键可以调出所需要的标准波形。

示波器的附加功能是万用表功能和发动机性能测试功能。它的万用表功能可以很直接地显示出一些简单选定的信号,为使用者提供方便。示波器备有一些附加测试探头与车辆连接,可以测试发动机的起动电流、交流发电机二极管等。

2. 汽车专用示波器的使用方法

(1) 安全操作注意事项

1) 确定被测试车辆变速杆在P位,并且拉起驻车制动手柄。
2) 确定车轮在地面上被锁止。
3) 车辆置于通风处。
4) 在切断测试插头之前,应先断开搭铁线插头。
5) 仪器需要防水。

(2) 键盘的使用

OTC VISION2 示波器的键盘如图2-16所示。

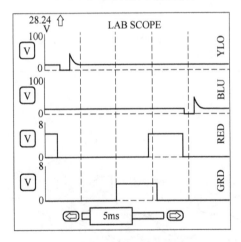

图2-15 四通道显示屏幕

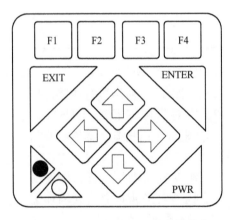

图2-16 OTC VISION2 示波器键盘

OTC VISION2 示波器键盘使用说明见表2-3。

表2-3 OTC VISION2 示波器键盘使用说明

作 用	按 键	举 例
增加屏幕显示的对比度		按住并保持则可以看到屏幕逐渐变黑
减弱屏幕显示的对比度		按住并保持则可以看到屏幕逐渐变浅或变淡
打开屏幕背光		同时压下这两个按键,则可以看到背光显示出来,以利于在光线较弱的条件下进行测试。同时,用户可以在"Managing-power"里设定背光显示的时间,然后熄灭背光

(续)

作　用	按　键	举　例
做出选择	ENTER	按"ENTER"键可使技师进入选择的屏幕
显示在屏幕上的功能键	F1 F2 F3 F4	这4个功能键主要是根据屏幕上的说明来改变其属性，一般来讲，F1代表帮助信息——HELP
向下移动屏幕或改变纵坐标的数值（向下变化）	⬇	当屏幕上出现该箭头时，移动光标到该处，然后再按"ENTER"键，则坐标或屏幕向下变化
向上移动屏幕或改变纵坐标的数值（向上变化）	⬆	功能基本同上，但方向正好相反
向左移动屏幕或改变横坐标的数值（向左变化）	⬅	如改变数值，左为减少；移动图像，光标到左边
向右移动屏幕或改变横坐标的数值（向右变化）	➡	如改变数值，右为增大；移动图像、光标到右边
退出屏幕或菜单	EXIT	从主菜单到帮助信息最后到LNTERRO注册商标
打开或关闭OTC	PWR	按"PWR"键使OTC在"ON"和"OFF"间切换，尽管电源已关闭，但存储的信息并没有清除

（3）氧传感器测试实例

1）如图2-17所示进行线路连接。

2）在对氧传感器进行测试时，必须用高阻抗专用线缆，避免影响测试精度。

3）起动发动机并运行，使发动机暖机到正常工作温度并进入闭环工作状态，测试结果才正确。

4）按下"PWR"键，示波器开机。

5）从主菜单中选择"AUTO METERS"项。在"AUTO METERS"项中，可以观测到氧传感器的信号波形、氧传感器的信号变动率及混合气的浓/稀状态。

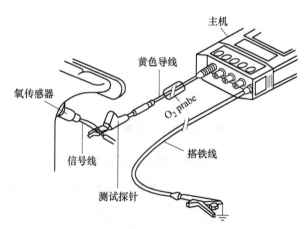

图2-17　氧传感器测试线路连接图

6）选择"O₂ SENSOR"项，即可对氧传感器进行测试。

7）提高发动机转速，使其转速高于怠速工况。因为发动机在怠速时不能进入闭环状态。

氧传感器的测试界面如图 2-18 所示。其上方为氧传感器变动率的统计数值，界面上部为每 5s 的变动率，右侧显示最大值与最小值，中间显示混合气的浓/稀状态，下方为氧传感器的信号波形。图 2-19 为氧传感器故障波形。

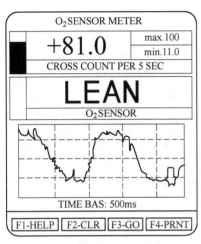 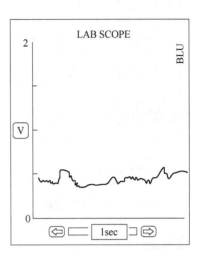

图 2-18　氧传感器测试界面　　　　　　图 2-19　氧传感器故障波形

（4）节气门位置传感器测试实例

1）进行线路连接，如图 2-20 所示。

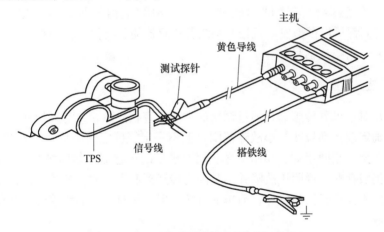

图 2-20　节气门位置传感器测试线路连接图

2）打开点火开关，发动机不运转，测试 TPS。

3）从主菜单中选择"AUTO METERS"项。从主菜单中选择"LAB SCOPE"项，同样能测试出 TPS 信号波形，但不能显示出 TPS 的信号电压数值。

4）选择 TPS 开始测试，TPS 测试屏幕如图 2-21 所示。

5）打开节气门，读取 TPS 信号波形，如图 2-22 所示。

6）慢慢全开和全关节气门，观察 TPS 信号波形是否中断，是否有尖锐的突变等不正常的现象。

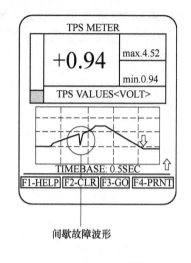
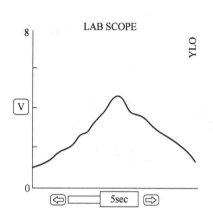

图 2-21　TPS 测试屏幕　　　　图 2-22　正常的 TPS 信号波形

六、模拟法

模拟法就是在断开传感器连接，其他线路连接正常的情况下，用传感器模拟测试仪模拟汽车电脑的输入信号，代替传感器工作，依据故障现象的消失或存在，来判断传感器好坏的方法。利用此类模拟法对电控系统传感器及其线路故障的诊断，可简化分析过程、缩短诊断时间、减少因盲目更换配件而带来的经济损失。

常用的具有传感器模拟测试功能的仪器有 ADD91 信号模拟仪、电控系统分析仪 SKS3058 等。它们都可以模拟发动机控制系统各传感器的各类信号，如模拟电压信号、频率信号、直流信号、占空比信号等。

七、替代法

替代法就是对于可疑传感器，通过试换的方法来查找故障，又称试换法。

替代法可确定故障部位或缩小故障范围，但不一定能确定故障原因。在检修传感器时，最好使用相同车型、相同年款、相同型号、相同规格的传感器，暂时替代有疑问的传感器。替代后如故障仍旧存在，说明该故障并不是因为传感器而引起的，故障在其他部分。

使用替代法检验传感器的好坏，简单又直接，但要求有一定的维修经验和可以用来替换的正常的传感器。

注意： 不能用不同输出特性的传感器来替代，这容易引起错误判断；不要绝对地认为新零件就是好的零件，最终导致误判，因为有的新零件本身就是不合格产品。

复　习　题

一、填空题

1. 汽车传感器的检测方法主要有（　　）、（　　）、（　　）、（　　）4 种。

2. 使用解码器读取故障码之前，发动机应处于规定的（   ）。
3. 电流检测法主要用于产生（   ）的新型集成电路传感器。
4. 任何一个汽车电控系统电子信号都应该具有（   ）、（   ）、（   ）、（   ）、（   ）5个可以度量的参数指标。
5. 霍尔式曲轴位置传感器的标准波形为（   ）。

二、简述题
1. 使用汽车专用示波器时，安全操作的注意事项主要有哪些？
2. 汽车专用示波器的功能有哪些？

第三章 温度传感器

现代汽车的发动机温度传感器用于检测发动机进气温度、冷却液温度、EGR 监测温度以及排气温度等。冷却液温度传感器安装在发动机冷却液出水管上,其功用是检测发动机冷却液的温度,并将温度信号变换为电信号传送给 ECU。ECU 根据发动机的温度信号修正喷油时间和点火时间,从而使发动机工况处于最佳状态运行。进气温度传感器安装在进气管路中,其功用是检测进气温度,并将温度信号变换为电信号传送给 ECU。进气温度信号是各种控制功能的修正信号。如果进气温度传感器信号中断,就会导致热起动困难、废气污染物排放量增大。EGR 监测温度传感器用来检测 EGR 阀下游再循环气体的温度变化情况,由此来监测 EGR 阀的工作状况。排气温度传感器用来检测催化转化器内排放气体的温度。

汽车上的温度传感器因车型不同,检测的目的和检测的范围不同,其使用的类型也不同。目前使用的温度传感器类型有绕组电阻式、热敏电阻式、扩散电阻式、半导体二极管式、金属芯式和热电偶式等。实际常用的温度传感器主要是绕组电阻式、热敏电阻式和热电偶式三种。

1) 绕组电阻式温度传感器。在绝缘绕线架上绕有高纯度的镍线,再罩上适当的外套而制成,用于测量冷却液温度和进气温度。利用其电阻值随温度变化而变化的特性,精度在 ±1% 以内,响应特性差,时间常数约为 15s。

2) 热敏电阻式温度传感器。它是利用半导体的电阻随温度的变化而改变其特性制成的,灵敏度高。有 PTC(正温度系数)、NTC(负温度系数)和临界温度系数三种。虽然灵敏度高,但线性度差,使用温度限于 300℃ 以内(也有像氧化锆和尖晶石氧化物那样的高温型传感器)。热敏电阻式温度传感器的响应特性比绕组电阻式温度传感器好。

3) 热电偶式温度传感器。它是将两种材质不同的金属导线连接在一起(图3-1),当在 A、B 两点间形成温度差 ΔT_{AB} 时,两点间就会出现电位差 ΔU_{AB},热电偶式(又称温差电动势)温度传感器就是通过测定 ΔU_{AB} 来求出温度的。

图 3-1 热电偶的原理

测量的方法:将 A、B 任一端置于恒温箱中,另一端置于被测物中。当被测物温度发生变化时,ΔU_{AB} 也将发生变化。由于 A 端或 B 端中有一端是置于恒温箱中的,因此置于恒温箱中一端的 U 是不变的,这样 ΔU_{AB} 的变化实际上是被测物温度变化的反映。

目前在汽车上应用的温度传感器主要有：热敏电阻式温度传感器、热电偶式温度传感器和热敏铁氧体式温度传感器，其中又以热敏电阻式温度传感器应用最为广泛。热电偶式温度传感器由于热电位差不高，在汽车上应用较少，主要用于排气系统中排气温度的确定。热敏铁氧体式温度传感器在汽车上主要用于控制散热器的冷却风扇。

第一节 热敏电阻式温度传感器

一、冷却液温度传感器

冷却液温度传感器用于检测发动机冷却液温度，并将此信号输送到发动机的电子控制单元（ECU），作为燃油喷射系统和点火正时的修正信号，用于空燃比、点火及其他控制系统的控制信号。

冷却液温度传感器一般装在电喷发动机缸体、缸盖的水套及上出水管等处，如图3-2所示。

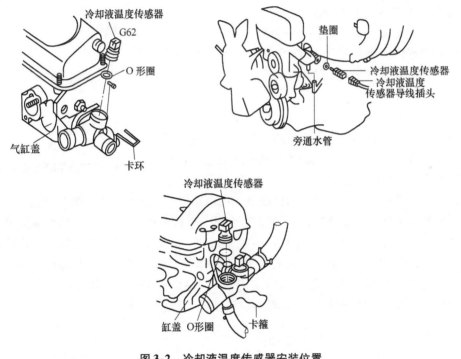

图3-2 冷却液温度传感器安装位置

1. 冷却液温度传感器结构与原理

（1）冷却液温度传感器的结构

冷却液温度传感器有两端子式和单端子式两种，其结构和外形如图3-3所示，主要由热敏电阻、金属引线、接线插座和壳体组成。

（2）冷却液温度传感器的工作原理

冷却液温度传感器采用负温度系数的热敏电阻制成，即当冷却液温度较低时，传感器的电阻较大，而当冷却液温度升高时，传感器的电阻会明显变小。这样在实际使用中，传感器

汽车传感器原理与检修

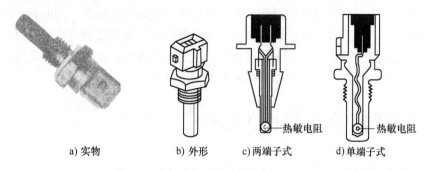

a) 实物　　b) 外形　　c) 两端子式　　d) 单端子式

图 3-3　冷却液温度传感器外形及结构图

就能感知到冷却液温度的变化，并将这种变化通过电路转化为电信号输送给 ECU，ECU 根据输入的电信号（对应冷却液温度的变化信号）来对发动机的喷油量及喷油时间进行修正，同时调整空燃比，冷机时供给较浓的可燃混合气，热机时供给较稀的可燃混合气，使发动机稳定而良好地工作。冷却液温度传感器的特性如图 3-4 所示。

2. 冷却液温度传感器的检测

（1）冷却液温度传感器电路连接及特点

冷却液温度传感器的端子与 ECU 的连接及电路特点如图 3-5a 所示，其中 THW 为信号端子，E2 为车体搭铁线。

在图 3-5b 中，ECU 使 5V 的电压通过 1kΩ 电阻和晶体管串联后再与 10kΩ 电阻并联的电路，然后经过传感器接搭铁。在温度比较低时，传感器的热敏电阻的电阻值较大，此时 ECU 使晶体管截止，5V 的电压仅仅通过 10kΩ

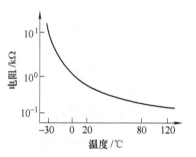

图 3-4　冷却液温度传感器的特性

电阻及传感器后搭铁。由于传感器的热敏电阻的电阻值与 10kΩ 电阻的电阻值相差不大，这样传感器所测得的数值比较准确。而当温度达到一个特定值 51.6℃ 时，热敏电阻的电阻值发生了很大变化，此时其电阻值相对 10kΩ 已经较小，测得的数值就不再准确，此时 ECU 使晶体管导通，这样 5V 电压就通过 1kΩ 电阻和晶体管串联后再与 10kΩ 电阻并联的电路，然后经过传感器接搭铁。由于并联后的电阻值与 1kΩ 相差不大，即与温度升高后的传感器电阻值相差不大，这样即使温度升高后也能使测量数据准确。

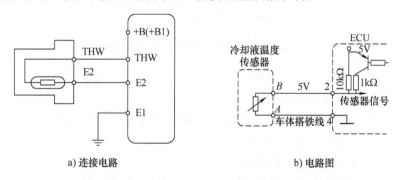

a) 连接电路　　　　　　　　　b) 电路图

图 3-5　冷却液温度传感器与 ECU 的连接电路及电路图

（2）冷却液温度传感器的检测

冷却液温度传感器的工作性能好坏直接影响着电喷发动机的喷油量，从而影响发动机的燃烧性能。若传感器损坏，会使汽车发动机出现不易起动、工作不平稳等故障。若出现此类故障时，应对此传感器进行检测。

图3-6所示是常见的电喷发动机冷却液温度传感器与ECU的连接电路，其中一条是信号线，输出电压随热敏电阻值的变化而变化，ECU根据电压的变化测得发动机冷却液温度；另一条是搭铁线。

冷却液温度传感器的检测方法如下。

1）检查冷却液温度传感器电阻：

① 关闭点火开关，拔下冷却液温度传感器插接器插头，用高阻抗数字式万用表电阻档就车检查传感器插头两端子间电阻。其电阻值应在表3-1所示的范围内。若电阻值偏差过大、过小或为无穷大，说明传感器失效，应更换新的传感器。

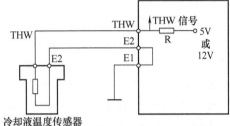

图3-6 冷却液温度传感器与ECU的连接电路

表3-1 冷却液温度与冷却液温度传感器电阻值对应关系

冷却液温度/℃	电阻值/kΩ	冷却液温度/℃	电阻值/kΩ
-20	10~20	40	0.9~1.3
0	4~7	60	0.4~0.7
20	2~3	80	0.2~0.4

必须注意的是，不同车型的冷却液温度传感器的标准电阻值有所不同。

② 从车上拆下冷却液温度传感器，并将其置于容器中，缓慢加热容器提高水温，同时用万用表测量传感器两端子的电阻值，如图3-7所示，其电阻值应在表3-1所示的范围内。否则，说明传感器已损坏，应更换传感器。

2）检查冷却液温度传感器电压：

① 拆下冷却液温度传感器线束插头，打开点火开关，测量冷却液温度传感器的电源电压，应为5V。

② 测量输出信号电压。在发动机运转时，从冷却液温度传感器插接器信号输出端"THW"接线柱或从ECU的插接器"THW"端子上，用万用表电压档测量冷却液温度传感器输出的电压信号值。其电压大小应随冷却液温度变化而

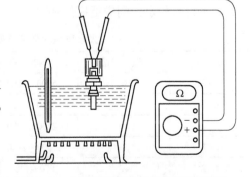

图3-7 水温升高时传感器电阻值的测量

发生变化，温度低时信号电压高，温度高时信号电压低，测量的结果应符合规定，否则应更换传感器。

③ 检查冷却液温度传感器与 ECU 连接线束电阻。用高阻抗万用表电阻档，测量传感器信号端"THW"与 ECU "THW"端子间电阻，传感器搭铁端"E3"与 ECU "E1"端子间电阻，线路应导通。若不导通或电阻大于 1Ω，说明传感器线束存在断路或插接器插头接触不良，需进一步检查或更换。

3. 冷却液温度传感器检测示例

大众/奥迪大部分车型的冷却液温度传感器 G62 为负温度系数热敏电阻。传感器与发动机 ECU 的连接电路如图 3-8 所示。G62 的插头端子 1 和端子 2，分别与发动机控制单元 J623 端子 T60/14 和 T60/57 相连（大众速腾）。

传感器检测方法如下。

（1）检测传感器电源电压

拆下冷却液温度传感器插接器插头，打开（ON）点火开关，检测传感器相应插头端子与 J623 端子 T60/14 和 T60/57 之间的电压，电压值应为 5V 左右。如无电压，则应检测传感器相关插头与 J623 之间的连线。

（2）检测传感器输出信号电压

插上冷却液温度传感器插头，打开点火开关，检测端子 2 和端子 1 之间的信号电压应为 0.5 ~ 4.5V。如电压不符合，表明冷却液温度传感器已失效或损坏，则应予以更换。

（3）检测传感器电阻

打开点火开关，拆下冷却液温度传感器，并将其放入装满冷却液的容器中加热，用万用表检测不同温度下该传感器两端子间的电阻值。该电阻值应满足表 3-2 所示的要求，如不符合规定，则应更换传感器。

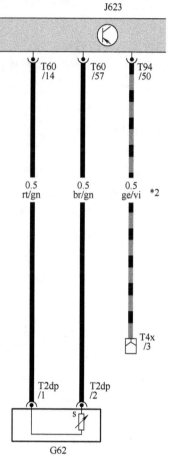

图 3-8 冷却液温度传感器与发动机 ECU 的连接电路

G62—冷却液温度传感器
J623—发动机控制单元（ECU）

表 3-2 大众车型冷却液温度传感器的电阻值与温度之间的关系

端子	温度/℃	电阻值/Ω	端子	温度/℃	电阻值/Ω
1 ~ 2	0	5000 ~ 6000	1 ~ 2	60	540 ~ 675
1 ~ 2	10	3350 ~ 4400	1 ~ 2	70	400 ~ 500
1 ~ 2	20	2250 ~ 3000	1 ~ 2	80	275 ~ 375
1 ~ 2	30	1500 ~ 2100	1 ~ 2	90	200 ~ 290
1 ~ 2	40	950 ~ 1400	1 ~ 2	100	150 ~ 225
1 ~ 2	50	700 ~ 950			

大众部分车型在空调冷凝器出口处还安装了一个冷却液温度传感器 G83，同样为负温度系数热敏电阻型传感器，其检测方法与上面相同。

二、进气温度传感器

进气温度传感器用于检测进气管的进气温度,并将温度信号变换为电信号传送给电子控制单元 ECU。进气温度信号是各种控制功能的修正信号,对于发动机能否在最佳工况工作有着很重要的意义。如果进气温度传感器信号出现故障,发动机就会出现热起动困难、废气污染物排放量大等问题。

1. 进气温度传感器结构与原理

(1) 进气温度传感器结构

进气温度传感器的外形如图 3-9 所示,其结构(图 3-10a)主要由绝缘套、塑料外壳、防水插座、铜垫圈、热敏电阻等组成,其工作特性如图 3-10b 所示。

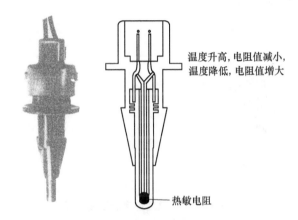

图 3-9 进气温度传感器外形

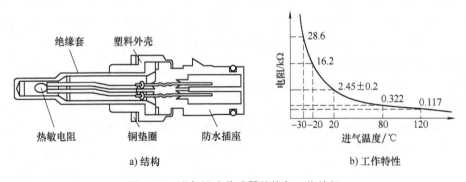

a) 结构 b) 工作特性

图 3-10 进气温度传感器结构与工作特征

进气温度传感器通常安装在空气滤清器之后的进气软管上或空气流量传感器内、节气门附近或进气歧管上,如图 3-11 所示。有的还在空气流量传感器和谐振腔上各安装一个,目的是提高喷油器的控制精度。

(2) 进气温度传感器的工作原理

进气温度传感器也是由负温度系数的热敏电阻所组成,即温度升高时传感器的电阻明显减小。进气温度传感器用来检测发动机的进气温度,并将检测的温度信号通过电路的连接以

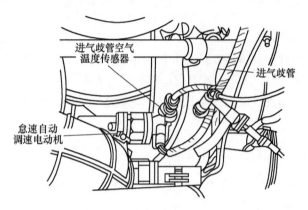
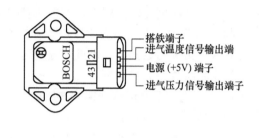

a) 安装在空气滤清器之后的进气软管上　　b) 安装在空气流量传感器内

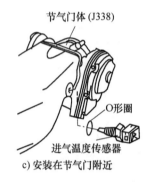

c) 安装在节气门附近　　d) 安装在进气歧管上

图 3-11　进气温度传感器安装位置

电信号的形式输入给 ECU，ECU 则根据输入的电信号对喷油量进行修正。当进气温度传感器发生故障时，会使输入给 ECU 的进气温度电信号出现中断，使进入发动机气缸中的混合气过稀或过浓，使燃烧情况变坏，出现热起动困难、废气污染物排放量增大、工作不稳定的症状。若在行车中出现上述状况，应对进气温度传感器进行检测。

2. 进气温度传感器的检测

进气温度传感器与 ECU 的连接电路如图 3-12 所示。

进气温度传感器的检测方法如下。

1）检查进气温度传感器电阻。进气温度传感器的检修与冷却液温度传感器的检修方法相同，分单件检查和就车检查。

① 单件检查。将进气温度传感器拆下后放入温度为 20℃ 的水中，1min 后测量传感器端子间的电阻值。如果电阻值在 2.2~2.7kΩ 之间，说明传感器良好。否则，说明传感器已损坏，应更换新的进气温度传感器。

② 就车检测。进气温度传感器的就车检测如图 3-13a 所示，拆下传感器的插接器，测量插接器的传感器侧 THA-E2 两端子之间的电阻值。若测定值在图 3-13b 所示的特性曲线范围内，说明传感器良好。

图 3-12　进气温度传感器与 ECU 连接电路

第三章 温度传感器

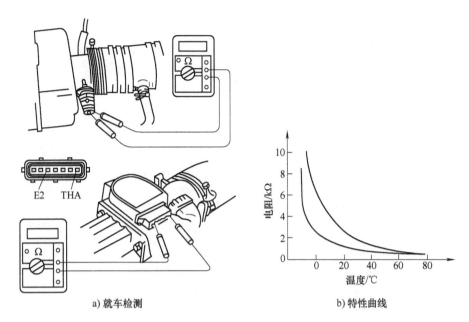

图 3-13 就车检测进气温度传感器

> 设置在空气流量传感器中的进气温度传感器的检查如图3-14所示，用电吹风机加热空气流量传感器中的进气温度传感器，并测量其电阻值，随着温度的升高，电阻值应减小。

2) 检查进气温度传感器电压：

① 测量电源电压。拔下进气温度传感器线束插头，打开点火开关，测量进气温度传感器的电源电压，应为5V。

② 测量输出信号电压。将点火开关ON，用万用表的电压档测量图3-13a中ECU的THA与E2间电压，应在0.5~3.4V（20℃）范围内。若不在规定范围内，则应进一步检查进气温度传感器连接线路是否接触不良或断路。

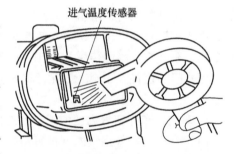

图 3-14 检查内藏型进气温度传感器

3) 检查进气温度传感器连接线束电阻。用数字式万用表电阻档测量传感器插头与ECU插接器端子间电阻，即THA-THA、B-21、E2-E2、A-4间电阻值。如果不导通或电阻值大于1Ω，说明传感器连接线路断路或插头接触不良，应进一步进行检查。

3. 进气温度传感器检测示例

丰田凯美瑞车系进气温度传感器电路如图3-15所示。进气温度传感器C2的1#输出进气温度信号；C2的2#搭铁。通过ECM的THA端子，由电阻R向IAT传感器提供5V的电压。电阻R和IAT传感器串联。当IAT传感器的电阻变化时，端子THA上的电压也随之变化。根据该信号，ECM增加喷油量以提高发动机在冷态工作时的运行性能。

进气温度传感器的检查方法如下。

检查进气温度传感器，可测量端子间的电阻，在20℃时其电阻值为2.21~2.69kΩ，在

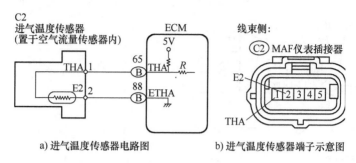

图 3-15 进气温度传感器电路及端子示意图

80℃时电阻值为 0.322kΩ。如不符合,则应更换进气温度传感器。

当 ECU 检测到故障码"011124(进气温度传感器电路故障)"时,主要应检查以下几个方面:

1) 传感器电路导线的通断状态检查,电路有无短路或断路。
2) 传感器本身的检查,可通过测量进气温度传感器的电阻来确定。
3) ECU 是否有故障。

三、车内、车外空气温度传感器

车内、车外空气温度传感器用于测量车内、车外的空气温度,把信号传送给电子控制单元,为汽车空调控制系统工作温度的控制提供信息。车内、车外空气温度传感器用负温度系数热敏电阻制成。当车外空气温度发生变化时,电阻值相应地发生变化,温度升高时,电阻值下降;温度降低时,电阻值升高。

在汽车全自动空调系统中安装有车内空气温度传感器,用于精确感知车内空气的温度。由车内、车外空气温度传感器,阳光强度传感器等传感器来决定鼓风机转速和混合门进气门、模式门的位置。在制冷工况,车内空气温度越高,混合门调节到越冷位置,鼓风机转速就越高,模式门位于控制出风位置。

1. 车内、车外空气温度传感器的结构与原理

(1) 车内、车外空气温度传感器的结构

车内、车外空气温度传感器均采用负温度系数的热敏电阻制成,即电阻值随空气温度的升高而明显减小。车内空气温度传感器将热敏电阻装在塑料壳内,利用抽风装置(如利用空调组件内的气流工作或设有专用电动机吸进空气)将车内空气从吸气孔处吸入塑料壳内来检测车内温度。车外空气温度传感器一般安装在汽车前部;车内空气温度传感器的结构如图 3-16 所示。车内空气温度传感器一般安装在车内仪表板下部,如图 3-17 所示。有些车型安装多个车内空气温度传感器,后部的车内空气温度传感器安装在车内后风窗玻璃下部,以精确感知车内的温度。

车外空气温度传感器,又称环境温度传感器、外界空气温度传感器或大气温度传感器。它能影响出风口空气的温度、鼓风机的转速、进气门的位置和模式门的位置,以及压缩机的工作状态。车外空气温度传感器一般都安装在前保险杠或散热器之前,如图 3-18 所示。

(2) 车外空气温度传感器工作原理

车外空气温度传感器用于检测车外环境的温度,其电阻值也随环境温度的变化而变化,

第三章 温度传感器

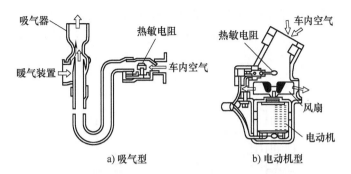

a) 吸气型　　　　　b) 电动机型

图 3-16　车内空气温度传感器结构图

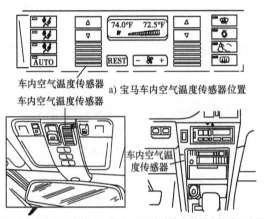

图 3-17　车内空气温度传感器的安装位置

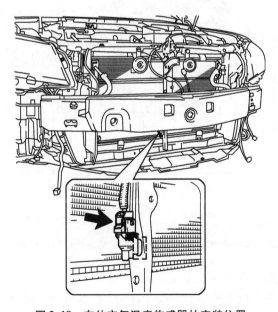

图 3-18　车外空气温度传感器的安装位置

并把这种变化信号传送给空调控制系统的 ECU，使 ECU 起动空调压缩机运转，从而保持车内的温度在恒定的范围内。车外空气温度传感器的结构如图 3-19 所示，特性如图 3-20 所示。

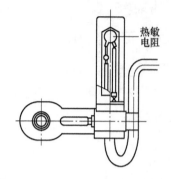

图 3-19　车外空气温度传感器的结构

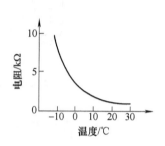

图 3-20　车外空气温度传感器的特性

2. 车内、车外空气温度传感器的检测

当车内或车外空气温度传感器连接电路发生断路、短路故障时，空调控制系统将不能按车内、外空气温度信息控制空调器的工作，车内温度不能保持恒定，空调系统发生故障，这时应检查车内、外空气温度传感器，判断其工作状况。

车内、外空气温度传感器的插头端子与 ECU 的连接电路以及控制线路图如图 3-21、图 3-22 所示。

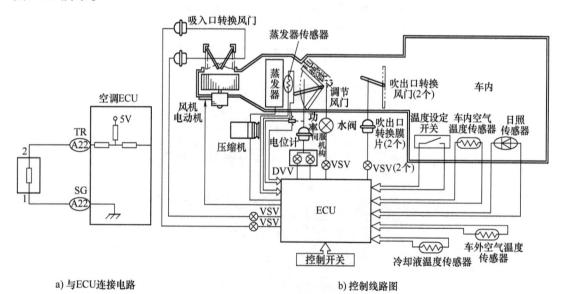

图 3-21　车内空气温度传感器与 ECU 的连接电路及控制线路图

（1）车外空气温度传感器的检查

拆下汽车散热器护栅，拔下传感器插接器插头，将车外空气温度传感器边加温、边测量其电阻值，用万用表测量传感器插接器插头端子之间的电阻。当温度升高时，其电阻值应下降。检测电阻值应符合特性曲线变化规律，否则应更换传感器。它的特性曲线如图 3-23

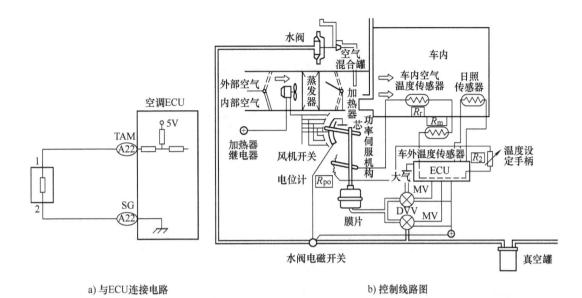

a) 与ECU连接电路　　　　　　　　　b) 控制线路图

图 3-22　车外空气温度传感器与 ECU 的连接电路及控制线路图

所示。

（2）车内空气温度传感器的检查

1）检测电阻。把万用表连接在传感器导线上，并用吹风机吹热风，用万用表电阻档检查传感器电阻值的变化情况，如图 3-24 所示。车内空气温度传感器电阻值的变化规律应符合规定要求，否则更换传感器。它的特性曲线如图 3-25 所示。

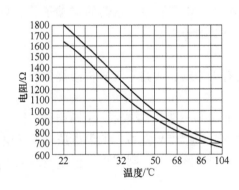

图 3-23　车外空气温度传感器特性曲线

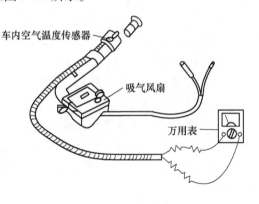

图 3-24　检查车内空气温度传感器

2）电源电压的检测。拆下车内空气温度传感器的插头，在线束侧两端子上应能检测到 5V 的直流电压，否则说明线束不良或空调 ECU 存在故障。

注意：如果一时不知道所测空气温度传感器的特性曲线，也可以参考表 3-3 中所列的电阻值与温度之间的关系进行检测判断，不同型号的室内温度传感器检测到的电阻值可能不完全一样，但变化规律基本是相同的。

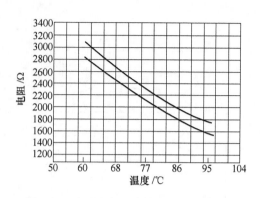

图 3-25　车内空气温度传感器的特性曲线

表 3-3　车内、车外空气温度传感器电阻值与温度之间的关系变化规律

温度/℃	-15	-10	-5	0	5	10	15
电阻值/kΩ	12.75	9.9~11.5	7.8	6.1~6.5	4.95	3.99~4.1	3.24
温度/℃	20	25	30	35	40	45	
电阻值/kΩ	2.5~2.65	2.19	1.5~1.81	1.51	1~1.27	1.07	

3. 车内、车外空气温度传感器检测示例

2016 款丰田凯美瑞混合动力汽车车外空气温度传感器电路如图 3-26 所示，车外空气温度传感器 A3 为热敏电阻式，传感器 2#端子通过 IA8 插接器的 13#端子与空调放大器总成 I77（A）的 5#端子相连；传感器 1#端子从线束插接器 A70（A）、B76（B）的 12#端子进入，从线束插接器的 13#端子、21#端子、22#端子输出分别至 A55 空调压力传感器的 1#端子、空调压缩机 B90（C）的 2#端子、空调压缩机 B75（B）的 2#端子。

检测方法如下：

1）直观检查。检查车外空气温度传感器插接器有无松动、线路有无破损或烧焦等。如有，则应予以修复或更换。

2）检测车外空气温度传感器的电源电压。拆下车外空气温度传感器 A3 插接器，检测 A3 插头（线束侧）电源端子 2#端子与搭铁之间的电压，应为 5V 左右。如果电压低或无电压，应检查车外空气温度传感器与 ECU 之间的线路。如线路良好，则需更换汽车空调放大器总成。

3）检测车外空气温度传感器的电阻。拆下汽车散热器护栅，拆下传感器插接器插头，拆除车外空气温度传感器。将车外空气温度传感器边加热、边检测其电阻值，用万用表检测传感器插接器插头端子 1、2 之间的电阻，如图 3-27 所示。当温度升高时，其电阻值应下降。检测电阻值应符合特性曲线变化规律，如果不符合，则应更换传感器。

四、空调蒸发器出口温度传感器

蒸发器出口温度传感器安装在汽车空调系统的蒸发器片上（图 3-28），用以检测蒸发器表面的温度变化，控制压缩机的工作状况。工作时，空调蒸发器出口温度传感器检测蒸发器表面的温度信号，并将它转化为电信号输入给温度控制系统的 ECU，ECU 将输入的温度信号与

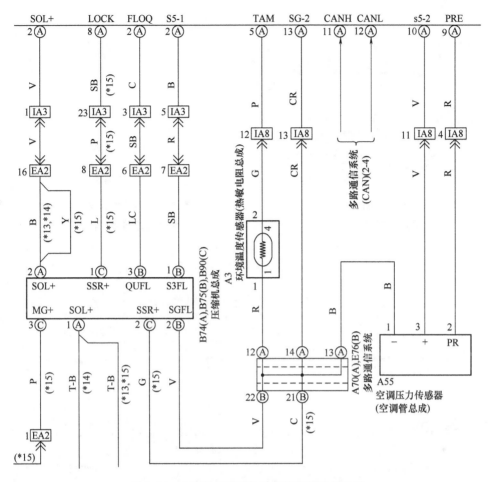

图 3-26 丰田凯美瑞车外空气温度传感器电路

设定的温度调节信号进行比较后,控制空调压缩机电磁离合器的通断,从而对压缩机的工作进行控制,同时还能利用此传感器检测到的温度信号,防止蒸发器出现冰堵现象。

1. 空调蒸发器出口温度传感器结构与原理

蒸发器出口温度传感器安装在汽车空调系统上。蒸发器出口温度传感器同样采用负温度系数的

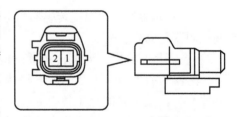

图 3-27 车外空气温度传感器插接器

热敏电阻为检测元件,工作温度为 20~60℃,其结构与特性曲线如图 3-29 所示。

蒸发器出口温度传感器与 ECU 的连接及控制电路如图 3-30 所示。

2. 空调蒸发器出口温度传感器的检测

空调蒸发器出口温度传感器连接电路出现断路、短路故障时,将不能检测蒸发器制冷剂出口温度,这时在蒸发器的制冷剂出口即高压管路上容易出现结冰现象。同时,空调温度控制系统也无法正常控制压缩机的工作,空调系统会发生故障。这时应对空调蒸发器出口温度传感器进行检修。

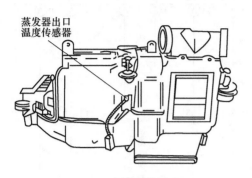

图 3-28 空调蒸发器出口
温度传感器安装位置

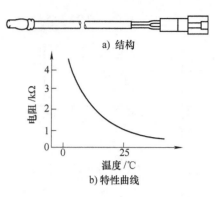

图 3-29 汽车空调蒸发器出口
温度传感器的结构与特性

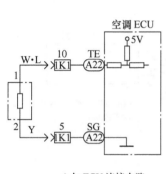

a) 与 ECU 连接电路

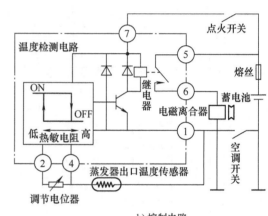

b) 控制电路

图 3-30 蒸发器出口温度传感器与 ECU 的连接及控制电路图

1）检查蒸发器出口温度传感器和空调控制器总成之间的插接器及导线连接情况，检查空调控制器总成的状况。

2）检查蒸发器出口温度传感器的电阻。拆下传感器的插接器，用万用表电阻档测量传感器 L-L 两端子之间电阻值，如图 3-31 所示。测得电阻值在 4.85～5.15kΩ 之间为良好，否则，说明传感器损坏，应更换。

五、排气温度传感器

排气温度传感器安装在汽车排气装置的三元催化转化器上，用以检测催化转化器内的排气温度。汽车用排气温度传感器有热敏电阻式、热电偶式及熔丝式三种，其结构如图 3-32 所示。

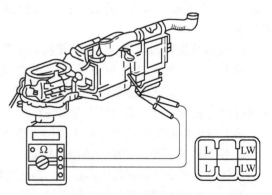

图 3-31 检查空调蒸发器出口温度传感器电阻

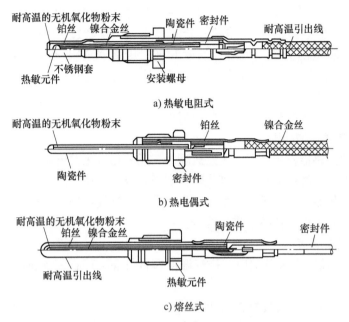

图 3-32 排气温度传感器的结构

1. 排气温度警告系统的结构与原理

排气温度警告系统用以检测三元催化转化器内的排气温度,当排气温度过高时,排气温度传感器将这种温度信号以电信号的形式输入给 ECU,ECU 经过分析处理后启动异常高温警告系统,使排气温度警告灯点亮,从而向驾驶人发出报警。排气温度警告系统的结构、电路及在汽车上的安装位置分别如图 3-33 ~ 图 3-35 所示。从图 3-34 中可以看出,当发动机起动时,起动信号开关(ST)接通,同时点火开关接通,此时警告灯亮,这是制造厂为检查排气温度警告灯的灯丝是否良好而设置的功能。

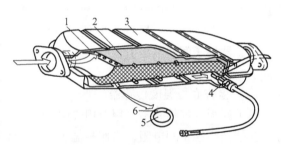

图 3-33 排气温度警告系统的结构
1—外壳 2—隔热材料 3—护板
4—排气温度传感器 5—氧化铝 6—催化剂

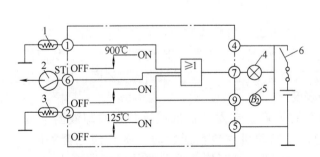

图 3-34 排气温度警告系统的电路
1—排气温度传感器 2、6—点火开关
3—底板温度传感器 4—警告灯 5—蜂鸣器

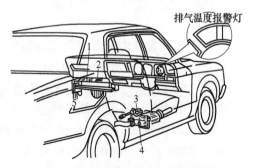

图 3-35 排气温度警告系统的安装位置
1—蜂鸣器 2—测试端子 3—底板温度传感器
4—排气温度传感器 5—微处理器

在行驶过程中，若排气温度过高，超过 900℃ 时，则排气温度传感器的电阻值降到 0.43kΩ 以下，此时排气温度警告灯点亮；当车厢底板温度超过 125℃ 时，底板温度传感器（以正温度系数热敏电阻为检测元件，温度升高，传感器电阻会明显增加）的电阻超过 2kΩ，这时，在排气温度警告灯点亮的同时，蜂鸣器也发出响声。当排气温度在 900℃ 以下，底板温度也低于 125℃ 时，排气温度传感器的电阻值大于 0.43kΩ，底板温度传感器的电阻低于 2kΩ，这时排气温度警告灯不亮，蜂鸣器也无声响。

2. 排气温度传感器的检测

如果排气温度传感器发生断路、短路故障，三元催化转化器出现异常高温时，将不能启动报警电路进行报警，将会导致三元催化转化器因高温而损坏，汽车的尾气排放物会严重超标。因三元催化转化器损坏，排气管部分发生堵塞，因排气不畅发动机工作不稳。这时应对排气温度传感器和底板温度传感器进行检修。

（1）检查排气温度传感器

1）就车检查。接通点火开关时，排气温度警告灯亮，而在发动机起动时警告灯熄灭，说明传感器良好。

2）单体检查。排气温度传感器的单体检查方法是测量电阻值，如图 3-36 所示，从车上拆下传感器，用炉子加热传感器的顶端 40mm 长的部分，直到靠近火焰处呈暗红色，这时传感器端子间的电阻值，应在 0.4~20kΩ 之间。

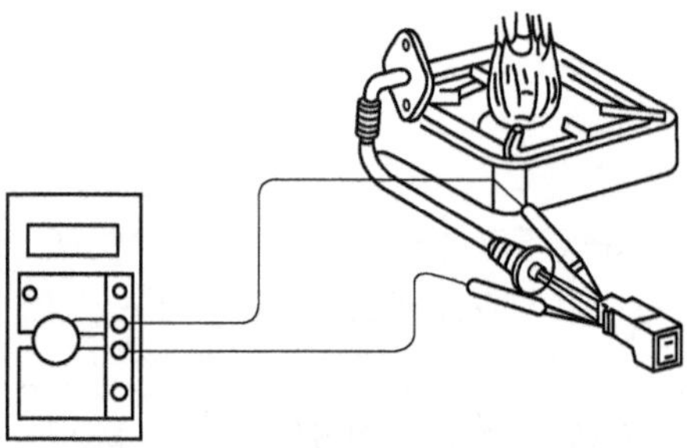

（2）检查底板温度传感器

拆下底板温度传感器，用万用表测量传感

图 3-36　单体检查排气温度传感器

器插接器插头端子间电阻，当底板温度在 0~80℃ 范围时，其电阻值应在 30~250Ω。如果电阻值不符合要求，则应更换底板温度传感器。

排气温度传感器引线的橡胶管有损伤时，应当更换新的排气温度传感器。

六、废气再循环（EGR）系统监测温度传感器

1. 废气再循环（EGR）系统监测温度传感器结构与原理

EGR 系统即废气再循环系统，其监测温度传感器安装在 EGR 阀的出气道上，如图 3-37 所示。

EGR 监测温度传感器也采用负温度系数的热敏电阻为检测元件，其结构如图 3-38 所示。它用来监测 EGR 阀内再循环气体的温度变化情况，并监测 EGR 阀的工作状况，从而控制从排气歧管出来的部分废气再循环进入进气歧管中，降低气缸的最高燃烧温度，并减少排气中 NO_x 的含量，从而降低对环境的污染程度。

EGR 阀在发动机中速运转及中等负荷时开启，在发动机低速运转且冷却液温度低于 60℃ 时关闭，以防止发动机怠速不稳，在发动机大负荷运转时，EGR 阀也会关闭，以保证发动机有足够的功率输出。因此，EGR 监测温度传感器监测的温度范围为 50~400℃。

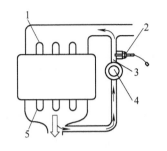

图 3-37　EGR 监测温度传感器安装位置
1—进气歧管　2—EGR 监测温度传感器
3—EGR 管路　4—EGR 阀　5—排气歧管

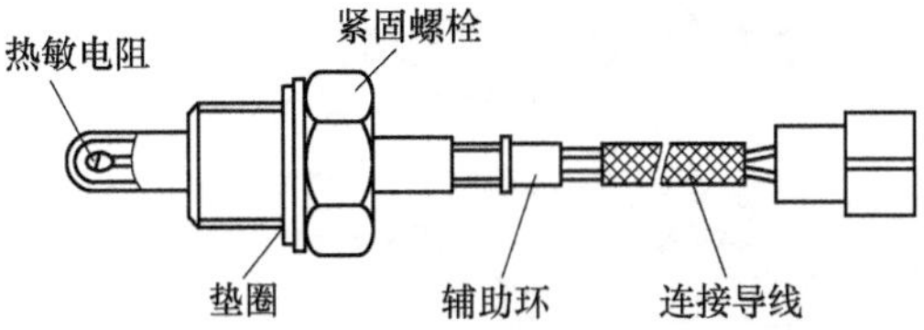

图 3-38　EGR 监测温度传感器的结构

2. EGR 监测温度传感器的检测

当 EGR 系统发生故障导致没有废气再循环时，其原因可能如下：
1）EGR 监测温度传感器连接电路断路或短路。
2）EGR 控制系统发生故障，导致系统停止工作。
3）EGR 管路中的沉积物堵塞了通路。
这时应检查 EGR 监测温度传感器并进行检修。

检查时，拆下 EGR 监测温度传感器，用专用设备加热，其电阻值应随温度的升高而下降，其标准值见表 3-4。若与标准值相差较大，则应更换 EGR 监测温度传感器。

表 3-4　EGR 监测温度传感器电阻值与温度对应关系

温度/℃	传感器电阻值/kΩ
50	635 ± 77
100	85 ± 9
200	5 ± 0.6
400	1.6

七、自动变速器油温度传感器

自动变速器油温度传感器内部是一个半导体热敏电阻，它是负温度系数电阻，温度越高，电阻越低。电控单元根据其电阻的变化测出自动变速器油的温度。自动变速器油温度传感器安装在自动变速器油底壳内的阀板上，如图 3-39 所示。它用于检测自动变速器油的温度，以作为电控单元进行换档控制、油压控制和锁止离合器控制的依据，其连接电路如图 3-40 所示。

自动变速器油温度传感器的检修方法：当自动变速器油温度传感器连接线路发生断路、短路故障时，电控单元将无法获得自动变速器油温度信息控制自动变速器换档，使控制系统出现故障。当自动变速器故障指示灯点亮时，通过人工方法或使用专用仪器可以读取故障码。

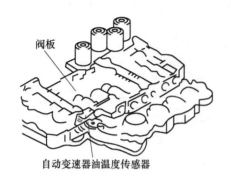 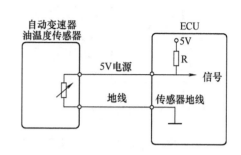

图 3-39　自动变速器油温度传感器的安装位置　　图 3-40　自动变速器油温度传感器与 ECU 连接电路

当确认自动变速器油温度传感器出现故障时，可拆下传感器，放在有水的容器中，加热容器中的水，测量不同温度下的电阻值，其标准值见表 3-5。若检测的电阻值与标准值相差较大，则应更换自动变速器油温度传感器。

表 3-5　自动变速器油温度传感器电阻值与温度对应关系

温度/℃	0	20	40	60	80
电阻/kΩ	4~7	2~3	0.9~1.5	0.5~0.8	0.2~0.4

八、燃油温度传感器

1. 燃油温度传感器的结构与原理

有些电控燃油系统，燃油温度会对每次供油量造成影响。当燃油温度发生变化时，燃油的黏度也发生变化，造成在同样的压力—时间条件下，供油量发生改变。这就要求控制系统必须根据温度的改变，适时适量地改变供油控制。例如：当燃油温度升高、燃油黏度下降时，对于柱塞式油泵，会造成在同样的供油行程内实际供油量下降。而控制系统会根据燃油温度的升高，增加供油时间，从而使柴油机每次供油量不会因燃油温度的变化而改变。

燃油温度传感器的结构性能类似冷却液温度传感器。由于这两种传感器工作温度范围相近，因此，可以用同一类型和封装的温度传感器。

燃油温度传感器用于实时测量燃油温度，用于喷油量修正、转矩修正、共轨压力修正及热保护。柴油机电控系统具有燃油加热功能时，必须设置燃油温度传感器。

燃油温度传感器的安装位置视车型不同而异，但均安装在高压油路上。如圣达菲汽车 D4EA 柴油机的燃油温度传感器安装在燃油滤清器（粗滤器）的上盖处。玉柴 Delphi 共轨系统的燃油温度传感器安装在高压油泵上。

燃油温度传感器的安装位置及电路如图 3-41 所示。燃油温度传感器的核心元件是负温度系数热敏电阻（NTC）。当燃油温度升高时，传感器电阻值下降。燃油温度传感器用于监测油流的温度。

燃油温度传感器信号用来监测燃油温度，其可测量的温度范围为 -40~120℃，温度不同，燃油密度也不相同。发动机控制单元根据这个信号来计算供油始点和供油量。此外，此信号也用来控制燃油冷却泵开关闭合。

第三章 温度传感器

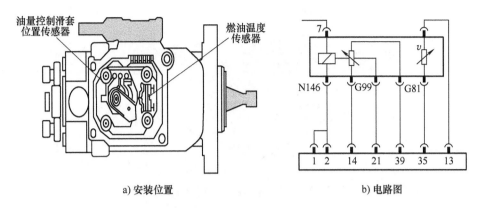

a) 安装位置　　　　　　　　　　b) 电路图

图 3-41　燃油温度传感器安装位置及电路图

燃油温度传感器信号失效时，发动机控制单元利用来自冷却液温度传感器 G62 的信号计算出一个替代值。

2. 燃油温度传感器的检测

燃油温度传感器与 ECU 的连接电路如图 3-42 所示。其检测方法如下。

（1）电阻值检测

关闭（OFF）点火开关，拆下燃油温度传感器插接器，并对燃油温度传感器进行加热，同时使用万用表电阻档检测传感器组件①与②两端子之间的电阻值，在30℃时电阻值在 1500～2000Ω 范围内为正常，在 80℃时电阻值在 275～375Ω 范围内为正常。如检测到的电阻值不变或变化较小，均说明该传感器损坏或不良，则应更换新件。

（2）检测连接线束

如果检测燃油温度传感器正常，再采用万用表检测燃油温度传感器与发动机 ECU 之间的连接线束和连接件。导线电阻最大为 1Ω。检查连接导线之间是否有短路、对地或对电源是否短路。如检测未发现问题，说明发动机电控单元不良或损坏，则应修理或更换。

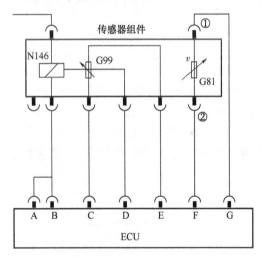

图 3-42　燃油温度传感器与 ECU 的连接电路

*九、HV（混合动力汽车）蓄电池温度传感器

HV（混合动力汽车）蓄电池温度传感器用于检测 HV 蓄电池内的温度，HV ECU 根据 HV 蓄电池温度信号控制蓄电池冷却风扇的关闭与打开。

HV 蓄电池温度传感器一共有 4 个，它们的安装位置如图 3-43 所示。

HV 蓄电池温度传感器采用负温度系数热敏电阻制成的。内置于各蓄电池温度传感器中的热敏电阻的电阻值会根据 HV 蓄电池温度的变化而变化。HV 蓄电池温度越低，热敏电阻的电阻值越大。反之，温度越高，电阻值越小。蓄电池智能单元用 HV 蓄电池温度传感器检测 HV 蓄电池温度，并将检测值发送到混合动力车辆控制 ECU。混合动力车辆控制 ECU 根据该信号

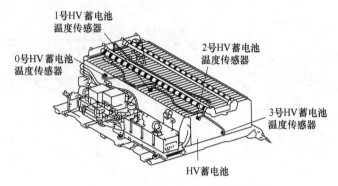

图 3-43　HV 蓄电池温度传感器安装位置

控制鼓风机风扇。HV 蓄电池温度高于预定标准时，鼓风机风扇起动。HV 蓄电池温度传感器的特性曲线如图 3-44 所示。

HV 蓄电池温度传感器的检测：HV 蓄电池温度传感器与 ECU 的连接电路如图 3-45 所示。其检测方法与其他温度传感器大致相同。

*十、HV 蓄电池进气温度传感器

HV 蓄电池进气温度传感器检测从进气管进入 HV 蓄电池的空气温度，HV ECU 根据 HV 蓄电池进气温度传感器的信号控制

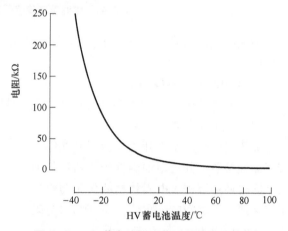

图 3-44　HV 蓄电池温度传感器的特性曲线

HV 蓄电池冷却风扇。HV 蓄电池进气温度传感器安装在 HV 蓄电池上。

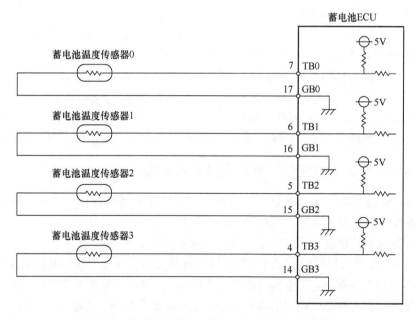

图 3-45　HV 蓄电池温度传感器与 ECU 的连接电路

HV 蓄电池进气温度传感器电阻值随进气温度的变化而变化。HV 蓄电池进气温度传感器的特性与 HV 蓄电池温度传感器的特性相同（特性曲线参考 HV 蓄电池温度传感器的特性曲线）。HV 蓄电池 ECU 根据来自 HV 蓄电池进气温度传感器的信号控制蓄电池冷却风扇总成的转速。

图 3-46 所示为 HV 蓄电池进气温度传感器与 ECU 的连接电路。

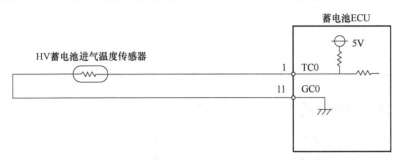

图 3-46　HV 蓄电池进气温度传感器与 ECU 的连接电路

*十一、辅助蓄电池温度传感器

辅助蓄电池温度传感器检测辅助蓄电池温度，HV ECU 根据辅助蓄电池温度信号调节 DC/DC 变换器的输出电压。

辅助蓄电池温度传感器是运用负温度系数热敏电阻制成的。内置于辅助蓄电池温度传感器中的热敏电阻的电阻值随辅助蓄电池温度的改变而改变。辅助蓄电池温度越低，热敏电阻的电阻值就越大。反之，温度越高，电阻值越小。辅助蓄电池温度传感器的特性曲线如图 3-47 所示。辅助蓄电池温度传感器与 ECU 的连接电路如图 3-48 所示。

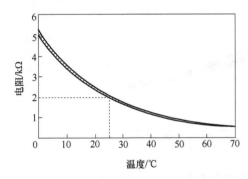
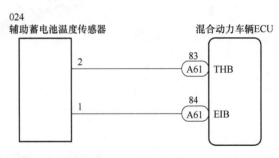

图 3-47　辅助蓄电池温度传感器的特性曲线　　图 3-48　辅助蓄电池温度传感器与 ECU 的连接电路

辅助蓄电池温度传感器连接到混合动力车辆 ECU 上。混合动力车辆 ECU 的端子 THB 通过内部电阻器 R 向辅助蓄电池温度传感器施加 5V 的电压。也就是说电阻器 R 和辅助蓄电池温度传感器串联。端子 RHB 的电压和电阻值随辅助蓄电池温度的变化而变化。辅助蓄电池温度高时，混合动力车辆 ECU 根据此信号减少充电电流以保护辅助蓄电池。

辅助蓄电池温度传感器的检测：检测时关闭点火开关，拆下辅助蓄电池温度传感器插接器，如图 3-49 所示。用万用表或检测仪连接传感器的两个端子，并检测两个端子间在不同温度下的

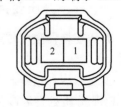

图 3-49　辅助蓄电池温度传感器插接器

电阻值。电阻值应符合表3-6中所列数值。如不符合规定，则应更换辅助蓄电池温度传感器。

表3-6 辅助蓄电池温度传感器两端子间电阻标准值

检测仪连接	温度/℃	电阻标准值/kΩ
024-2-024-1	0	5.0~5.3
	20	2.3~2.5
	40	1.1~1.3

*十二、混合动力系统电机温度传感器

混合动力系统电机温度传感器是电机的重要组成部分。在运行时，电机线圈不允许超过某一温度值。温度传感器通过监控其中一个线圈内的温度代表所有线圈。如果温度升高且接近最大允许温度，则电机电子伺控系统（EME）就会降低电机功率。这样可以避免电机热过载。

电机温度传感器是由NTC热敏电阻（NTC表示负温度系数）制成的。内置于电机温度传感器内的热敏电阻的电阻值随电机温度的变化而变化。可通过热敏电阻将温度变量转变成电阻值。电机温度越低，热敏电阻的电阻值就越大。反之，温度越高，电阻值越小。

混合动力系统电机温度传感器安装在电机上，其特性曲线如图3-50所示。

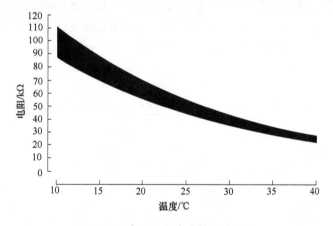

图3-50 电机温度传感器特性曲线

混合动力系统电机温度传感器与ECU的连接电路如图3-51所示。

*十三、升压变换器温度传感器

升压变换器温度传感器用于检测升压变换器的温度（上部及下部）。它安装于逆变器总成中。

逆变器冷却系统与MG2和MG1的冷却系统相同，独立于发动机冷却系统进行工作。MG ECU分析处理温度传感器的信号，检查逆变器冷却系统的效果，该传感器的特性曲线如图3-52所示。如有必要，则MG ECU将限制逆变器输出以防逆变器过热。该ECU还检测升压变换器温度传感器内的故障。

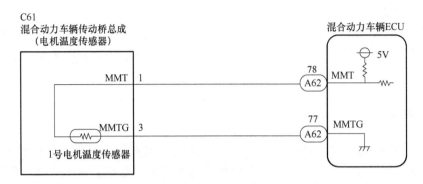

图 3-51 电机温度传感器与 ECU 的连接电路

图 3-53 所示为升压变换器温度传感器与 ECU 的连接电路。

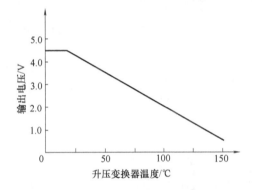

图 3-52 升压变换器温度传感器特性曲线

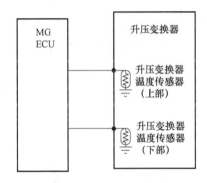

图 3-53 升压变换器温度传感器与 ECU 的连接电路

*十四、尿素溶液温度传感器

尿素溶液温度传感器主要用于检测尿素溶液罐中尿素溶液的温度，检测信号发送到发动机控制单元中。发动机控制单元根据该信号监测尿素溶液的温度，以更好地控制尿素溶液罐加热器和泵加热器，使尿素溶液始终保持在所需要的温度范围内。

尿素溶液温度传感器安装于尿素溶液液位传感器的壳体中。

尿素溶液温度传感器是一个负温度系数（NTC）传感器。尿素溶液温度升高时，传感器电阻值反而下降。图 3-54 所示为尿素溶液温度传感器的特性曲线。

*十五、制冷剂温度传感器

空调制冷剂温度传感器是一个热敏电阻，该传感器安装在压缩机和冷凝器之间。该传感器接头上没有阀，所以只能在已排空

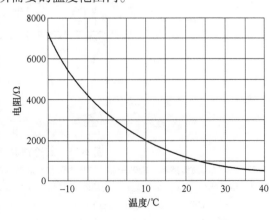

图 3-54 尿素溶液温度传感器的的特性曲线

制冷剂后才可以拆卸这个传感器。

制冷剂温度传感器可以诊断制冷剂缓慢泄漏故障。当制冷剂的温度高于允许值的时间超过30s，压缩机将被关闭。这些值以特性曲线的形式存储在自动空调控制单元内。

如果温度高于允许值，就表示压缩机可能过热或损坏，也可能缺少制冷剂，在制冷剂缺少达到总量的50%时，制冷剂温度会明显升高。

> **注意**：制冷剂压力不是与制冷剂温度一同进行分析的，而且在一定的使用条件下，即使制冷剂的充注量是正确的，制冷剂回路的温度也可能短时升高，所以只有在下述条件下才能正确分析传感器的制冷剂温度信号。
> 发动机转速低于1000r/min；压缩机至少打开了2min；驾驶舱内的温度低于40℃；在进行分析前，车速至少有1次高于50km/h；当前车速低于5km/h。

制冷剂温度传感器控制电路如图3-55所示，其端子T3p/1与T3p/2电压为12V，端子T3p/3向J519车载电网控制单元提供0~5V电压。

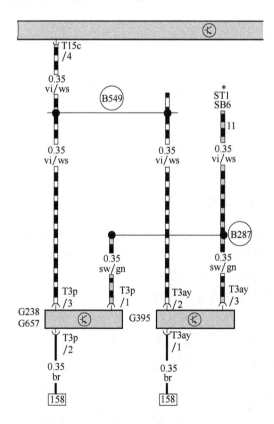

图3-55 制冷剂温度传感器控制电路

G238—空气品质传感器　G395—制冷剂压力和制冷剂温度传感器　G657—新鲜空气进气道中的空气温度传感器
ST1—熔丝架1　SB6—熔丝架B上的熔丝6　T3ay—3芯插头连接　T3p—3芯插头连接排水槽电控箱左侧接线站
B287—正极连接11（15a），在主导线线束中　B549—连接2（LIN总线），在主导线线束中

*第二节 热敏铁氧体温度传感器

一、热敏铁氧体温度传感器的结构与原理

1. 热敏铁氧体温度传感器的结构

热敏铁氧体温度传感器常安装在散热器冷却液的循环通路上,用于控制散热器冷却风扇的开闭,它由永久磁铁、舌簧开关和热敏铁氧体等组成,其结构及安装位置如图 3-56、图 3-57 所示。

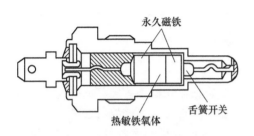

图 3-56　热敏铁氧体温度传感器的结构

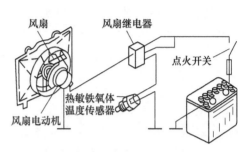

图 3-57　热敏铁氧体温度传感器的安装位置

2. 热敏铁氧体温度传感器的工作原理

热敏铁氧体在较低温下能被磁铁磁化而产生强磁性,温度升高超过规定温度时则不被磁化。当热敏铁氧体被磁化时,磁力线通过舌簧开关的触点产生吸引力,使触点闭合,舌簧开关由此闭合而送出控制信号。

在散热器的冷却系统中,舌簧开关的闭合使冷却风扇的继电器断开,使冷却风扇停止工作,反之,则使冷却风扇开始工作,其控制原理如图 3-58 所示。

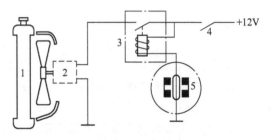

图 3-58　散热器的冷却系统控制原理图
1—散热器　2—电动机　3—继电器
4—点火开关　5—热敏开关

散热器的冷却系统工作电路如图 3-59 所示。

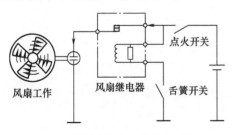

a) 舌簧开关断开,风扇开始工作

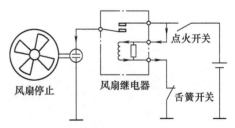

b) 舌簧开关闭合,风扇停止工作

图 3-59　散热器的冷却系统工作电路

二、热敏铁氧体温度传感器的检测

若散热器冷却风扇在发动机的冷却液温度高于规定温度时仍不运转,则表明散热器冷却风扇的工作电路出现故障。若发现热敏铁氧体温度传感器处短路或断路,则应对热敏铁氧体温度传感器进行检测。

检测方法如下:拆下热敏铁氧体温度传感器,将其置于有水的容器中进行加热,并用万用表连接好,在加热的同时检查传感器的工作情况。当水温低于规定温度时,热敏铁氧体温度传感器舌簧开关闭合,传感器导通,万用表电阻档指示应为0;在水温高于规定值时,热敏铁氧体温度传感器舌簧开关断开,传感器不导通,万用表电阻档指示应为∞。否则说明热敏铁氧体温度传感器已损坏,应当更换。

复 习 题

一、填空题

1. 冷却液温度传感器用于检测（　　）温度,并将信号输送到发动机的（　　）,作为燃油喷射系统和点火正时的修正信号,用于空燃比、点火及其他控制系统的控制信号。

2. 冷却液温度传感器主要采用（　　）的热敏电阻制成,当冷却液温度较低时,传感器的电阻（　　）,而当冷却液温度升高时,传感器的电阻却明显（　　）。

3. 进气温度传感器通常安装在（　　）之后的进气软管上或（　　）内,节气门附近或进气歧管上。

4. 车内、车外空气温度传感器用于测量（　　）、（　　）的空气温度,把信号传送给电子控制装置,为（　　）控制系统工作温度的控制提供信息。

5. 汽车用排气温度传感器有（　　）、（　　）、（　　）三种。

二、简述题

1. EGR 系统监测温度传感器的作用是什么?
2. 常用的温度传感器主要有哪几种?

第四章 压力传感器

汽车压力传感器常用来检测气体压力和液体压力,并将压力信号转变为电压信号输入电控单元,以控制执行元件的工作。压力传感器是靠测定压力差来工作的。检测过程中的基准压力通常是指大气压。压力传感器的种类很多,有膜片式(可变电感式)、应变片式、差动变压器式、半导体式等多种。

根据传感器信号产生的原理可分为电压型和频率型两种。电压型有压电效应式进气压力传感器(或称半导体压敏电阻应变计式)、电磁式进气压力传感器(或称膜盒传动的可变电感式);频率型有电容膜盒式和表面弹性波式(应用较少)。其中应用较多的是半导体压敏电阻式和电容式进气歧管压力传感器。

根据传感器的作用可分为进气歧管绝对压力传感器、大气压力传感器、制动主缸压力传感器、蓄能器压力传感器、空气滤清器真空开关和机油压力开关。

第一节 机油压力开关

一、机油压力开关的结构与原理

发动机机油压力开关用于检测发动机有无机油压力。它由触点、弹簧及膜片组成,如图4-1所示。

当无机油压力作用时,弹簧推动膜片,触点处于闭合(ON)状态;当机油压力达到规定值时,膜片克服弹簧作用力,使触点断开(OFF)。图4-2为机油压力开关的特性。

油压指示器的工作原理如图4-3所示。油压指示灯安装在组合仪表里,机油压力开关安装在发动机润滑油路上。机油压力开关内有受油压作用而动作的膜片及受油压作用而动作的触点。当油压低于规定值时,膜片不能推动弹簧,触点闭合,指示灯亮;当油压高于规定值时,膜片推起

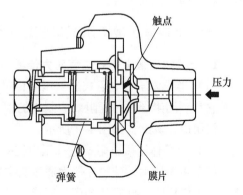

图4-1 发动机机油压力开关结构

弹簧，触点分开，指示灯熄灭，说明机油压力已经达到了规定值。在正常情况下，触点动作压力在 30~50kPa 范围内。

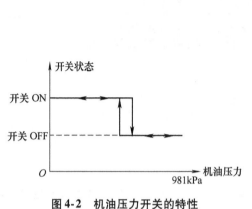

图 4-2 机油压力开关的特性

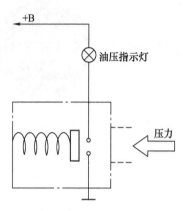

图 4-3 油压指示器的工作原理

二、发动机机油压力开关的检测

机油压力开关的检测方法如下：

1）点火开关接通后，油压指示灯不亮，其故障原因可能是油压指示灯线束断开，或者是熔丝已熔断，或者指示灯灯丝已烧断。

2）发动机起动后，机油压力已达规定值，油压指示灯仍点亮，故障原因可能是触点开关动作不良，或线束搭铁。

第二节 进气歧管压力传感器

进气歧管压力传感器应用于 D 型电子控制燃油喷射系统，它是用来检测进气歧管内的压力变化，并将其转换成电信号，与转速信号一起传送到电控单元（ECU），作为确定喷油器基本喷油量的重要参数之一。

进气歧管压力传感器的种类很多，但目前常用的有半导体压敏电阻式、真空膜盒式、电容式和表面弹性波式等。

一、半导体压敏电阻式进气压力传感器

1. 半导体压敏电阻式进气压力传感器结构与原理

（1）半导体压敏电阻式进气压力传感器的结构

它是利用半导体的压阻效应制成的，主要由硅膜片、真空室、硅杯、底座、真空管和电极引线组成，其结构如图 4-4 所示。

（2）半导体压敏电阻式进气压力传感器的工作原理

如图 4-5 所示，硅膜片一面通过真空室，一面承受来自进气歧管中气体的压力，在此气体压力的作用下，硅膜片会产生变形，且压力越大变形越大，膜片上应变电阻的电阻值在此压应力的作用下就会发生变化，使传感器上以惠斯通电桥方式连接的硅膜片应变电阻的平衡

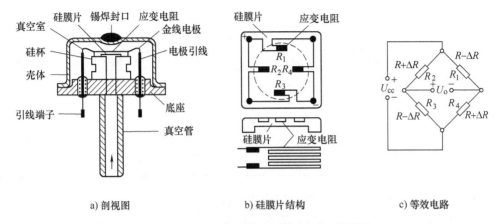

a) 剖视图 b) 硅膜片结构 c) 等效电路

图 4-4 半导体压敏电阻式进气压力传感器结构

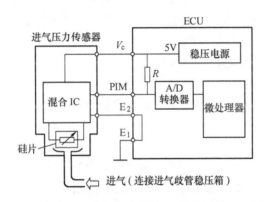

图 4-5 半导体压敏电阻式进气压力传感器的工作原理

被打破,当电桥的输入端输入一定的电压或电流时,在电桥的输出端便可得到相应变化的信号电压或信号电流,因为此信号比较微弱,故采用了混合集成电路进行放大后输入 ECU。

因为压阻效应式进气压力传感器的功能部件是硅膜片和应变电阻,其工作参数取决于作用于膜片上的压力的大小,因此传感器的取样压力应从压力波动较小的部位选取。如桑塔纳 2000 系列轿车的进气压力都从稳压箱处选取,可以避免压力波动对检测信号的影响。

2. 半导体压敏电阻式进气压力传感器的检测

半导体压敏电阻式进气压力传感器一般不易损坏,故应用较广泛。但传感器若损坏或线路连接不良,则易使发动机出现怠速不良、起动困难和起动后熄火的故障。若在汽车运行中发现上述故障,应对该传感器及相关电路和元件进行检测。检测方法如下。

1)检查电源电压。检查时,拔下传感器的插接器插头,接通点火开关(但不起动发动机),用万用表电压档检测插接器插头电源端和接地之间的电压,应在 4~6V 之间;否则,应检修连接线路。若传感器损坏,应予更换。

2)检查信号电压。检测进气压力传感器的输出电压。拔下进气压力传感器与进气歧管连接的真空软管,打开点火开关(但不起动发动机),用万用表电压档在电控单元线束插头处测量进气压力传感器的输出电压(信号端子 PIM 与搭铁线 E1 之间的电压),并向进气压力传感器内抽真空,并测量在不同真空度下的输出电压,该电压值应随真空度的增大而增加，其变化情况应符合规定（表4-1）。否则应更换新品。

表4-1 进气压力传感器不同真空度时的输出电压

真空度/kPa	电压值/V
13.3	0.3~0.5
26.7	0.7~0.9
40.0	1.1~1.3
53.5	1.5~1.7
66.7	1.9~2.1

3. 半导体压敏电阻式进气压力传感器检测示例

新款科鲁兹轿车进气歧管绝对压力传感器电路如图4-6所示。进气歧管绝对压力传感器有一个5V参考电压电路、一个低电平参考电压电路和一个信号电路。发动机控制模块向进气歧管绝对压力传感器5V参考电压电路提供5V电压，并向低电平参考电压电路提供搭铁。进气歧管绝对压力传感器通过信号电路向发动机控制模块提供一个与进气歧管压力变化相关的电压信号。

检测方法如下：

1）直观检查。检查传感器的真空管、插接器及线路，看有无松动、破损等异常现象。

2）检查传感器电源电压。打开（ON）点火开关，用万用表直流电压档检测传感器的1#端子与2#端子间的电压，应为5V。如果电压不正常，需检查传感器与发动机控制模块K20之间的线路。如线路正常，则需检查ECU的电源和搭铁线路。如线路仍正常，则更换发动机控制模块K20。

3）检测传感器信号电压。打开（ON）点火开关，用万用表直流电压档检测传感器3#端子与2#端子之间的电压，应为4V左右。起动发动机，在发动机怠速运转时检测3#端子与2#端子之间的电压，应为1~1.5V。逐渐加大节气门开度，使发动机转速升高，同时检测传感器B端子与A端子之间的电压，应逐渐增大至5V。如果测得的传感器的信号电压不正常，则应更换传感器。

二、电容式进气歧管压力传感器

1. 电容式进气歧管压力传感器结构与原理

电容式进气歧管压力传感器的结构如图4-7所示，它是将氧化铝膜片和底板彼此靠近排列，形成电容，利用电容随膜片上下压力差的变化而改变电容器性能，获取与压力成正比的电容信号。将电容（压力转换元件）连接到传感器混合集成电路的振荡电路中，传感器能够产生可变频率的信号，且该信号的输出频率（80~120Hz）与进气歧管的绝对压力成

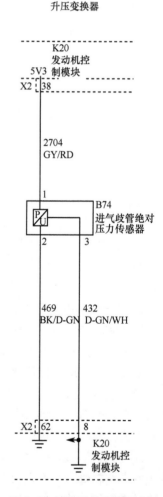

图4-6 新款科鲁兹轿车进气歧管绝对压力传感器电路

正比。发动机 ECU 可以根据传感器输入信号的频率来感知进气歧管的绝对压力的大小，进而对发动机的喷油量进行控制。

2. 电容式进气歧管压力传感器的检测

福特等少数轿车的 D 型电喷发动机上使用。若电容式进气歧管压力传感器或其连接电路发生故障，也可从电源电压、信号电压、传感器与电源间连接线束的导通性去检测，具体的车型需参考各自的参数标准值。还可用汽车专用万用表对电容式进气歧管压力传感器进行频率测试。

测试方法是：接通点火开关，发动机不运转，进气歧管压力传感器输出信号频率约为 160Hz；减速时频率为 80Hz 左右；急速时频率为 105Hz 左右。当进气压力输出信号消失或者超出工作范围（频率小于 80Hz 或大于 160Hz），则说明此传感器已损坏，应进行检测或更换。

3. 电容式进气歧管压力传感器检测示例

福特汽车电容式进气歧管压力传感器的检测示例如下：福特汽车电容式进气歧管压力传感器与电控单元（ECU）的连接电路如图 4-8 所示。该进气歧管压力传感器有三条线与电控单元（ECU）连接。ECU 的 26 端子向进气歧管压力传感器提供 5V 电压；46 端子是信号回路，经 ECU 搭铁；45 端子为进气歧管压力传感器输出信号端子。

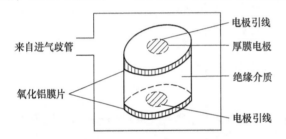

图 4-7 电容式进气歧管压力传感器结构

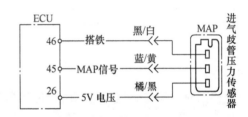

图 4-8 福特汽车电容式进气歧管压力传感器与电控单元（ECU）的连接电路

电容式进气歧管压力传感器的检测方法如下：
1) 检查真空软管连接状态，以确保无老化破裂现象。
2) 打开点火开关，检查 ECU 的 26 端子（橘/黑）与搭铁间电压，应为 5V。
3) 检测 46 端子信号电路（黑/白）电压应为 0V，接地电阻不大于 5Ω。
4) 检测进气压力信号电路（蓝/黄），拆下传感器插接器插头，测量 45 端子处电压，在点火开关接通时应为 0.5V。

三、真空膜盒式进气压力传感器

真空膜盒式进气压力传感器又称膜盒测压器，其作用是在 D 型燃油喷射系统中，由真空膜盒式进气压力传感器测量进气管压力，并将信号输入 ECU，作为燃油喷射和点火控制的主控制信号。

根据膜盒把机械运动变换成电信号的输出方式的不同，可以采用可变电阻器（电位计）、可变电感器和差动变压器等三种装置，其结构如图 4-9 所示。

真空膜盒式进气压力传感器的检测方法如图 4-10 所示。

真空膜盒式进气压力传感器的常见故障是真空软管连接不牢、破裂以及感应线圈断路、

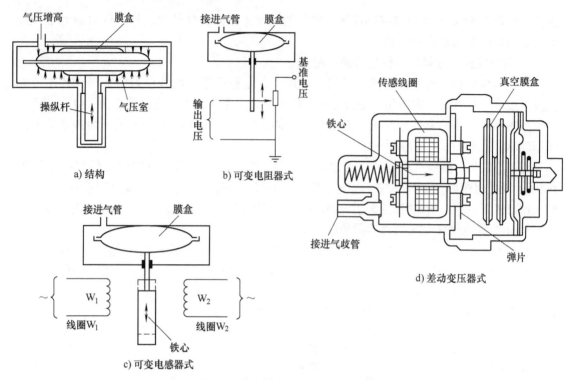

图 4-9 真空膜盒式进气压力传感器

短路等。

检测时，应注意这种进气压力传感器是用 12V 电源工作的，所以检查时不要拔下电源线插头。

1）检查电源电压。如图 4-10a 所示。关闭点火开关，拔下传感器插接器插头，在电源线插头一侧接万用表，打开点火开关，电压表应显示 12V，否则，应检查电源线是否存在断路、短路。

2）检查输出信号电压。如图 4-10b 所示，在不分离接线与插座的情况下，使点火开关处于 "ON"（闭合）状态，把万用表测头触及接线插座的 E-Vs 之间：当脱开真空软管后，与大气压力直接相通时，万用表应指示 1.5V 左右；用口吸吮真空软管时，万用表示值应从 1.5V 向减小的方向摆动；急速运转时，万用表示值约为 0.4V，转速升高，输出电压值也应升高。

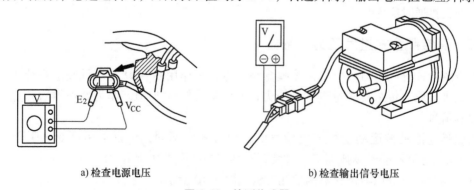

图 4-10 检测传感器

第三节 涡轮增压压力传感器

涡轮增压压力传感器用于检测涡轮增压器的增压压力，以便对修正喷射脉冲和增压压力进行控制，它是用硅膜片上形成的扩散电阻作为传感元件的。

奥迪轿车发动机上的压力调节装置与真空控制装置的连接如图 4-11 所示。压力调节装置带废气涡轮增压器，增压空气冷却器附带增压压力传感器（G31），检查增压压力传感器（G31）必备的专用工具和车间设备是 X431 电眼睛或 V. A. S5051 或 V. A. G1551。检查条件是 V. A. S5051 或 V. A. G1551 已接好。

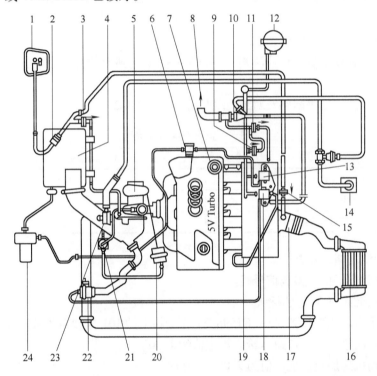

图 4-11　奥迪轿车发动机上压力调节装置和真空控制装置的连接

1—活性炭罐　2—活性炭罐电磁阀　3、15—活性炭罐单向阀（在活性炭罐和进气软管之间）
4—空气滤清器（附带空气流量传感器）　5—废气涡轮增压器　6—二次进气组合阀　7—燃油压力调节器
8—到制动器　9、11—阀（在制动器和进气管之间）　10—抽吸喷射泵　12—真空储能　13—二次进气阀
14—曲轴箱气体　16—增压空气冷却器（附带增压压力传感器）　17—节气门控制　18—涡轮增压器换气阀
19—进气管（附带进气温度传感器）　20—增压压力调节装置压力器　21—增压压力限制阀
22—机械式换气阀　23—曲轴箱气体装置压力调节阀　24—二次进气泵

检查步骤如下：

1）查询发动机控制单元故障存储器。如果显示 G31 有故障，检查供电电压。

说明：增压压力传感器（G31）及导线由发动机控制单元监控。

2）拔下图 4-12 箭头所指的传感器插头。

3）如图 4-13 所示，将万用表电压档接到插头触点 1 和 3 之间。

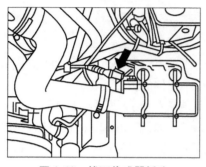
图 4-12　拔下传感器插头

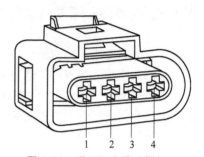
图 4-13　增压压力传感器插头
1~4—插头触点

4）接通点火开关，规定值约 5V。

5）如果未达到规定值，将检测箱 V.A.G1598/31 接到发动机控制单元线束上，发动机控制单元也接上。

6）检查导线连接是否断路及对地/正极短路，见表 4-2。

表 4-2　检查导线连接情况

插头触点	V.A.G1598/31 上插脚号
1（搭铁端子）	108
3（电源端子）	98
4（燃油压力信号端子）	101

7）检查导线断路或短路故障。

8）如果达到规定值，检查信号线。

9）插上传感器（G31）的插头。

10）将万用表电压档接到 V.A.G1598/31 检测箱上的 101 号和 108 号插脚之间。

11）起动发动机，使之急速运转，规定值约 1.90V。

12）使发动机急加速，规定值为 2.00~3.00V。

13）如果未达到规定值，检查插头触点 4 与 V.A.G1598/31 转接盒上 101 号插脚间导线是否断路或对地/正极短路。

14）如需要，排除导线断路或短路故障。

15）如果导线正常，更换增压压力传感器（G31）。

第四节　大气压力传感器

一、大气压力传感器的结构与原理

大气压力传感器用于检测大气压力的变化，并将变化的压力信号输入给 ECU，实现 ECU 对喷油量和点火时间的修正。它一般安装在空气流量传感器内、ECU 内或前保险杠内，如图 4-14 所示。D 型电喷发动机控制系统则采用进气歧管绝对压力传感器，在点火开关接通的瞬间向 ECU 提供大气压力信号，因此没有安装大气压力传感器。

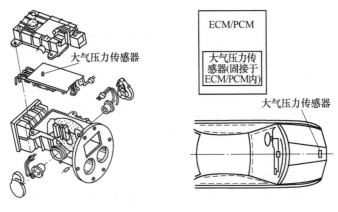

a) 安装在空气流量传感器内　　b) 安装在前保险杠内

图 4-14　大气压力传感器安装位置

大气压力传感器与半导体压敏电阻式进气压力传感器的制造原理类似，也是采用集成电路与微加工技术，在一块半导体基片（硅片）上集成压力传感器、温度补偿电路和放大电路。在硅片的中间，制出了一个正方形的膜片（利用膜片将压力变换成应力），在膜片的表面，通过扩散杂质形成 4 个 P 型的测量电阻，以惠斯通电桥方式连接，如图 4-15 所示。利用膜片的压阻效应（将加在膜片上的压力变换成电阻的变化），在两个输出端子之间输出一定的电位差。

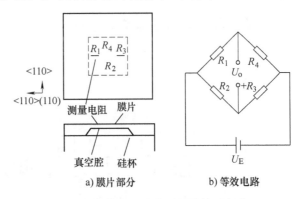

a) 膜片部分　　b) 等效电路

图 4-15　大气压力传感器的检测电路

膜片的里面与硅杯之间设计成真空腔，用于缓和外部的应力，并以此真空腔的压力为基准来测量大气压力。

二、大气压力传感器的检测

现以三菱轿车大气压力传感器为例，说明大气压力传感器的检测方法。

三菱轿车大气压力传感器与电控单元（ECU）的连接电路如图 4-16 所示。它有三根引线：一根线（Vcc）为电源线；另一根线（Vout）为信号输出线，第三根线为搭铁线。

三菱轿车大气压力传感器安装在空气流量传感器内，由惠斯通电桥组成，随海拔的变化，电桥输出的电压值也产生变化，并将变化的电压信号输入 ECU 的 16

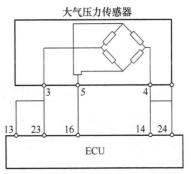

图 4-16　三菱轿车大气压力传感器与 ECU 连接电路

号端子，ECU 根据变化的电压值修正喷油量。ECU 的 13 号和 23 号端子并联，以减少接触电阻。

1）检查搭铁情况。拆下大气压力传感器与 ECU 间的连接插头，测量 ECU 侧 14 号端子与搭铁间的电阻值，应为 0，否则应检查 ECU 的搭铁情况。

2）检查各端子电压。将点火开关置于"OFF"位置，拔下大气压力传感器的导线插接器，然后将点火开关置于"ON"位置（不起动发动机），用万用表电压档测量导线插接器中端子 23 与搭铁端子 14 间的电压，其电压值应为 4.5~5.5V。如有异常，应检查大气压力传感器与 ECU 之间线路是否正常。若断路，则应更换或修理线束。

3）检查输出信号电压。检查时将点火开关置于"ON"位置，在 ECU 导线插接器用万用表电压档测量大气压力传感器的 5 号端子输出的信号电压，应为 3.5~4.2V。

若检测的数值不在规定范围内，则应检查线路连接情况，若线路连接情况良好，说明大气压力传感器损坏，应更换传感器。

第五节 蓄能器压力传感器

一、蓄能器压力传感器结构与原理

蓄能器压力传感器用于检测牵引力控制（TRC）系统蓄能器油液压力，它一般安装在油压控制组件的上方，如图 4-17 所示。

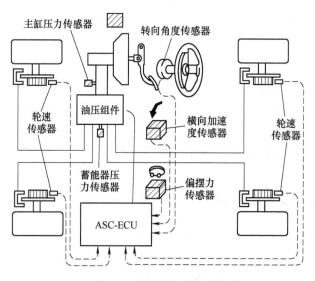

图 4-17 蓄能器压力传感器的安装位置

蓄能器压力传感器由压力检测部分、电路部分等组成，压力检测部分以半导体压敏元件为测量元件。当油液压力低时，它向 ECU 输入低油压信号，以便起动液压泵，使之运转；当油液压力过高时，它向 ECU 输入一个高油压信号使液压泵停止运转。蓄能器压力传感器与 ECU 的连接电路如图 4-18 所示。

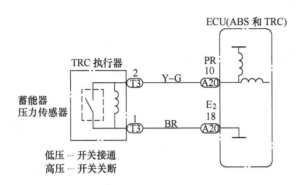

图 4-18　蓄能器压力传感器与 ECU 的连接电路

二、蓄能器压力传感器的检测

蓄能器压力传感器的检测方法如下。

（1）检查电源电压

1）拆下 ABS 和 TRC 的 ECU，使插接器仍连着。

2）起动发动机，使之怠速运转 30s，使 TRC 执行器油压升高到一定的数值。

3）关闭发动机，使点火开关转至"ON"位置，用万用表测量 ECU 插接器端子 PR 与 E2 间电压，该值应为 5V。测量过程如图 4-19 所示。检查后应向储油室内加油。

（2）检查蓄能器压力传感器

1）拆下蓄能器压力传感器导线插接器，测量蓄能器压力传感器插接器端子 1 与端子 2 之间的电阻值（图 4-20），该值应为 0。

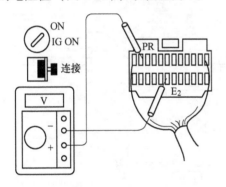
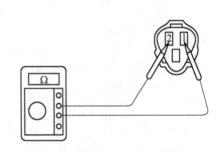

图 4-19　蓄能器压力传感器电源电压的测量　　图 4-20　蓄能器压力传感器电阻值的测量

2）接好插接器，起动发动机，使之怠速运转 30s，以使 TRC 执行器压力升高到一定的数值。

3）关闭发动机，接通点火开关，测量插接器端子 1 与端子 2 之间电阻，该值应为 1.5kΩ。若经检测不符合上述结果，则应更换 TRC 执行器。

*第六节　共轨压力传感器

电控柴油机使用的压力传感器主要有共轨压力传感器、增压压力传感器、大气压力传感器和机油压力传感器(个别车型用)。

一、共轨压力传感器安装位置和作用

共轨压力传感器一般安装在共轨管上,如图4-21所示。它的作用是实时测定共轨管中的实际压力信号,把共轨内的燃油压力转换成电压信号传递给ECU,由ECU对压力控制阀(PCV)或者是进油计量阀进行反馈控制,通过对供油量的增减来调节共轨油压,使其稳定在目标值。

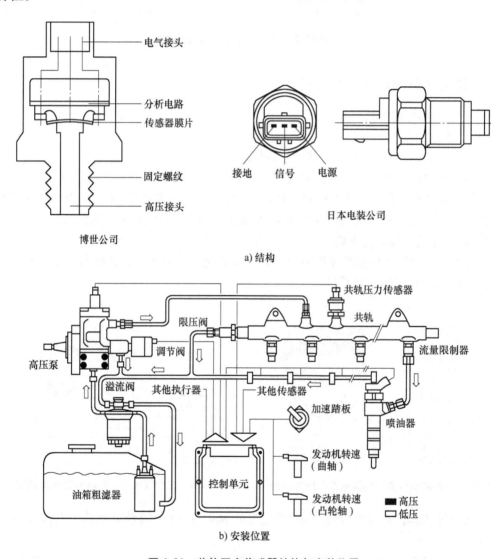

图4-21 共轨压力传感器结构与安装位置

共轨压力传感器为压敏效应式,有三个接线端子,端子1为搭铁线,端子2为信号线,端子3为5V电源线,当共轨压力传感器失效时,压力限制阀通过打开溢流阀来限制共轨中的压力。压力限制阀允许短时最大共轨压力为150MPa。

共轨压力信号范围为0.5~4.5V。打开点火开关为0.5V,怠速为1.2~1.5V(34~

45MPa)。该传感器一旦损坏，ECU 会用设定值替代，发动机将会进入"跛行回家"模式，转速限定在 1500r/min 以内。发动机正常工作时，共轨压力是变化的；如果共轨压力过低，发动机将无法起动。

二、共轨压力传感器的检测

现以长城 GW2.8TC 型车共轨压力传感器为例，说明共轨压力传感器的检测方法。

长城 GW2.8TC 型车共轨压力传感器与 ECU 的连接电路如图 4-22 所示，共轨压力传感器有 3 个接线端子，其中 1 号端子为搭铁线、2 号端子为信号线、3 号端子为电源线（5V）。

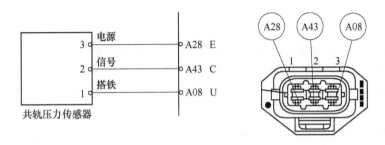

图 4-22　长城 GW2.8TC 型车共轨压力传感器与 ECU 连接电路

检测方法如下：

1) 外线路检查。用万用表的电阻档，分别测量 1 号端子与 A08 端子、2 号端子与 A43 端子、3 号端子与 A28 端子之间的电阻值，判断外线路是否存在短路及断路故障。

2) 传感器电压值测量。关闭点火开关，拔下共轨压力传感器。打开点火开关，测量传感器侧插头 3 号端子与搭铁间的电压应为 5V，2 号端子与搭铁间的电压应为 0.5V 左右，1 号端子与搭铁间的电压应为 0V。

3) 数据流检测。用 X-431 故障诊断仪读取柴油机电控系统数据流，涉及共轨压力的数据流共有 4 个：燃油系统共轨压力、共轨压力设定值、实际共轨压力最大值和共轨压力传感器输出电压。

当柴油机冷却液温度达到 80℃、怠速运转时，共轨压力传感器输出电压应为 1V 左右，燃油系统共轨压力及共轨压力设定值均为 25MPa 左右，共轨压力设定值与燃油系统共轨压力数值应十分接近。

当逐渐踩加速踏板提高柴油机转速时，上述 4 个数据应逐渐增加，燃油系统共轨压力、共轨压力设定值和实际共轨压力最大值等的最大值应为 145MPa，共轨压力传感器输出电压的最大值为 4.5V。实测共轨压力及共轨压力传感器输出电压数据流（部分）见表 4-3。

表 4-3　实测共轨压力及共轨压力传感器输出电压数据流（部分）

数　据　流	点火开关 ON	怠速	加速 1	加速 2
燃油系统共轨压力/MPa	0.65	25	33.6	70.3
共轨压力传感器输出电压/V	0.45	1.06	1.24	2.06

第七节 轮胎压力传感器

汽车轮胎压力监控系统（TPMS），主要用于在汽车行驶时实时对轮胎气压进行自动监测，对轮胎漏气和低气压进行报警，最大限度地减小或消除由于高压爆胎和低压碾胎造成的轮胎早期的损坏，延长轮胎的寿命，保障行车安全。

汽车轮胎压力监控系统分为间接式和直接式两种类型。间接式是通过汽车 ABS 或 ESP 系统的轮速传感器来比较轮胎之间的转速差别，以达到监视胎压的目的。直接式是利用安装在每一个轮胎里的压力传感器和温度传感器来直接检测轮胎的压力和温度，并对各轮胎气压进行显示及监控。

轮胎压力监控系统针对以下各情况的处理方法是不同的。

1）缓慢漏气。如出现缓慢漏气，系统会提前指示给驾驶人，以便驾驶人检查轮胎状况及校正轮胎的气压。

2）突然漏气。车辆正在行驶时若出现突然漏气现象（如爆胎、瘪胎），系统会立即给驾驶人发出警报。

3）车辆静止时瘪胎。如果车辆静止时出现"瘪胎"，那么在打开点火开关后，系统会立即提醒驾驶人。

正常情况下，驾驶人根据车辆的行驶状态也可识别出这种情况。对于拥有车轮应急运行系统的车辆，驾驶人可能会由于应急运行系统的特点而未能立即识别出"瘪胎"。在这种情况下，轮胎压力监控系统就成了唯一能提醒驾驶人的手段了。拥有应急运行系统的车轮在轮胎没气时也可继续行驶，但是防侧滑性能下降，因此车辆的行驶安全性变差。

另外，为了保证应急运行安全性和防止轮胎彻底损坏，此时应限制车速和行驶里程，轮胎压力监控系统（TPMS）会提前将漏气情况通知驾驶人。

直接式 TPMS 使用的是轮胎压力传感器，它安装在每一个轮胎里，轮胎压力监控系统由轮胎压力传感器、轮胎压力监控天线、轮胎压力监控控制单元、组合仪表、功能选择开关组成，如图 4-23 所示。

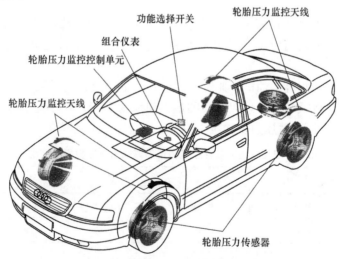

图 4-23 轮胎压力监控系统的组成

(1) 轮胎压力传感器组成

轮胎压力传感器的组成如图4-24所示，主要由轮胎压力警告阀和发射器、密封垫、轮胎气门芯、锂电池、传感器和发射器等组成。轮胎压力警告阀和发射器集成于轮胎气门。各轮胎压力警告阀和发射器由锂电池、传感器和发射器组成。传感器直接检测轮胎充气压力和温度，以检查车辆是否可以继续行驶，发射器以314.98MHz的频率将检测的轮胎充气压力和温度值发送至轮胎压力警告ECU和接收器。轮胎压力警告阀和发射器接收来自轮胎压力压力器的轮胎定位信号。轮胎压力警告阀和发射器的锂电池不可更换。如果锂电池电量耗尽，则必须更换轮胎压力警告阀和发射器（锂电池使用寿命约10年）。

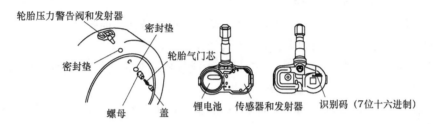

图4-24 轮胎压力传感器安装位置及结构

1）金属气门嘴。轮胎压力监控系统所用的气门嘴是新设计的，以前使用的是橡胶气门嘴，现在用的是金属气门嘴，其结构如图4-25所示。

2）轮胎压力传感器。轮胎压力传感器拧在金属气门嘴上，在更换车轮或轮辋时，该传感器仍可使用。轮胎压力传感器将轮胎的实时压力信息（绝对压力检测）发送给轮胎压力监控ECU，用以评估压力情况。温度信号用于补偿因温度改变而引起的压力变化，同时还用于自诊断。当温度高于某一限定值时，传感器就停止发送无线电信号。温度补偿由轮胎压力监控ECU来进行，测出的轮胎压力以20℃时的值为标准值。为了避免调整不当，应特别注意：必须在轮胎冷态时检查并校正储存的轮胎充气压力。

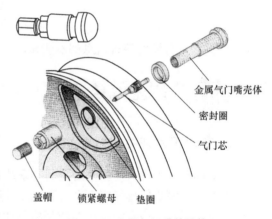

图4-25 金属气门嘴的结构

(2) 系统使用注意事项

每个轮胎压力传感器都有一个专用的识别码（ID-Code），用于"轮胎识别"。为了避免接收到错误信息，当轮胎压力传感器接收到的温度达到120℃时，它就不再发送无线电信号（数据电报）了。就在发射电子装置切断轮胎压力传感器前，轮胎压力控制单元得到了"温度切断"信息，于是"故障内容"就被记录在故障存储器内。

当温度低于某一值时，轮胎压力传感器又能恢复无线电通信。

注意：即使安装了轮胎压力监控系统，驾驶人也必须定期检查轮胎充气压力。

每次轮胎充气压力改变和每次更换轮胎后都必须触发轮胎压力监控系统初始化设置。借此将各轮胎充气压力存储为标准值。

更换车轮时必须注意，初始化设置之前必须满足至少 8min 的车辆停放时间。

（3）故障排除

如果轮胎压力监控系统不工作，显示屏上便会出现轮胎符号。主要的故障原因如下。

1）如果学习过程结束时出现这条信息，说明该系统无法识别汽车上所安装的车轮，其原因可能是一个或多个车轮未安装轮胎压力传感器。

2）一个轮胎压力传感器或其他组件可能已失灵。

3）该系统识别到汽车内车轮多于 4 个。

4）更换车轮后未激活功能重新识别车轮。

5）使用防滑链时，该系统的功能可能因防滑链的屏蔽特性而受影响。

6）轮胎压力监控系统可能因无线电干扰而无法工作。

7）相同频率的发射设备（如随车携带的无线耳机或对讲机），可能通过其强电磁场暂时性干扰该系统。

8）排除各种可能的故障后，再次激活功能重新识别车轮，如果无法排除故障，则请专业人员处理。

（4）备胎

备胎在轮胎压力监控系统中占有很重要的位置，备胎上也装有轮胎压力传感器，但与其他轮胎不同的是，备胎没有自己单独用于轮胎压力监控的天线。备胎发出的无线电信号（数据电报），由天线接收后再传给轮胎压力监控控制单元，通过轮胎识别和位置识别就可以判断出这个"第五个"轮胎就是备胎，并将该信息存入控制单元。备胎由控制单元来"管理"，但涉及备胎的警告信息都不能显示。

第八节　其他压力传感器

一、空调压力开关

空调的高压压力开关是用来防止制冷系统在异常的高压下工作，以保护冷凝器和高压管路不会破裂，压缩机的排气阀不会折断，以及压缩机离合器和其他零件不会损坏。低压压力开关的功能是感测制冷系统高压侧的制冷剂压力是否正常。当高压侧的压力低于 0.423MPa 时，低压压力开关便将离合器电路断开，保护压缩机不受损坏。

空调高压压力开关如图 4-26a 所示，它由膜片、感温包、储液器、制冷剂等组成。低压压力开关的结构和高压压力开关一样，不过是将动、定触点的位置调换一下。它也是用螺纹插头直接安装在储液器上的，如图 4-26b 所示。

高压压力开关的工作原理是，在正常情况下，触点常闭，接通离合器电路，压缩机运行。当制冷系统压力异常，升高到 2.788MPa 时，金属膜片的弹力小于蒸气压力，金属膜片便反弹变形，触点迅速脱离，将离合器电路断开，压缩机停止运行，从而保护了压缩机。当制冷剂压力下降到 2.13MPa 时，金属膜片会自动恢复原状，触点重新闭合，电路接通，压缩机又恢复运行。

空调压力开关的检查。主要是用万用表的电阻档检查电阻值，测量高压压力开关的电阻

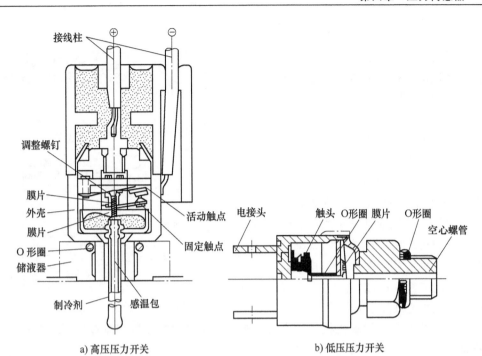

a) 高压压力开关　　　　　b) 低压压力开关

图 4-26　空调压力开关

值，应为0。否则说明高压压力开关损坏。

用万用表的电阻档，测量低压压力开关的电阻值，应为∞。否则，说明低压压力开关已损坏。

二、发动机机油压力传感器

发动机机油压力传感器用于检测发动机机油压力的大小，它一般通过螺钉拧入缸体内的油道里，其内部有一个可变电阻，一端输出信号，一端与搭铁的滑动臂相连。当油压增大时，油压通过润滑油道接口推动膜片弯曲，膜片推动滑动臂移动到低电阻位置，使电路中的输出电流增大；反之，油压降低时，膜片推动滑动臂移动到高电阻位置，使电路中的输出电流减小，最终在机油压力表上将机油压力的大小指示出来，如图4-27所示。

三、发动机机油液面传感器

发动机机油液面传感器为一个简单的浮子式开关，随发动机机油池内机油液面的升降上升或下沉，从而使机油液面传感器的上触点或下触点接通，并将此信号传给ECU，ECU根据此信号实现机油补给泵继电器的通断，实现机油补给泵对机油池供油的通断。汽车电子控制机油自动补给系统原理如图4-28所示。

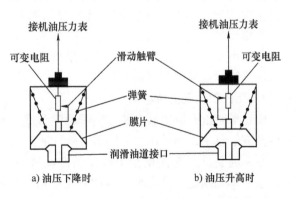

a) 油压下降时　　　　b) 油压升高时

图 4-27　发动机机油压力传感器的工作原理

机油液面传感器的工作原理：

1) 当机油液面低于报警线时。在点火开关接通时，EFI 主继电器触点闭合，ECU 向其 OMS 和 OLS 端子提供 2.3~3V 电压。当发动机机油池内的机油液面低于报警线时，机油液面传感器的浮子下沉，使机油液面传感器下触点接通，ECU 的 OLS 端子搭铁，并使 OW 和 OMS 端子搭铁。此时，机油液面警告灯亮，并且由于机油补给泵继电器绕组中有电流通过，所以机油补给泵继电器触点闭合，机油补给泵通电工作，向发动机机油池内补充机油。

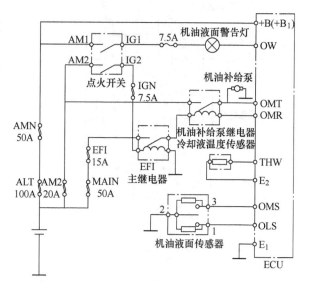

图 4-28　丰田轿车发动机机油自动补给系统原理图

2) 当机油液面高于报警线时。随着机油补给泵的工作，发动机机油池内机油液面升高。当机油液面高于报警线时，机油液面传感器的浮子上浮，使机油液面传感器的下触点断开，OLS 端子电压变为 2.3~3V，此时 ECU 向 OW 端子施加 10~14V 电压。因此机油液面警告灯熄灭，而机油补给泵继续工作。

3) 当机油液面高于最高位置时。当机油液面升到最高位置（端子 3）时，机油液面传感器的浮子上浮到最高位置，使机油液面传感器的上触点接通，ECU 的 OMS 端子搭铁。此时，ECU 向 OMR 端子施加 10~14V 电压，使机油补给泵继电器断电。机油补给泵继电器触点断开，机油补给泵停止向机油池内供油。

四、制动压力传感器

1. 制动主缸油压传感器

制动主缸油压传感器安装在制动主缸的下部，如图 4-29 所示，其作用是控制制动系统的油液压力，检测蓄能器压力，向外输出油泵接通与断开及油压异常时的报警信号。主缸油压传感器由基片、半导体应变片、传感元件及壳体组成，如图 4-30 所示。传感器工作时，在油压作用下基片变形，应变片的电阻值将发生变化，通过桥式整流电路转变成电信号向外输出。

2. ESP 制动压力传感器

ESP 制动压力传感器安装在电子稳定程序（ESP）系统中的调节液压泵中，制动压力传感器不能从液压泵中拧出，要和液压泵一起更换。它向电控单元传送制动管路的实际制动压力，电控单元据此计算出车轮制动力及作用在车辆上的轴向力，如需要 ESP 起作用，电控单元会利用上述数值计算侧向力。

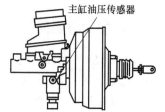

图 4-29　主缸油压传感器的安装位置

ESP 制动压力传感器通过三根导线与电控单元相连（图 4-31）：一根为 5V 电源线；另

一根为信号线;第三根为搭铁线。

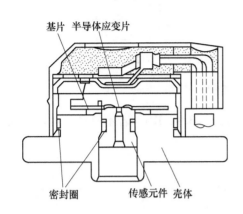

图 4-30 制动主缸油压传感器的结构

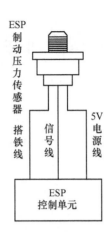

图 4-31 ESP 制动压力传感器与 ESP 控制单元的连接电路

五、燃油压力传感器

1. 燃油压力传感器的结构原理

燃油压力传感器也称燃油压力调节器,它由印制电路板、传感器元件、隔离块和壳体等组成,其内有一个压力腔,腔内有一个具有溢流阀的膜片,膜片里侧为真空腔,且腔内有一个弹簧,如图 4-32 所示。燃油压力传感器的作用是控制油路中的燃油压力,保持喷油器恒定的供油油压,并将多余的燃油送回油箱。

燃油压力传感器工作原理:

燃油系统的压力与进气管真空度造成的压力差及弹簧弹力共同作用于膜片。当燃油系统的压力与进气管真空度造成的压力差低于弹簧弹力时,溢流阀关闭;当燃油系统的压力与进气管真空度造成的压力差高于弹簧弹力时,溢流阀打开,多余的燃油经回油管流回燃油箱。

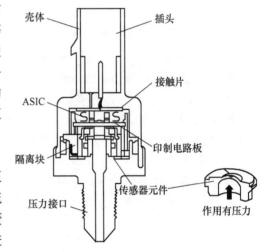

图 4-32 燃油压力传感器的结构原理

这样便可以调节燃油系统的压力,保持喷油器恒定的供油油压(180~320kPa)。

2. 燃油压力传感器的检测

燃油压力传感器与 ECU 的连接电路如图 4-33 所示。

燃油压力传感器的检测方法如下:

1)检查燃油压力传感器和发动机线束、ECM 插接器的端子有无损坏,若有应进行检修或更换。

2)监测燃油压力。在发动机运转期间,使用 INSITE 手提电脑检查传感器给出的燃油压

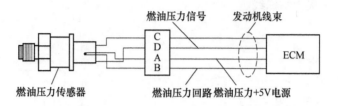

图 4-33　燃油压力传感器与 ECU 的连接电路

力，急速时燃油压力为 34.47MPa，最大燃油压力为 103.42MPa。若不符合，则应更换燃油压力传感器。

复 习 题

一、选择题

1. 进气歧管压力传感器，当真空度为 40.0kPa 时，输出电压值为（　　）。
   A. 0.7~0.9V　　　　　B. 1.1~1.3V　　　　　C. 1.5~1.7V

2. 电容式进气压力传感器 46 端子信号电路电压应为 0V，接地电阻不大于（　　）。
   A. 0.5Ω　　　　　　 B. 1Ω　　　　　　　 C. 5Ω

3. 发动机机油压力传感器，当油压增大时，电路中的电流将（　　）。
   A. 增大　　　　　　 B. 减小　　　　　　 C. 不变

4. 燃油压力传感器，发动机运转期间，急速时燃油压力约为（　　）。
   A. 34.5MPa　　　　　B. 60MPa　　　　　　C. 103MPa

5. 当电阻应变式传感器拉伸时，该传感器的电阻（　　）。
   A. 变大　　　　　　 B. 变小　　　　　　 C. 不变

6. 电阻应变片的工作原理基于（　　）。
   A. 压电效应　　　　 B. 应变效应　　　　 C. 霍尔效应

二、简述题

1. 汽车压力传感器，根据作用分类，主要有哪几种？
2. 电容式进气歧管压力传感器的原理是？

第五章 气体和液体流量传感器

汽车上应用的气体流量传感器主要是空气流量传感器，又称空气流量计，一般安装在进气管上。它的作用是检测发动机进气量的大小，并将进气量信息通过电路的连接转化为电信号输入给ECU，以供ECU确定喷油量和点火时间。为使发动机在各种工况下获得最佳浓度的混合气。必须保持空气流量传感器良好的技术状况，如果空气流量传感器或其连接线路出现故障，将使ECU无法正确地控制发动机的喷油量和点火时间，导致发动机不能正常运转。

空气流量传感器可以分为质量型和体积型两种。质量型空气流量传感器的特点是能直接测出吸入气缸的空气的质量；而体积型空气流量传感器则只能测出吸入气缸的空气的体积，需要根据温度传感器获得的温度信息来通过电控单元计算出吸入的气体质量。

质量流量型空气流量传感器主要有翼片式、量芯式、卡门涡旋式、热丝式和热膜式等几种。其中翼片式、量芯式与卡门涡旋式空气流量传感器测得的是吸入的空气的体积，故还需根据进气温度等信息，由电控单元计算出空气质量。而热丝式和热膜式空气流量传感器直接测量吸入的空气的质量，故其精度更高。

汽车上应用的液体流量传感器，主要有用于计量燃油消耗量的燃油流量传感器和用于计量制冷剂通过量的制冷剂流量传感器。

第一节 翼片式空气流量传感器

一、翼片式空气流量传感器的结构与原理

1. 翼片式空气流量传感器的结构

翼片式空气流量传感器又称翼板式或活门式空气流量传感器，是利用力矩平衡原理和电位器原理制式的机械式传感器，已生产使用多年。它具有结构简单、价格便宜、可靠性高的优点，广泛用于丰田皇冠、佳美、子弹头、马自达等轿车的燃油喷射系统中。它主要由翼片部分、电位计部分和接线端子三部分组成，其结构如图5-1所示。

1）翼片部分。翼片式空气流量传感器的翼片部分包括测量翼片（在主空气道内旋转）和缓冲翼片（在缓冲室内偏转，对翼片起阻尼作用，当发动机吸入的空气量急剧变化和气

流脉动时,减小翼片的脉动),两者铸成一体,如图 5-2 所示。

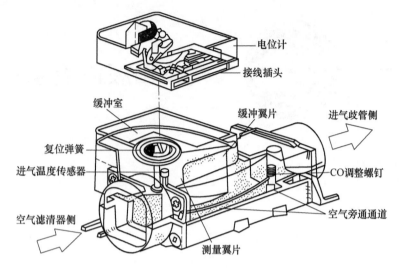

图 5-1　翼片式空气流量传感器的结构

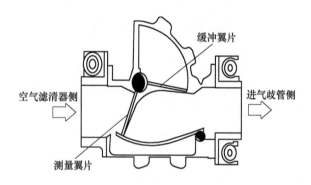

图 5-2　翼片部分构造

2)电位计部分。电位计位于空气流量传感器壳体上方,内有平衡配重、复位弹簧、调整齿圈和印制电路板等,其结构如图 5-3 所示。

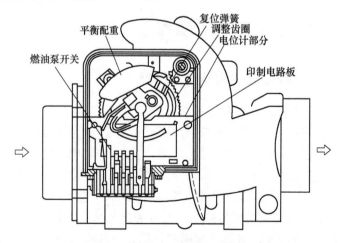

图 5-3　翼片式空气流量传感器电位计部分的构造

3）接线插头部分。翼片式空气流量传感器的接线插头共有 7 个接线端子，新型的日产轿车取消了燃油泵控制触点，其接线插头为 5 个接线端子，如图 5-4 所示（以日产和丰田为例）。在插头护套上一般都标有接线端子名称。

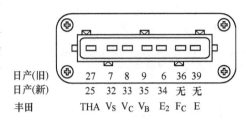

图 5-4 翼片式空气流量传感器插头

2. 翼片式空气流量传感器的工作原理

翼片式空气流量传感器的工作原理如图 5-5 所示。当空气通过传感器的主通道时，翼片将受吸入空气气流的压力和回位弹簧的弹力共同作用，节气门开度增大时，空气流量增大，气流压力将增大，此压力作用在翼片上使其偏转，令其转角 α 逐渐增大，直到气流的压力和回位弹簧的弹力平衡。与此同时，电位计的滑片与翼片转轴同轴旋转，使接线端子 V_C 与 V_S 之间的电阻减小，使其分压电压 U_S 的值降低。当吸入空气的流量减小时，翼片转角 α 减小，接线端子 V_C 与 V_S 之间的电阻增大，U_S 电压值升高。这样，发动机电控单元 ECU 就可根据空气流量传感器输出的电压比（U_S/U_B）的信号大小感知空气流量的大小。电压比（U_S/U_B）与空气流量成反比，其变化关系如图 5-6 所示。

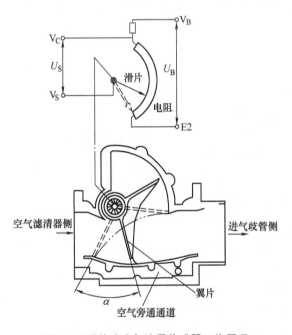

图 5-5 翼片式空气流量传感器工作原理

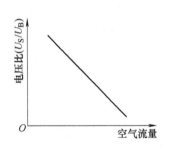

图 5-6 电压比（U_S/U_B）与空气流量的关系

二、翼片式空气流量传感器的检测

翼片式空气流量传感器出现故障会使电控单元收到错误的进气量信号，从而导致混合气的空燃比过大或过小，使混合气过稀或过浓，影响发动机的正常运转。

翼片式空气流量传感器常见故障有翼片摆动卡滞，电位计滑动触点磨损或腐蚀而使滑动电阻片与触点接触不良，及燃油泵触点接触不良导致的电动燃油泵供油不稳等。

对空气流量传感器进行检测时，首先应检测其机械部分工作是否良好。可用手拨动翼片，使其转动，检查翼片是否运转自如，复位弹簧是否良好，若触点无磨损、翼片摆动平衡、无卡滞和破损，说明其机械部分完好。然后检测空气流量传感器各端子与搭铁间电阻、燃油泵触点与搭铁间电阻、进气温度传感器与搭铁端子的电阻和信号输出电压。检测方法如下：

1）检测电动燃油泵电阻。用万用表测量电动燃油泵两信号端子间的电阻值，翼片关闭时应为∞，翼片开启后任一位置都应为0，否则说明有故障。

2）检测流量传感器的电阻。检测流量传感器的电阻时，有静态和动态测量两种方法：

① 静态测量方法。先断开点火开关，拔下传感器线束连接插头，用万用表测量各端子间电阻，应与标准参考值相差不大，否则说明传感器有故障。

② 动态测量方法。先断开点火开关，拔下传感器各线束连接插头，用万用表测量各端子电阻的同时用螺钉旋具拨动翼片，在翼片摆动过程中，电阻值应连续变化，否则说明传感器有故障。

3）检测进气温度传感器电阻。用万用表测量进气温度传感器热敏电阻随温度而变化的电阻值，应符合标准参考值，否则说明传感器有故障。

三、翼片式空气流量传感器检测示例

丰田大霸王轿车翼片式空气流量传感器的电路原理如图5-7所示。

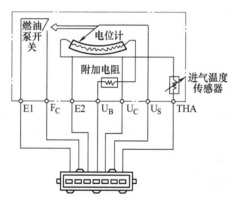

图5-7　丰田大霸王轿车翼片式空气流量传感器电路原理
THA—进气温度传感器信号端子　U_S—空气流量传感器输出信号端子　U_C—空气流量传感器输入信号端子
U_B—电源电压端子　E2—搭铁　F_C—燃油泵开关端子　E1—油泵开关搭铁

翼片式空气流量传感器的检测可采用就车检测或单体检测两种方法。

1. 就车检测

关闭点火开关，拔下轿车空气流量传感器的导线插接器，用万用表电阻档测量插接器各端子间的电阻，其电阻值应符合表5-1所列标准。如果不符，则说明传感器已损坏，应进行更换。

第五章 气体和液体流量传感器

表 5-1 丰田轿车空气流量传感器各端子间电阻

端子	标准电阻/kΩ	温度/℃	端子	标准电阻/kΩ	温度/℃
U_S—E2	0.02~0.60	—	THA—E2	2.00~3.00	20
U_C—E2	0.02~0.60	—		0.90~1.30	20
	10.00~20.00	-20		0.40~0.70	60
	4.00~7.00	0	F_C—E2	0 或 ∞	—

2. 单件检查

1）外观检查。用手指拨动翼片，检查翼片的摆动是否平顺，翼片有无破裂、卡滞，转轴是否松旷等。

2）检查电动机汽油泵开关。用万用表电阻档测量 E1、F_C 两端子间电阻，在测量翼片关闭时，此值应为∞；在测量翼片开启后的任一角度上，此值应为 0。

3）检测电位计性能。用螺钉旋具推动测量片，同时用万用表电阻档测量电位计滑动测点 U_S 与 E2 端子间的电阻。在测量翼片由全闭至全开的过程中，电阻值应逐渐变小，且应符合表 5-1 所列电阻值。若不符合，则说明传感器已损坏，应更换。

4）检测进气温度传感器电阻值。用电热风机对空气流量传感器的进气温度传感器加热，或将其拆下放在有热水的容器里加热，并用万用表测量 THA 与 E2 端子间的电阻值，该值应随温度升高而降低，且应符合表 5-1 所列数值。若不符合，则应更换进气温度传感器。

第二节 卡门涡旋式空气流量传感器

卡门涡旋式空气流量传感器是根据卡门涡旋的理论制成的。根据涡旋频率的检测方式不同，卡门涡旋式空气流量传感器可分为超声波式卡门涡旋空气流量传感器和反光镜式卡门涡旋空气流量传感器。

一、超声波式卡门涡旋空气流量传感器

1. 超声波式卡门涡旋空气流量传感器的结构与原理

（1）超声波式卡门涡旋空气流量传感器的结构

超声波式卡门涡旋空气流量传感器设有主空气道和旁通空气道两个空气道。涡旋发生器设在主空气道上。设置旁通空气道是为了调节主空气道的流量，这样，对于排量不同的发动机，通过改变旁通空气道截面积大小，可使用同一规格的流量传感器来满足流量检测的要求。超声波式卡门涡旋空气流量传感器的安装位置与结构如图 5-8 所示。日本三菱、中国长丰猎豹吉普车和韩国现代都采用超声波式卡门涡旋空气流量传感器。

（2）超声波式卡门涡旋空气流量传感器的工作原理

超声波式卡门涡旋空气流量传感器与 ECU 的连接电路如图 5-9 所示。

超声波是指频率超过 20kHz 的机械波，当发动机运转并吸入一定的气体时，超声波发生器通过发射器不断向接收器发出一定频率（40kHz）的超声波。当超声波通过进气气流到达接收器时，由于受到气流移动速度及涡旋数量变化的影响，接收到的超声波信号的相位（时间间隔）以及相位差（时间间隔之差）就会发生变化，且进气量越大、涡旋数越多、移

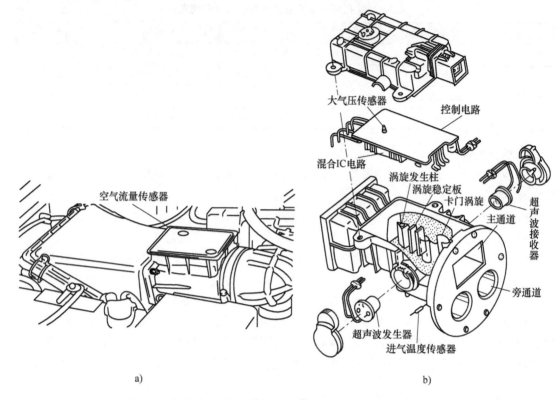

图 5-8 超声波式卡门涡旋空气流量传感器的安装位置与结构

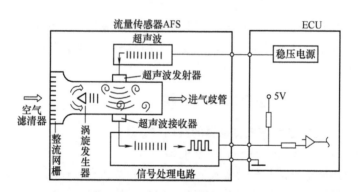

图 5-9 超声波式卡门涡旋空气流量传感器的连接电路

动速度越快，接收到的超声波的相位及相位差越大；反之，则越小。控制电路根据超声波信号的相位或相位差的变化，计算出涡旋的频率，并将其输入给 ECU，ECU 根据输入的进气涡旋信号就可计算出进气量。

2. 超声波式卡门涡旋空气流量传感器的检测

现以三菱轿车超声波式卡门涡旋空气流量传感器为例，说明超声波式卡门涡旋空气流量传感器的检测方法。

三菱汽车 6G72 发动机采用超声波式卡门涡旋空气流量传感器，其电路如图 5-10 所示。空气流量传感器上有 7 个接线端子；1 号端子由 ECU 提供大气压力传感器所用 5V 参考信号电压；2号端子为大气压力传感器输出信号；3号端子为空气流量传感器输出信号；4号端子通过控制继电器提供12V电源；5号端子提供传感器搭铁；6号端子为进气温度传感器输出信号。为了避免怠速时发现机抖动影响空气流量传感器的计量，设置了复位设定信号，由传感器7号端子提供，用于检测负荷，以及重新校正流量传感器信号。

卡门涡旋式空气流量传感器的检测方法：

(1) 检测电源电压

取下空气流量传感器的插接器，打开点火开关，用万用表电压档检测线束侧4号端子与搭铁间电压，应为蓄电池电压12V左右。否则检修电源电路故障。

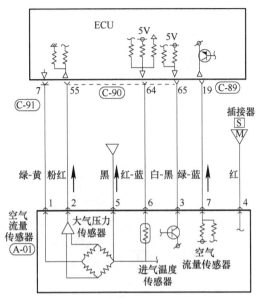

图5-10 三菱汽车发动机空气流量传感器的电路

(2) 检测参考电压

取下空气流量传感器的插接器，打开点火开关，用万用表电压档检测线束侧3号端子与搭铁间电压，应为5V左右；检测7号端子与搭铁间电压，应为6~9V左右。否则检修空气流量传感器与ECU间线束或判断是否为ECU故障。

(3) 检查搭铁

取下空气流量传感器的插接器，用万用表电阻档检测传感器线束侧5号端子与搭铁间的导通性，正常情况应导通。

(4) 检测输出信号的电压 连接空气流量传感器的插接器，利用背插法，用万用表直流电压档检测空气流量传感器3号端子电压，怠速时应为2.2~3.2V，复位7号端子为0~1V（2000r/min时为6~9V）。

(5) 检测输出信号的频率

因为超声波式卡门涡旋空气流量传感器输出信号为5V脉冲数字信号，输出频率与发动机进气量成正比，所以可以使用频率计或示波器检测3号端子与搭铁间输出信号，输出信号频率范围为25~2000Hz。发动机怠速（700r/min）运转时，空气流量传感器输出频率应在25~50Hz范围内；当发动机转速升高时，空气流量传感器输出频率应随转速升高而升高；当转速升高到2000r/min时，空气流量传感器输出频率应在70~90Hz范围内，否则说明空气流量传感器或其线路有故障。

二、反光镜式卡门涡旋空气流量传感器

1. 反光镜式卡门涡旋空气流量传感器结构与原理

(1) 反光镜式卡门涡旋空气流量传感器结构

反光镜式卡门涡旋空气流量传感器（图5-11）主要由涡旋发生器、发光二极管LED、光电晶体管、反光镜、张紧带、厚膜集成控制电路和进气温度传感器组成。其中涡旋发生器后面设置有导压孔，用来将变化的涡旋压力导入导压腔内。反光镜安装在张紧带上，

发光二极管和光电晶体管设置在反光镜的上面,发光二极管发出的光经反光镜反射后使光电晶体管导通。丰田雷克萨斯 LS400 型和丰田皇冠 3.0 型轿车安装了反光镜式卡门涡旋空气流量传感器。

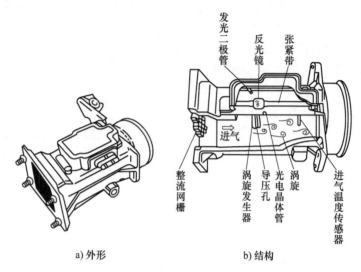

a) 外形　　　　　　　　b) 结构

图 5-11　反光镜式卡门涡旋空气流量传感器的外形和结构

(2) 反光镜式卡门涡旋空气流量传感器的工作原理

反光镜式卡门涡旋空气流量传感器的空气入口处设有蜂窝状整流网栅,其作用是使吸入的空气在涡旋发生器上游形成比较稳定的气流,从而保证气流经涡旋发生器后产生与其流速成正比的涡旋。

当进气气流流过涡旋发生器时,发生器两侧就会交替产生涡旋,两侧的压力就会交替发生变化。进气量越大,产生的涡旋数量越多,压力变化频率就越高。变化的压力被导压孔引导到导压腔中使张紧带产生振动,从而带动张紧带上面的反光镜一起振动,且振动频率与单位时间内产生的涡旋数量(即涡旋频率 f)成正比。由于反光镜的振动,被反光镜反射的光束也以同样频率变化,使得光电晶体管也随光束的变化以同样的频率导通和截止,所以光电晶体管导通与截止的频率与涡旋频率成正比。信号处理电路将涡旋频率信号转换成方波电压信号输入 ECU 后,ECU 便可计算出进气量的大小。

2. 反光镜式卡门涡旋空气流量传感器的检测

现以丰田轿车反光镜式卡门涡旋空气流量传感器为例,说明反光镜式卡门涡旋空气流量传感器的检测方法。

丰田雷克萨斯 LS400 型轿车采用反光镜式卡门涡旋空气流量传感器,空气流量传感器与 ECU 的连接电路如图 5-12 所示。

丰田轿车的反光镜式卡门涡旋空气流量传感器的检测方法如下:

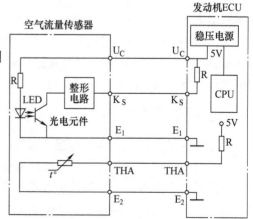

图 5-12　空气流量传感器与 ECU 的连接电路

1)静态检测。关闭点火开关,拔下空气流量传感器线束插头,用万用表电阻档测量传感器插座上端子"THA"与"E"之间的电阻值,检测结果应当符合表5-2的规定。若不符,则应更换传感器。

表5-2　丰田轿车卡门涡旋空气流量传感器的检测标准参数

检测对象	端子名称	检测条件	标准参数	备注
进气温度传感器	THA-E$_2$	-20℃	10~20kΩ	—
		0℃	4~7kΩ	
		20℃	2~3kΩ	
		40℃	0.9~1.3kΩ	—
		60℃	0.4~0.7kΩ	
		急速进气温度20℃	0.5~3.4kΩ	—
空气流量传感器	U$_C$-E$_1$	点火开关接通	4.5~5.5V	检测电源电压
	K$_S$-E$_1$	点火开关接通	4.5~5.5V	检测电源电压
		急速	2.0~4.0	信号电压跳跃变化

2)动态检测。将空气流量传感器线束插头与插座插好,用万用表直流电压档测量传感器插接器端子"THA"与"E$_2$"、"U$_C$"与"E$_1$"和"K$_S$"与"E$_1$"之间的电压,这些电压值应当符合表5-2中的标准值。如检测结果与标准电压值不符,应检查传感器与ECU之间的线束是否断路。如线束良好,则拔下传感器插头并接通点火开关,检查电源端子"U$_C$"与"E$_1$"和信号输入端子"K$_S$"与"E$_1$"之间的电压。如在4.5~5.5V内,说明ECU工作正常且空气流量传感器损坏,应当更换空气流量传感器;如所测电压不在4.5~5.5V内,说明ECU有故障,应检测或更换ECU。

第三节　热线式与热膜式空气流量传感器

一、热线式空气流量传感器

1. 热线式空气流量传感器的结构与原理

(1)热线式空气流量传感器的结构

热线式空气流量传感器按其铂金热线安装位置的不同可分为主流测量方式(热线电阻安装在主进气道中)及旁通测量方式(热线电阻安装在旁通气道中)两种,其结构分别如图5-13、图5-14所示。

主流测量方式的热线式空气流量传感器由铂金热线、温度补偿电阻(冷线)、取样管、控制线路板、防护网及插接器组成。热线是一根直径约0.07mm的铂金丝,它装在取样管内的支承环上,其电阻值随温度变化而变化。

旁通测量方式的热线式空气流量传感器与主流测量方式的热线式空气流量传感器的结构基本相同,主要区别在于前者把热线和补偿电阻用铂丝缠绕在陶瓷螺旋管上,且把铂金热线和温度补偿电阻(冷线)安装在旁通气道上。

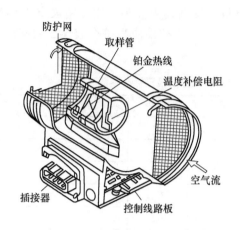
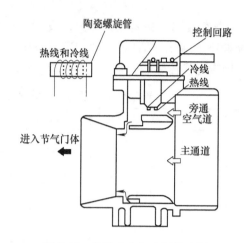

图5-13 热线式空气流量传感器结构（主流测量方式）

图5-14 热线式空气流量传感器结构（旁通测量方式）

（2）热线式空气流量传感器的工作原理

热线式空气流量传感器的基本原理如图5-15所示。安装在控制电路板上的精密电阻 R_A 和 R_B 与热线电阻 R_H 及温度补偿电阻 R_K 组成了惠斯通电桥。

热线电阻 R_H 放在进气道内，当进气气流流经它时，其热量被流过的空气吸收，使热线温度降低，且空气流量增大时，被带走的热量也增加，热线式空气流量传感器就是利用热线与空气之间的这种热传递进行空气流量测定的。

在发动机停火后，电路会把热线自动加热到1000℃左右，以清洁空气流量传感器，所以热线式空气流量传感器还具有自洁功能。

2. 热线式空气流量传感器的检测

热线式空气流量传感器插接器一般有5端子和6端子两种，其接线线路和电路结构基本相同，检测方法也类似。传感器的检测方法分为开路检测和在路检测两种，都是检查传感器的电源电压和信号电压。

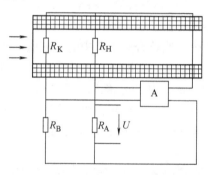

图5-15 热线式空气流量传感器原理图

A—混合集成电路 R_H—热线电阻
R_K—温度补偿电阻 R_A—精密电阻
R_B—电桥电阻

1）检查电源电压。拔下传感器线束插头，接通点火开关，用万用表直流电压档检测传感器插座上电源端子与搭铁端子之间的电压。

2）检查传感器输出信号电压。拔下传感器线束插头，将蓄电池正、负极分别与传感器插座上的电源端子和搭铁端子连接，用万用表直流电压档测量信号输出端的电压；当向传感器空气入口吹气时，信号电压应随之升高。

二、热膜式空气流量传感器

1. 热膜式空气流量传感器的结构与原理

（1）热膜式空气流量传感器的结构

热膜式空气流量传感器是热线式空气流量传感器的改进产品，其结构与热线式基本相同，只是它的发热体是热膜（由发热金属铂固定在薄的树脂膜上制成），而不是热线。热膜式空气流量传感器发热体不直接承受空气流动所产生的作用力，因而增加了发热体的强度，提高了流量传感器的可靠性。热膜式空气流量传感器结构如图 5-16 所示。

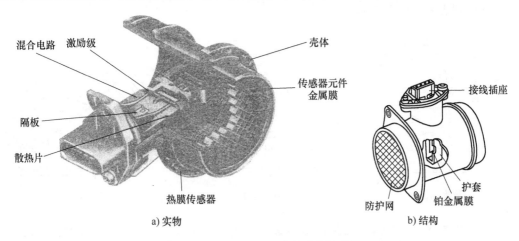

图 5-16 热膜式空气流量传感器的结构

新型热膜式空气流量传感器安装在发动机的进气道内，与前一代一样，也是根据热量检测原理来工作的。它的主要部件包括：具有回流识别功能的微型机械式传感器元件和进气温度传感器；一个具有数字信号处理功能的传感器电子单元，一个数字接口，如图 5-17 所示。例如，大众直喷发动机使用的是第 6 代热膜式空气流量传感器（HFM6）。

（2）热膜式空气流量传感器的工作原理

热膜式空气流量传感器与热线式空气流量传感器工作原理大致一样。传感器的热膜电阻 R_H、温度补偿电阻 R_T、精密电阻 R_1 及 R_2、信号取样电阻 R_S 在电路板上以惠斯通电桥的方式连接，如图 5-18 所示。

2. 热膜式空气流量传感器的检测

热膜式空气流量传感器的插接器插头如图 5-19 所示。热膜式空气流量传感器与 ECU 的连接电路如图 5-20 所示。

热膜式空气流量传感器的检测主要是检测电源电压、信号电压及线束的导通性。具体步骤如下：

1) 检测电源电压。关闭点火开关，拔下空气流量传感器的插头，起动发动机。首先用万用表测量插头的端子 2 与搭铁间的电压值，如图 5-21 所示，标准值为 12V。然后，用万用表测量插头端子 4 与搭铁间的电压值，标准值应为 5V。

2) 检测信号电压。关闭点火开关，拆下空气滤清器，接通点火开关，即置于"ON"位置，但不起动发动机。用万用表的电压档测量空气流量传感器插头中的端子 5（正信号

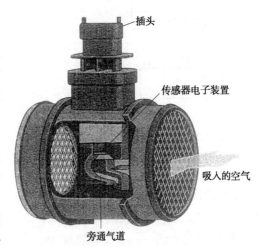

图 5-17 新型（第 6 代）
热膜式空气流量传感器

线)与端子3(负信号线)之间的电压值,用"+"表笔插入空气流量传感器5号端子线束中,"-"表笔插入3号端子的线束中。该电压标准值是2.0~4.0V。然后用电吹风(冷风档)向流量传感器空气入口吹气,观察信号电压的变化值。若信号电压不变化,说明空气流量传感器失效,应当更换。

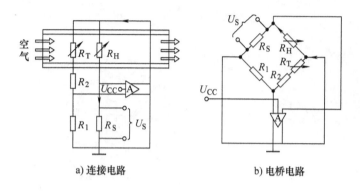

图5-18 热膜式空气流量传感器电路

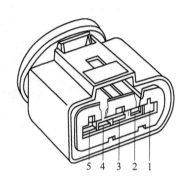

图5-19 热膜式空气流量
传感器插接器插头
1—搭铁线 2—12V电源 3—负信
号线 4—5V电源 5—正信号线

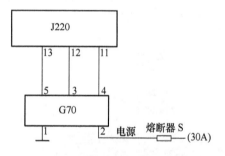

图5-20 热膜式空气流量传感器与
ECU的连接电路

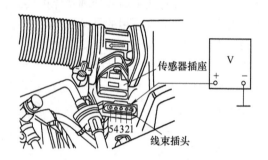

图5-21 检测热膜式空气流量传感器
的电源电压

3)检测线束导通性(是否断路)。关闭点火开关,拔下空气流量传感器的插头,并拔下电控单元的线束插接器。如图5-22所示,用万用表检测插头端子3与ECU插接器的端子12间的电阻值,该标准值应小于1Ω。用万用表检测插头端子4与ECU插接器的端子11间的电阻值,该标准值应小于1Ω。用万用表检测插头端子5与ECU插接器的端子13间的电阻值,该标准值应小于1Ω。

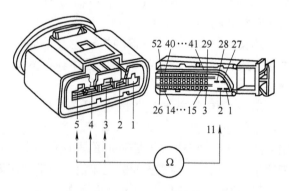

图5-22 检测传感器线束导通性

4)检测导线间是否短路。关闭点火开关,拔下空气流量传感器插头和电控单元的线束插接器;用万用表检测空气流量传感器插头端子 2 与 ECU 插接器的端子 11 间的电阻值、空气流量传感器插头端子 2 与 ECU 插接器的端子 12 间的电阻值、空气流量传感器插头端子 2 与 ECU 插接器的端子 13 间的电阻值、空气流量传感器插头端子 4 与 ECU 插接器的端子 12 间的电阻值、空气流量传感器插头端子 4 与 ECU 插接器的端子 13 间的电阻值、空气流量传感器插头端子 5 与 ECU 插接器的端子 11、12 间的电阻值,以上端子间电阻标准值均为∞。

3. 热膜式空气流量传感器的检测示例

2016 款丰田凯美瑞混合动力车系 6AR-FSE 发动机采用新型硅片型热膜式空气流量传感器(HMF6),传感器内部集成数字处理电路,使传感器输出更加精确。传感器结构如图 5-23 所示。

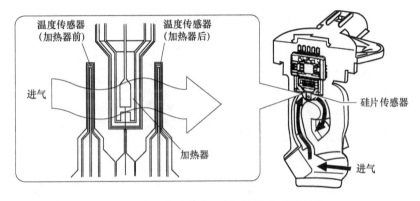

图 5-23 硅片型热膜式空气流量传感器结构

传感器内部电路如图 5-24 所示。传感器与 ECU 连接电路如图 5-25 所示。

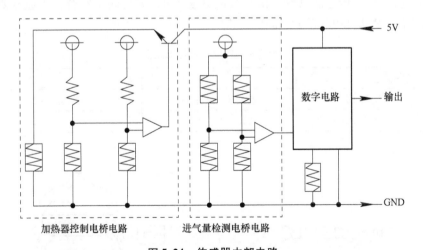

图 5-24 传感器内部电路

传感器检测方法如下:

1)传感器单体检查。关闭点火开关,拆下传感器,检查空气流量传感器的温度传感器(热敏电阻)上是否有异物。如有异物则更换传感器;用万用表检查传感器 E78 的 2#端子、

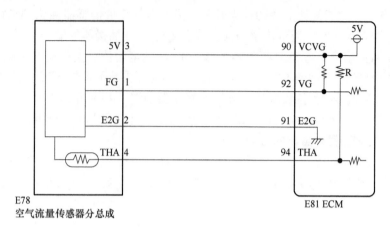

图 5-25 传感器与 ECU 连接电路

3#端子之间电阻（进气温度传感器），检测应符合图 5-26 所示，其检测数值见表 5-3，如不符合规定，则应更换传感器。

表 5-3 单体检查标准数值

万用表连接	温度条件/℃	数值/kΩ
4(THA)—2(E2G)	-20	13.6 ~ 18.4
	20	2.21 ~ 2.69
	60	0.49 ~ 0.67

2）传感器供电检查。关闭空气流量传感器 E78 插头，再打开点火开关，用万用表电压档如图 5-27 所示检测传感器供电，检测数值见表 5-4，如检测不符合，则应检查和修理空气流量传感器和发动机控制单元之间的线束。

表 5-4 供电检查标准数值

万用表连接	条件	数值/V
E78-3(5V)-E78-2(E2G)	点火开关转到 ON	4.8 ~ 5.2
E78-1(FG)-E78-2(E2G)	点火开关转到 ON	4.8 ~ 5.2

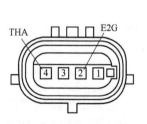

图 5-26 传感器单体检查

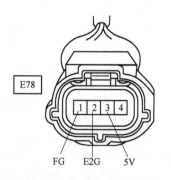

图 5-27 传感器供电检查

3）传感器线束检查（传感器和 ECU 之间线束）。关闭点火开关，关闭空气流量传感器和 ECU 插接器，用万用表电阻档如图 5-28 所示检测线束之间和搭铁之间的电阻值，应符合表 5-5 所列标准。

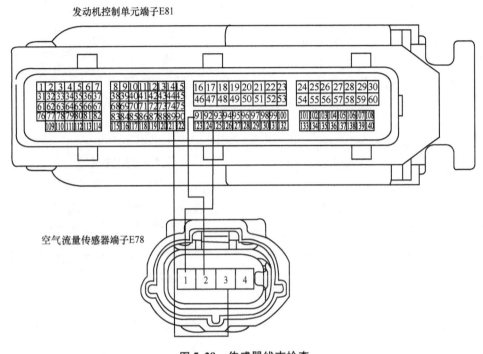

图 5-28　传感器线束检查

表 5-5　线束检查标准数值

万用表连接	条件	规定状态
E78-3(5V)—E81-90(VCVG)	始终	小于 1Ω
E78-1(FG)—E81-92(VG)	始终	小于 Ω
E78-2(E2G)—E81-91(E2G)	始终	小于 Ω
E78-3(5V) 或 E81-90(VCVG)—车身接地和其他端子	始终	10kΩ 或更大
E78-1(FG) 或 E81-92(VG)—车身接地和其他端子	始终	10kΩ 或更大
E78-2(E2G) 或 E81-91(E2G)—车身接地和其他端子	始终	10kΩ 或更大

第四节　量芯式空气流量传感器

一、量芯式空气流量传感器的结构与原理

（1）量芯式空气流量传感器的结构

量芯式空气流量传感器由翼片式空气流量传感器改进而成，它具有进气阻力小、计量精

度高和工作性能可靠等优点，它被应用在日本马自达929型轿车发动机上。该传感器的外形和结构如图5-29所示，主要由量芯、电位计、进气温度传感器和线束插接器等组成。它的进气量测量部件由一个椭球形量芯构成，安装在进气道内，并可以沿着进气道移动，也就是量芯代替了翼片式传感器的翼片。电位计滑动臂的一端与量芯连接，另一端是滑动触点，当量芯移动时，触点可以在印制电路板的滑动电阻上移动。量芯式传感器没有旁通进气道，也没有怠速混合气调整螺钉。发动机怠速时，混合气的浓度由电子控制单元根据氧传感器的反馈信号进行空燃比的调节。

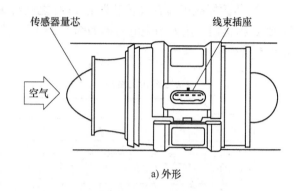

a) 外形

（2）量芯式空气流量传感器的工作原理

量芯式空气流量传感器的工作原理是，发动机ECU向空气流量传感器的VC端提供一个恒定的5V电压，量芯在进气气流的推动下向后移动，电压输出端VS输出一个可变电压，并把VS电压输入ECU，因进气量与VS电压变化值成正

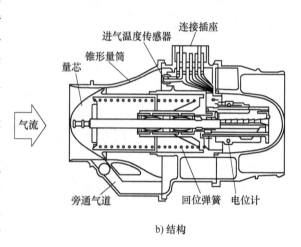

b) 结构

图 5-29 量芯式空气流量传感器的外形和结构

比，所以可测得进气量大小。进气温度传感器把进气温度信号也输入ECU，用于修正进气量，ECU按最佳比例控制空燃比，使发动机在任何工况下都能正常工作。

二、量芯式空气流量传感器的检测

量芯式空气流量传感器的常见故障有量芯卡滞，移动不灵活，电位计滑动触点磨损或接触不良，量芯回位弹簧的弹性变弱及电位计的电阻不准确等。

量芯式空气流量传感器的检测方式有单件检测和多件检测两种。

量芯式空气流量传感器的检测可以按表5-6的内容进行，主要检查电阻、电压。如果检查值与规定值相差太大，则应更换传感器。

表 5-6 量芯式空气流量传感器的检测（参考）

测量端子	电阻/kΩ	电压/V
VC—E2	0.20 ~ 0.40	5
VS—S2	—	急速时2.8；停机时4
THA—E2	20℃时，2 ~ 3；60℃时，0.40 ~ 0.70	20℃时，2.5

第五节 光电式燃油流量传感器

一、光电式燃油流量传感器的结构与原理

光电式燃油流量传感器主要由光电耦合元件、叶轮、透光板组成。当叶轮旋转时,透光板也随叶轮在光电耦合元件之间旋转,光电晶体管交替导通截止,根据导通的次数就可以检测出燃油量。光电式燃油流量传感器连接电路如图5-30所示。

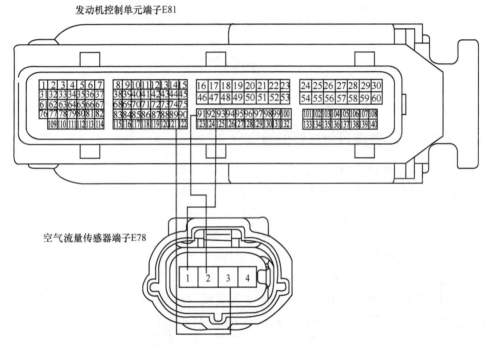

图5-30 光电式燃油流量传感器连接电路

二、光电式燃油流量传感器的检测

点火开关置于"ON"位置,首先检查供电电压,应为5V。在发动机处于怠速运转状态时,用万用表电压档测量光电式燃油流量传感器信号输出端子间的电压变化情况。电压应该以脉冲形式发生,并且脉冲间的时间间隔均匀,当发动机转速升高时,传感器的电压脉冲频率应明显加快。

*第六节 静电式制冷剂流量传感器

一、静电式制冷剂流量传感器的作用与原理

静电式制冷剂流量传感器可用于检测制冷剂流量。

丰田公司"世纪"牌汽车的微机控制自动空调就采用了这种静电式制冷剂流量传感器,利用其静电容的变化检测制冷剂流量的变化。如图5-31所示,静电式制冷剂流量传感器接

在储液罐和膨胀阀之间，通过传感器的电极检测出制冷剂流量的变化，把这种变化转换成频率之后，再输入空调控制 ECU 中，ECU 再把这种传感器输入的脉冲信号变换成电压，并判断制冷剂流量是否正常。当出现异常时，利用监控显示系统向驾驶人报警。

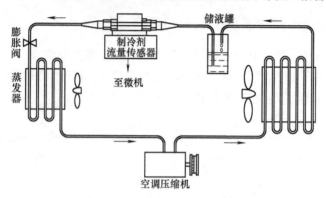

图 5-31　制冷剂循环过程图

二、静电式制冷剂流量传感器的检测

（1）制冷剂流量传感器的检测方法

拔下静电式制冷剂流量传感器导线插接器橡胶套，在发动机运转期间，打开空调系统，用万用表电压档测量信号输出端子间的电压变化频率，然后使出风量最大、温度最低，并提高发动机转速，以改变流过流量传感器的制冷剂流量，此时观察电压表指示电压变化频率有无变化。无变化则需更换静电式制冷剂流量传感器。

（2）制冷剂流量传感器的检测示例

2016 款丰田凯美瑞混合动力轿车空调制冷剂流量传感器安装在空调压缩机上。空调制冷剂流量传感器安装位置和剖视图以及连接电路如图 5-32 所示。

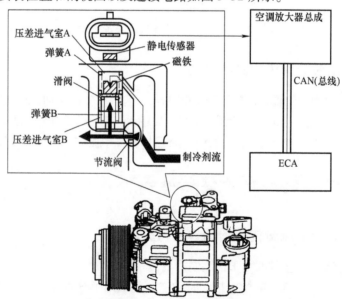

图 5-32　空调制冷剂流量传感器安装位置和剖视图及连接电路

注意：空调制冷剂流量传感器通过空调压缩机端口 E75 与空调放大器端口 I77 连接。流量传感器不能单独更换，出现故障需要整体更换空调压缩机总成。

空调制冷剂流量传感器线束检查（空调压缩机插头 E75～空调放大器插头 I77）：关闭空调放大器插头 I77 和空调压缩机插头 E75，两个插头外观分别如图 5-33 和图 5-34 所示。用万用表电阻档检测线束相关插头之间及相关插头与车身接地之间的电阻值，电阻值应符合表 5-7。如不符合规定，则应修理或更换线束及插接器。

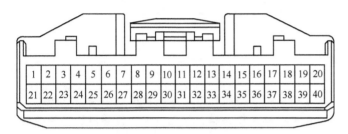 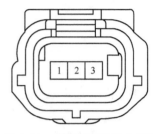

图 5-33 空调放大器插头 I77　　　　　图 5-34 空调压缩机插头 E75

表 5-7 标准电阻值

万用表连接	条　件	规　定　状　态
I77-7（FLOQ）—E75-3（QUFL）	始终	小于 1Ω
I77-13（SG-2）—E75-2（SGFL）	始终	小于 1Ω
I77-30（S5-1）—E75-1（S5FL）	始终	小于 1Ω
I77-7（FLOQ）—车身接地	始终	10kΩ 或更大
I77-13（SG-2）—车身接地	始终	10kΩ 或更大
I77-30（S5-1）—车身接地	始终	10kΩ 或更大

复 习 题

一、填空题

1. 热线式空气流量传感器按其铂金热线安装位置的不同可分为（　　）测量方式及（　　）测量方式两种。
2. 热线式空气流量传感器是利用（　　）与（　　）之间的热传递进行空气流量测定的。
3. 热膜式空气流量传感器是热线式空气流量传感器的改进产品，其结构与热线式基本相同，只是它的发热体是（　　），而不是热线。
4. 空气流量传感器可以分为（　　）和（　　）两种。
5. 超声波式卡门涡旋空气流量传感器设有（　　）和（　　）两个空气道。

二、简述题

1. 汽车上的空气流量传感器有什么作用？
2. 热线式空气流量传感器的原理是什么？

第六章 位置与角度传感器

　　用来检测元件运动或运转所处位置或角度的传感器称为位置或角度传感器。汽车上应用的位置或角度传感器有很多类型，主要有曲轴位置传感器、节气门位置传感器、车高与转角传感器、液位传感器、溢流环位置传感器、超声波距离传感器、方位传感器、座椅位置传感器等。

　　应用在汽车发动机上的位置传感器有曲轴位置传感器、凸轮轴位置传感器、节气门位置传感器。其中曲轴位置传感器是发动机电子控制系统中最主要的传感器之一，它提供点火时刻（点火提前角），确认曲轴位置的信号，用于检测活塞上止点、曲轴转角及发动机转速。它通常安装在曲轴前端、飞轮上或分电器内。曲轴位置传感器的结构形式有磁脉冲式、光电式和霍尔式三种。

　　凸轮轴位置传感器（Camshaft Position Sensor，CMP），又称为凸轮轴转角传感器、相位传感器、同步信号传感器、缸位传感器、气缸识别传感器。它的作用主要是检测凸轮轴位置和转角，从而确定第一缸活塞的压缩上止点位置。在起动时，发动机 ECU 根据凸轮轴位置传感器和曲轴位置传感器提供的信号，识别出各个气缸活塞的位置和行程，控制燃油喷射顺序和点火顺序，进行准确的喷油和点火控制。

　　随着可变气门正时技术的出现和发展，凸轮轴位置传感器也被赋予了新的功能，除了在起动时用于压缩上止点判定外，在发动机正常工作后，还要肩负起监控可变的进气或排气凸轮是否达到预定位置的重任。

　　按照工作原理不同，凸轮轴位置传感器可以分为磁电式凸轮轴位置传感器、光电式凸轮轴位置传感器、霍尔式凸轮轴位置传感器、磁阻元件式凸轮轴位置传感器。前三种传感器的检测原理与同形式曲轴位置传感器相同。

　　节气门位置传感器有线性输出型和开关型两种。节气门位置传感器安装在节气门体上，它可将节气门开度及开闭速度的变化转换成电信号输入电子控制单元（ECU），用来检测节气门开度使 ECU 判别发动机工况和负荷；在自动变速器车上为自动变速器提供节气门开度信号；有的车还用于空气流量传感器的替代信号（故障时）。

　　光电式传感器有光电式车高传感器和光电式转角传感器。

　　液位传感器有浮子舌簧开关式液位传感器、浮子可变电阻式液位传感器、热敏电阻式液位传感器、电容式液位传感器和电热式液位传感器。

其他位置传感器有溢流环位置传感器、超声波距离传感器、方位传感器和座椅位置传感器。

第一节 曲轴位置传感器

曲轴位置传感器（CKP）又称为曲轴转角传感器，它是发动机集中控制系统中最主要的传感器之一，是控制发动机燃油喷射和点火时刻、确认曲轴位置的信号源，同时它也是测量发动机转速的信号源。曲轴位置传感器用来检测活塞上止点及曲轴转角的信号，并将其输入发动机 ECU，用来对点火时刻和喷油正时进行控制。在现代电控发动机上，曲轴位置传感器和发动机转速传感器制成一体，既用于发动机曲轴位置、活塞上止点位置的测定，又可用于发动机转速的测定。

曲轴位置传感器按其工作原理的不同可分为磁脉冲式曲轴位置传感器、光电式曲轴位置传感器、霍尔式曲轴位置传感器等。曲轴位置传感器一般安装在曲轴前端、分电器内、靠近飞轮的变速器壳体上，还有的安装在发动机缸体中部的下侧，如图 6-1 所示。

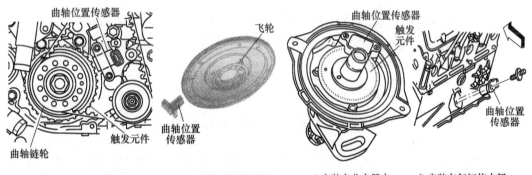

a) 安装在曲轴前端　　b) 安装在变速器壳体上　　c) 安装在分电器内　　d) 安装在气缸体中部

图 6-1　曲轴位置传感器的安装位置

一、磁脉冲式曲轴位置传感器

1. 磁脉冲式曲轴位置传感器的结构与原理

（1）磁脉冲式曲轴位置传感器的结构

磁脉冲式曲轴位置传感器由信号转子、永久磁铁、信号线圈等组成，其结构如图 6-2 所示。

（2）磁脉冲式曲轴位置传感器的工作原理

磁脉冲式曲轴位置传感器的工作原理如图 6-3 所示。

图 6-3 中，磁力线按永久磁铁 N 极→定子与转子间的空气间隙→转子凸齿→转子凸齿与定子磁头间的空气间隙→磁头→永久磁铁 S 极，最终形成一个闭合回路。信号转子一般安装在正时罩内或曲轴前端的带轮之后或分电器内，随曲轴一起旋转。当信号转子旋转时，由于转子凸起部分的转动引起磁路空气间隙的变化，使通过线圈的磁通量发生变化，依据法拉第电磁感应定律，在信号线圈的两端会产生一个感应电动势，且这个感应电动势的方向总是

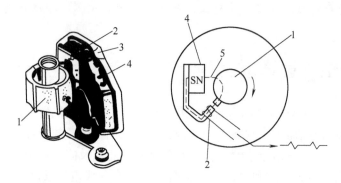

图 6-2 磁脉冲式曲轴位置传感器的结构

1—信号转子 2—信号线圈 3—托架 4—永久磁铁 5—磁通

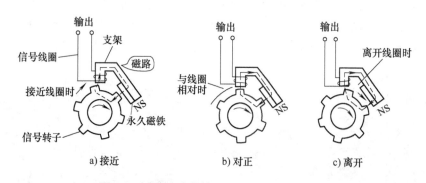

图 6-3 磁脉冲式曲轴位置传感器的工作原理

企图抑制磁通量的变化,因此信号转子凸起部分接近与离开信号转子时,会产生正相反的交流电压信号。

2. 磁脉冲式曲轴位置传感器的检测

现以日产公司轿车的磁脉冲式曲轴位置传感器为例,介绍磁脉冲式曲轴位置传感器的检测方法。

磁脉冲式曲轴位置传感器的结构如图6-4所示。检测方法如下:

1)检测电阻值。关闭点火开关,断开曲轴位置传感器的导线插接器,用万用表电阻档测量曲轴位置传感器上各端子(磁头①、②、③对应的端子)的电阻值,各磁头感应线圈的电阻值均应为140~180Ω。如不符合,则需更换曲轴位置传感器。

2)检查信号盘。主要检查曲轴位置传感器的信号盘齿圈上的齿有无变形、齿间有无脏物堵塞、信号盘有无翘曲变形等。若信号盘或齿圈上的齿有变形则需更换新的信号盘。若信号盘齿圈上的齿与齿间有杂物,应彻底清洗干净,否则将影响信号输出。

3)检测信号电压。接通点火开关,但不起动发动机,拔下曲轴位置传感器的导线插接器,当发动机转动时,曲轴位置传感器导线插接器上孔(3)和孔(4)间、孔(1)与孔(4)间(图6-4)应有脉冲信号输出,可用示波器或万用表电压档进行测试检查。如果没有脉冲信号输出或脉冲信号缺少脉冲,均说明传感器有故障,应当更换曲轴位置传感器。

4)检查磁头与信号盘之间的气隙。分别检查磁头①和磁头③与信号盘齿圈间的气隙、

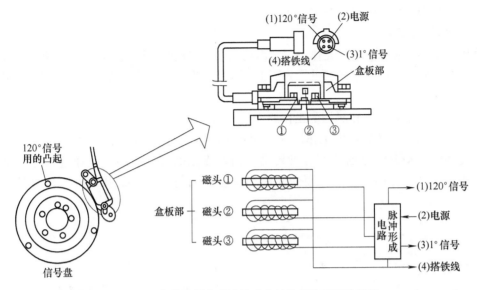

图 6-4 日产公司轿车磁脉冲式曲轴位置传感器的结构

磁头②与 120°凸缘间的气隙，上述间隙距离均应为 0.3~0.5mm，否则应调整或更换信号发生器总成。

二、光电式曲轴位置传感器

1. 光电式曲轴位置传感器的结构与原理

（1）光电式曲轴位置传感器的结构

光电式曲轴位置传感器一般安装在分电器内（无分电器机型则一般安装在凸轮轴左前部），如图 6-5a 所示。

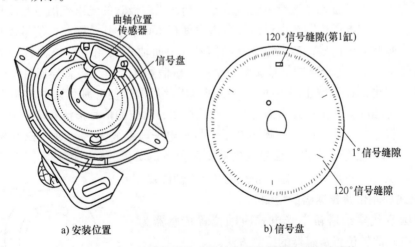

a) 安装位置   b) 信号盘

图 6-5 光电式曲轴位置传感器的安装位置及信号盘的结构

该传感器由带缝隙、光孔的信号盘和信号发生器组成。信号盘安装在分电器轴上，和分电器轴随曲轴一起转动，其结构如图 6-5b 所示。它的外围均布有 360 条缝隙（即透光孔），用于产生 1°信号。对于六缸发动机，在信号盘外围稍靠内的圆上，均匀分布着 6 个间隔 60°

的透光孔，分别产生120°曲轴转角信号，其中有一个较宽的光孔是用于产生第一缸上止点对应的120°信号缝隙。

信号发生器安装在分电器壳体上，它由两只发光二极管、两只光电二极管和电子电路组成，如图6-6所示。两只发光二极管分别正对着两只光电二极管，信号盘在发光二极管和光电二极管之间。

（2）光电式曲轴位置传感器的工作原理

光电式曲轴位置传感器的工作原理如图6-7所示。光电式曲轴位置传感器是利用发动机曲轴运转时带动分电器轴和信号盘转动，使发光二极管发出的光线通过信号盘上边缘的小孔产生交替变化的透光，从而使光电二极管导通与截止产生脉冲电压信号的原理制成的。

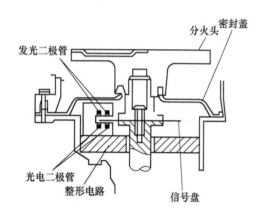

图6-6 信号发生器结构

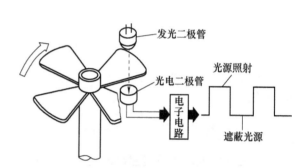

图6-7 光电式曲轴位置传感器工作原理

当信号发生器中的发光二极管的光束，通过信号盘的小孔照射到对面与其正对的光电二极管上时，光电二极管感光导通产生电压信号。当发光二极管的光束被信号盘遮挡时，光电二极管截止，产生的电压为零。由于信号盘边缘刻有360个小孔，因此，信号盘每旋转一圈将产生360个脉冲电压信号，其中每个脉冲信号代表曲轴2°转角（分电器转一周曲轴转两周，即曲轴转720°），每个脉冲信号又由一个高电压信号（光电二极管导通时产生）和一个零电压信号（光电二极管截止时产生）所组成，因此后两者便分别代表曲轴1°转角。120°转角产生的原理相同，它由小孔里面的6个光孔产生，对应的信号指活塞位于上止点位置时的曲轴位置。将光电二极管产生的脉冲电压信号经电子电路放大后，便向ECU输入曲轴转角的1°信号和120°信号。但由于信号发生器安装位置的关系，120°信号实际并不代表活塞上止点时曲轴位置，而是对应活塞上止点前70°曲轴位置。

2. 光电式曲轴位置传感器的检测

现以韩国现代索纳塔轿车光电式曲轴位置传感器为例，说明光电式曲轴位置传感器的检测方法。

现代索纳塔轿车的光电式曲轴位置传感器总成安装在分电器中，对于无分电器式点火系统，曲轴位置传感器总成则一般安装在凸轮轴左前部。现代索纳塔轿车的光电式曲轴位置传感器信号盘的结构如图6-8所示。

图6-8 现代索纳塔轿车的光电式曲轴位置传感器信号盘的结构

现代索纳塔轿车的曲轴位置传感器与ECU的连接电路如图6-9所示。在信号盘的上下侧分别设有相互正对的两个发光二极管和两个光电二极管，且以电路的形式相互连接。当发光二极管发出的光线透过信号盘光孔中的某一孔照射到光电二极管上时，光电二极管导通，产生一个正的电压脉冲信号；当发光二极管发出的光线被遮挡时，光电二极管截止，产生的电压脉冲信号为零。以上电压脉冲信号输入电子电路经放大整形后，即向ECU输入曲轴转角和第一缸上止点位置信号。

对现代轿车曲轴位置传感器的检测应从连接线束、电源电压、信号电压几方面着手。具体方法如下。

（1）检测传感器连接线束和电源电压

现代轿车曲轴位置传感器插接器插头的端子位置如图6-10所示。

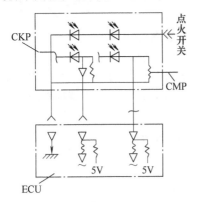

图6-9 光电式曲轴位置传感器与ECU的连接电路

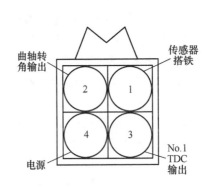

图6-10 曲轴位置传感器插接器插头的端子位置

检查时拔下曲轴位置传感器插接器插头，接通点火开关，但不起动发动机。用万用表测量线束侧端子4与搭铁间电压，该值应为12V；测量线束侧端子2和端子3与搭铁间电压，该值应为4.8~5.2V。用万用表的电阻档测量线束侧端子1与搭铁间电阻，该值应为0Ω。对传感器各端子之间电压与电阻的检测如图6-11所示。

（2）检查曲轴位置传感器的输出信号电压

将万用表电压档连接在传感器侧端子3和端子1上，起动发动机后，相应电压值应为0.2~1.2V；让发动机怠速运转，用万用表电压档测量端子2和端子1之间的电压，该值应为1.8~2.5V，如图6-12所示。若不符合，则应更换曲轴位置传感器。

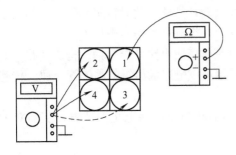

图6-11 曲轴位置传感器各端子之间电压与电阻的检测

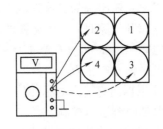

图6-12 曲轴位置传感器输出信号电压检查

三、霍尔式曲轴位置传感器

1. 霍尔式曲轴位置传感器的结构与原理

霍尔效应是指把一块金属或半导体薄片垂直放在磁感应强度为 B 的磁场中，沿着垂直于磁场方向通过电流 I 时，会在薄片的另一对侧面间产生电动势 U_H，所产生的电动势称为霍尔电动势，这种薄片（一般为半导体）称为霍尔片或霍尔元件。

霍尔式曲轴位置传感器就是利用霍尔效应产生与曲轴转角相对应的电压脉冲信号的原理制成的，可分为触发翼片式和触发轮齿式两种曲轴位置传感器。

（1）触发翼片式霍尔曲轴位置传感器

1）触发翼片式霍尔曲轴位置传感器的结构。触发翼片式霍尔曲轴位置传感器主要由触发叶轮、霍尔集成电路、磁轭（导磁钢片）和永久磁铁组成，结构如图 6-13 所示。其中触发叶轮安装在转子轴上，随转子轴一起转动，叶轮上制有翼片。

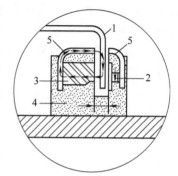

图 6-13　触发翼片式霍尔曲轴位置传感器的结构

1—触发叶轮　2—霍尔集成电路
3—永久磁铁　4—底板
5—导磁钢片

2）触发翼片式霍尔曲轴位置传感器的工作原理。触发翼片式霍尔曲轴位置传感器的工作原理如图 6-14 所示。

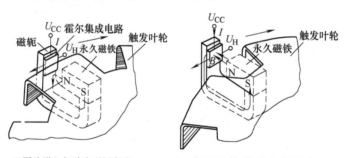

a）翼片进入气隙令磁场旁路　　b）翼片离开气隙令磁场饱和

图 6-14　触发翼片式霍尔曲轴位置传感器的工作原理

当曲轴转动并带动转子轴转动时，触发叶轮随转子轴一起转动，触发叶轮的翼片便从霍尔集成电路与永久磁铁之间的气隙中转过。

当翼片进入气隙时，霍尔集成电路中的磁场被翼片旁路，此时霍尔元件产生的霍尔电压为零，集成电路输出级的晶体管截止，传感器输出一个高电平信号电压 U_0。

当翼片离开气隙时，永久磁铁的磁通便经过霍尔集成电路和导磁钢片构成回路，此时霍尔元件产生霍尔电压 U_H（$U_H = 1.9 \sim 2.0\text{V}$），霍尔集成电路输出级的晶体管导通，传感器输出一个低电平信号电压 U_0。

ECU 便根据向它输入的脉冲信号计算出曲轴的转角及活塞上止点位置，从而对发动机的点火和喷油时刻进行控制。

（2）触发轮齿式霍尔曲轴位置传感器

1）触发轮齿式霍尔曲轴位置传感器的结构。触发轮齿式霍尔曲轴位置传感器即差动霍尔式曲轴位置传感器，也叫双霍尔式曲轴位置传感器，其结构与磁脉冲式曲轴位置传感器相似，由带凸齿的信号转子和霍尔信号发生器组成，结构如图 6-15 所示。

2）触发轮齿式霍尔曲轴位置传感器的工作原理。触发轮齿式霍尔曲轴位置传感器的工作原理与触发翼片式霍尔曲轴位置传感器的工作原理相同。触发轮齿式霍尔曲轴位置传感器的信号转子即凸齿转子安装在发动机曲轴上（部分汽车以发动机的飞轮为信号转子），当发动机曲轴或飞轮转动时，传感器的信号转子随其一起转动，从而使信号转子的齿缺与凸齿转过霍尔电路（与触发翼片式霍尔电路相同，由

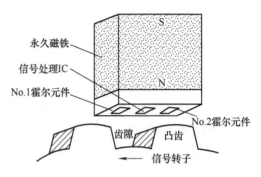

图 6-15 触发轮齿式霍尔曲轴位置传感器的结构

霍尔元件、放大电路、稳压电路、温度补偿电阻、信号变换电路和输出电路等组成）的探头，使齿缺或凸齿与霍尔探头之间的气隙发生变化，磁通量密度随之变化，即磁感应强度 B 发生变化，根据霍尔效应，在传感器的霍尔元件中就会产生交流电压信号，其输出电压由两个霍尔信号电压叠加而成。因为输出信号为叠加信号，所以转子凸齿与信号发生器之间的气隙可以增大到（1.0±0.5）mm（普通霍尔式传感器仅为 0.2~0.4mm），从而可将信号转子制成像磁感应式传感器转子一样的齿盘式结构，其突出优点是信号转子便于安装。

2. 霍尔式曲轴位置传感器的检测

1）拔下传感器插头，接通点火开关，检查插头上电源端子与搭铁之间的电压应为 8V 或 12V（根据车型不同而异）。若无电压，则应检查霍尔式曲轴位置传感器到 ECU 之间的线路及 ECU 上相应端子上的电压。ECU 相应端子上如有电压，则为传感器至 ECU 之间的线路断路；如 ECU 相应端子上无电压，则为 ECU 有故障。

2）将拔下的传感器插头重新插好，起动发动机，测量霍尔式曲轴位置传感器输出端子的信号电压，正常值为 3~6V。若无电压，则为传感器本身有问题，应修理或检查更换。

3）也可通过检查传感器信号输出端电压的波形，来确认传感器本身是否损坏。如无信号或信号异常，均说明传感器有问题。

第二节 凸轮轴位置传感器

一、概述

凸轮轴位置传感器也叫同步信号传感器，它可以产生与曲轴位置传感器信号对应的同步信号，作用是采集凸轮轴的位置信号，并输入 ECU，以便 ECU 识别 1 缸压缩上止点，从而进行喷油顺序控制、点火时刻控制和爆燃控制。此外，凸轮轴位置传感器还能识别哪一缸活塞即将到达上止点，所以也称为判缸传感器。

按照工作原理不同，凸轮轴位置传感器可以分为磁电式凸轮轴位置传感器、光电式凸轮轴位置传感器、霍尔式凸轮轴位置传感器、磁阻元件式凸轮轴位置传感器。前三种传感器的

检测原理与同形式曲轴位置传感器相同。

对于有分电器的电控点火系统，霍尔式凸轮轴位置传感器一般安装在分电器内；对于无分电器的点火系统，霍尔式凸轮轴位置传感器则安装在凸轮轴上。

1. 安装在分电器内的霍尔式凸轮轴位置传感器

霍尔式凸轮轴位置传感器安装在分电器内，由脉冲环和霍尔传感器组成，基本结构如图6-16、图6-17所示。脉冲环是一个半周环（180°），通过环座安装在分电器轴上，随分电器轴与曲轴同步旋转，当脉冲环接近霍尔传感器时，凸轮轴位置传感器输出高电位（5V），当脉冲环离开霍尔传感器时，凸轮轴位置传感器输出低电位（0V）。分电器转一周，高、低电位各占180°（各相当于360°曲轴转角）。

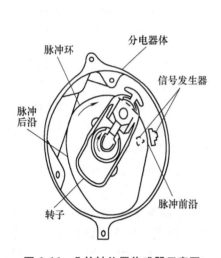
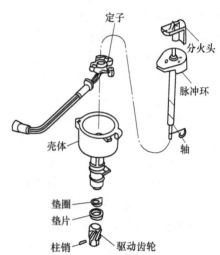

图6-16　凸轮轴位置传感器示意图　　图6-17　凸轮轴位置传感器的结构

当脉冲环的前沿进入霍尔传感器时，凸轮轴位置传感器输出5V高电位信号，对四缸发动机，表示正在向上止点运动的是第一缸、第四缸活塞，其中第一缸活塞为压缩行程，第四缸活塞为排气行程。对六缸发动机，表示下面将要到达上止点的是第三、第四缸活塞，其中第三缸活塞为排气行程，第四缸活塞为压缩行程。当脉冲环的后沿离开信号发生器时，凸轮轴位置传感器输出0V低电位信号，对四缸发动机，表示下面将要到达上止点的仍是第一、四缸活塞，但工作行程相反，其中第一缸活塞为排气行程，第四缸活塞为压缩行程。对六缸发动机，则第三缸活塞为压缩行程，第四缸活塞为排气行程。

由上可知，凸轮轴位置传感器产生的高低电位信号输入ECU后，可以对第一、第四缸（四缸发动机）或第三、第四缸（六缸发动机）的活塞和正在进行的工作行程给出判定和定位。同步信号与曲轴位置（转速）信号相配合，ECU就可以确定正确的喷油、点火正时和顺序。如当同步信号上升沿出现时，ECU可以判定当前第四缸活塞（四缸发动机）或第三缸活塞（六缸发动机）处于排气行程，此时根据曲轴位置信号，当活塞行至上止点前64°时ECU发出喷油信号，使第四缸或第三缸的喷油器喷油。同样，同步信号上升沿的出现，还标志着第一缸活塞（四缸发动机）或第四缸活塞（六缸发动机）处于压缩行程，此时ECU根据发动机的负荷和转速等输入信号，在活塞上行至压缩上止点前的适当时刻，发出点火信号，使该缸火花塞点火。同理，同步信号的下降沿出现时,这两缸活塞工作行程正好相反,ECU 以此为依据对这两缸进行正确的喷油和点火控制。

同样,利用同步信号提供的判缸信号,按照发动机的工作顺序(四缸机为 1—3—4—2,六缸机为 1—5—3—6—2—4),ECU 也能对其他相应气缸喷油和点火的正时进行精确控制。

2. 安装在凸轮轴上的霍尔式凸轮轴位置传感器

对于无分电器的电控汽油机,凸轮轴位置传感器通常安装在凸轮轴上,位于气缸盖前端凸轮轴链轮之后,如图 6-18 所示。霍尔传感器的基本构造与安装在分电器内部的相同,由一个半周(180°)的脉冲环和霍尔传感器组成,其工作原理也与安装在分电器内的传感器相同。

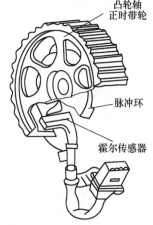

图 6-18 安装在凸轮轴上的凸轮轴位置传感器

二、磁阻元件式凸轮轴位置传感器

磁阻效应是指半导体材料的电阻值随与电流相同或垂直方向的磁场强弱而变化的现象。在一个长方形半导体元件的两端面通电,在无磁场时,两电极间的电阻值取最小电流分布。当长方形元件处于磁场中时,由于两电极间的电流路径因磁场作用而加长,从而使电极间的电阻值增加。利用磁阻效应,可实现磁和电→电阻的转换。对于非铁磁性物质,外加磁场通常使电阻率增加,即产生正的磁阻效应。

利用磁阻效应制成的磁敏电阻元器件称为磁阻元件,简称 MRE(Magneto Resistance Element)。

1. 磁阻元件式(MRE)凸轮轴位置传感器结构与原理

磁阻元件式(MRE)凸轮轴位置传感器由信号发生器、磁铁和用树脂封装的信号处理集成电路模块组成,如图 6-19a 所示。当传感器的磁头正对转子凹槽时,磁力线向两侧的翼片分布构成闭合磁路,此时磁阻元件电阻较小,通过磁阻元件的磁力线较少,磁场强度较弱,且磁力线与磁阻元件呈一定角度,如图 6-19b 所示,此时磁阻元件输出 5V 高电平信号。当磁阻传感器的磁头正对转子翼片时,磁力线通过正对的翼片构成闭合磁路,此时磁阻元件电阻较大,通过磁阻元件的磁力线较多,磁场强度较强,且磁力线与磁阻元件垂直,如图 6-19c 所示,此时磁阻元件输出 0V 低电平信号。

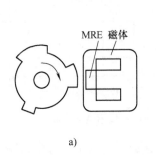
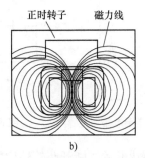
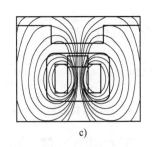

a)   b)   c)

图 6-19 MRE 传感器工作原理

随着转子的旋转,翼片的凸起与凹槽交替变化,引起通过磁阻元件的磁力线的强弱和角度发生改变,由于磁阻效应的作用,磁阻元件的电阻也发生变化,通过 MRE 装置的电流也随之改变,这种电流的变化由信号放大电路、滤波电路和整形电路转换成二进制数字信号,并输送给发动机 ECU。发动机 ECU 根据此信号判别进、排气凸轮轴位置。

2. 磁阻元件式(MRE)凸轮轴位置传感器的检测

现以丰田新皇冠轿车发动机的 MRE 凸轮轴位置传感器为例,说明 MRE 凸轮轴位置传感器的检测方法。

丰田新皇冠轿车发动机智能可变气门正时系统(VVT-i)采用 MRE 凸轮轴位置传感器,在每一气缸组上的进/排气凸轮轴上都装有 1 个 MRE 凸轮轴位置传感器(也称为 VVT 传感器,共 4 个),传感器的安装位置如图 6-20 所示。

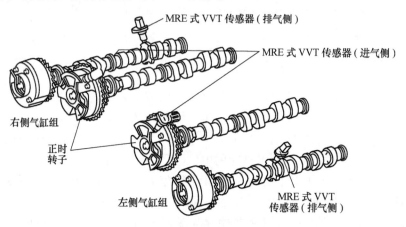

图 6-20 传感器的安装位置

进、排气凸轮轴上凸轮轴位置传感器正时转子有 3 个凸起,所对应的凸轮轴转角分别为 90°、60°、30°,即所对应的曲轴转角为 180°、120°、60°。曲轴每旋转两周,进、排气凸轮轴旋转 1 周,产生 3 个大小不同的脉冲,智能可变气门正时系统通过凸轮轴位置传感器的检测,由 ECU 占空比控制油压控制电磁阀,从而把进气和排气凸轮轴分别控制在 40°和 35°曲轴转角之间,提供最适合发动机工作特性的气门正时,改善发动机所有转速范围内的转矩,提高燃油经济性,减少污染物的排放。

MRE 传感器与 ECU 的连接电路如图 6-21 所示,信号波形如图 6-22 所示。

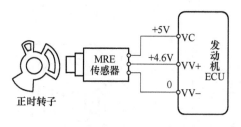

图 6-21 MRE 传感器与 ECU 的连接电路

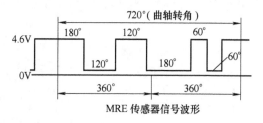

图 6-22 MRE 传感器信号波形

1)工作电压的检测。关闭点火开关,断开凸轮轴位置传感器,打开点火开关至"ON"位置,用万用表检查 VC 端子与 VV- 之间的电压,应为 5V,如果没有 5V 电压,应分别检查与 ECU 间线路的连接情况,如果线路正常,则说明发动机 ECU 有故障。

2) 参考电压的检测。关闭点火开关,断开凸轮轴位置传感器,打开点火开关至"ON"位置,用万用表检查 VV+端子与 VV-之间的电压,应为 4.6V,如果没有 4.6V 电压,应检查 VV+与 ECU 间线路的连接情况,如果线路正常,则说明发动机 ECU 有故障。

3) 波形检测。在线路正常连接的情况下,使发动机运转,用示波器检测输出信号,其标准波形应与图 6-22 所示波形相同。

三、柴油发动机凸轮轴位置传感器

1. 柴油发动机凸轮轴位置传感器的结构

汽车柴油发动机使用的凸轮轴位置传感器多为单霍尔方式,其基本结构如图 6-23 所示。柴油发动机凸轮轴位置传感器主要用于检测出凸轮的实际位置,以使 ECU 能够判断出发动机第一缸位置,从而确定喷油的时刻,它与曲轴位置传感器共同组成正时信号。靶轮上通常设置有 6+1=7 个槽,凸轮每转 1 周,凸轮轴位置传感器就会输出 6+1=7 个槽检测信号。其中 1~6 槽,每槽相差 120°曲轴转角,第 0 槽与第 6 槽相差 30°曲轴转角。

2. 传感器检测方法

对汽车柴油发动机凸轮轴位置传感器的检测,主要是用万用表对传感器进行电阻和电压的检测,并与表 6-1 所列的正常参数值进行对比,如果不符合规定,则应更换。

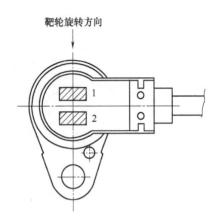

图 6-23 柴油发动机凸轮轴位置传感器基本结构

表 6-1 汽车柴油发动机凸轮轴位置传感器正常参数值

检测参数	供电电压/V	绝缘电阻/MΩ	低电位/V	转速范围/(r/min)	与飞轮空气间隙/mm	脉冲信号幅度/V
正常值	5±0.25	>1	<0.2	0~4000	1.4±0.1	5±0.25

第三节 节气门位置传感器

节气门位置传感器亦称为节气门开度传感开关。当汽车起步或加速时,节气门需迅速打开,进气歧管压力传感器或空气流量传感器将进气歧管内空气的增加量,以电信号的方式传递给电子控制装置,但从接收信号到传出精确的数据需有一个时间过程,即存在一个滞后现象,因而不能相应地将汽油快速喷射出去,故使混合气浓度降低,汽车加速时不能充分供给发动机所需要的燃油,从而影响其加速性。而在由电子控制的燃油喷射系统中装设这种节气门位置传感器就能较好地解决这一难题。

节气门位置传感器一般安装在节气门的本体上,并且可以随节气门一起转动,节气门开度大小的变化与加速踏板的变化是一致的。节气门位置传感器的作用是将节气门的开度大小转化为电信号传输给 ECU,ECU 根据输入的信号判断发动机的工况(怠速、部分负荷、全负荷等),通过对工况的判断来控制喷油量的大小。在装有自动变速器的汽车上,节气门位置传感器检测的信号还是变速器确定换档时机和变矩器确定锁止时机的主要信号之一。

一、触点开关式节气门位置传感器

1. 触点开关式节气门位置传感器的结构与原理

触点开关式节气门位置传感器的结构与信号输出特性如图 6-24 所示,它主要由节气门轴、全负荷触点、凸轮、怠速触点和接线插座组成。凸轮与节气门轴同轴转动,控制怠速触点和全负荷触点的开启与闭合。节气门轴随加速踏板行程大小而变化转动。

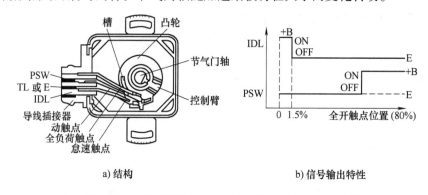

图 6-24 触点开关式节气门位置传感器的结构与信号输出特性

当节气门关闭时,传感器的怠速触点闭合,功率触点断开,怠速触点输出端子输出一个低电平信号"0",功率触点输出端子输出一个高电平信号"1"。ECU 接收到节气门位置传感器输入的这两个电压信号时,若车速传感器输入 ECU 的信号表示车速为零,那么 ECU 便可根据这两个信号判定发动机处于怠速状态,并控制喷油器增加喷油量,保证发动机怠速转速稳定而不致熄火。如果此时车速传感器输入 ECU 的信号表示车速不为零,那么 ECU 便可根据这两个信号判定发动机处于减速状态,从而控制喷油器停止喷油,以降低汽车的排放和提高其经济性。

当节气门开度逐渐增大时,凸轮随节气门轴转动并将怠速触点顶开,从而使怠速触点处于断开状态,但由于此时功率触点也处于断开状态,所以怠速触点端子输出高电平信号"1",功率触点端子也输出高电平信号"1"。ECU 接收到两个高电平信号时,便可判定发动机处于部分负荷状态,此时 ECU 再根据空气流量传感器信号和曲轴转速信号计算确定喷油量,以保证汽车的经济性和排放性能。

当节气门接近全部开启(80%以上负荷)时,凸轮转动使功率触点闭合,此时功率触点端子输出一个低电平信号"0",而怠速触点端子仍处于断开状态从而输出一个高电平信号"1"。ECU 接收到这两个信号时,便可判定发动机处于大负荷运行状态,从而控制喷油器增加喷油量,以保证发动机输出足够的动力。

当节气门全开时,ECU 将控制系统进入开环控制模式,此时 ECU 不采用氧传感器信号。如果此时汽车空调器在工作,那么 ECU 将中断空调主继电器信号约 15s,以便切断空调电磁离合器线圈电流,使空调压缩机停止工作,增大发动机输出功率,以提高汽车的动力性。

2. 触点开关式节气门位置传感器的检测

检修触点开关式 TPS 时，可用万用表测量传感器信号输出端子的输出电压和触点接触电阻，进行判断。

（1）检查电源电压

检查开关式节气门位置传感器的电源电压时，应拔下传感器插头，用万用表电压档测量线束插接器中 TL 端子的电源电压，应为 12V；否则，应检查线路是否断路。

（2）检查输出信号电压

检查时，传感器应正常连接，接通点火开关，输出的信号电压应为高电平或低电平，并且随节气门轴的转动而交替变化（由低电平"0"变为高电平"1"或由高电平"1"变为低电平"0"）。

（3）检查端子电阻

1）检查怠速触点电阻。如图 6-25 所示，拔下传感器接线插头，用万用表电阻档测量怠速触点（IDL）与可动触点（TL）之间的电阻，其电阻值应为 0Ω。转动节气门轴约 40°以下，其电阻值应为 ∞。

2）检查功率触点电阻。如图 6-26 所示，拔下传感器接线插头，用万用表电阻档测量传感器的功率接点（PSW）与可动触点（TL）之间的电阻值，其电阻值应为 ∞。转动节气门轴约 55°以上，电阻值应为 0Ω。

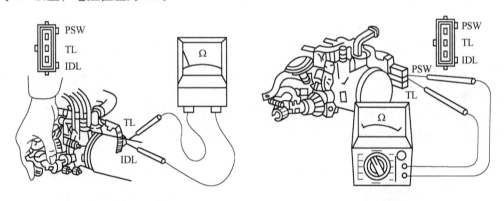

图 6-25　怠速触点电阻检查　　　　　图 6-26　功率触点电阻检查

各接点的导通性检查见表 6-2。

表 6-2　各接点导通性的检查

节气门开闭状态	测量的端子	
	TL—IDL	TL—PSW
全闭	0Ω	—
稍稍打开	∞Ω	—
从全闭打开 40°以下	—	∞Ω
从全闭打开 55°以上	—	0Ω

开关式节气门位置传感器的检查标准值见表 6-3。

表 6-3 开关式节气门位置传感器的检查标准值

检查条件	检测端子	标 准 值
点火开关在"ON",节气门全闭(IDL 闭合)	IDL—E	>0.5V
	PSW—E (PSW 触点未接触)	4.5~5V
点火开关在"ON",节气门全开	IDL—E	4.5~5V
	PSW—E	>0.5V
点火开关在"ON",节气门在全闭与全开之间(部分负荷)	IDL—E	不能同时<0.5V
	PSW—E	
关闭点火开关,拔下传感器导线插接器	节气门全闭 IDL—E	<10Ω
	节气门全闭 PSW—E	>1MΩ
关闭点火开关,拔下传感器导线插接器	节气门全开 IDL—E	>1MΩ
	节气门全开 PSW—E	<10Ω
关闭点火开关,拔下传感器导线插接器	节气门在全闭与全开之间时 IDL—E	不能同时<10Ω
	节气门在全闭与全开之间时 PSW—E	

二、线性输出型节气门位置传感器

1. 线性输出型节气门位置传感器的结构与原理

线性输出型节气门位置传感器也叫可变电阻式节气门位置传感器,其结构如图 6-27 所示,由活动触点 1、活动触点 2、电阻器、节气门轴、接线插头等组成。传感器的两个活动触点与节气门轴联动,分别是用于测量节气门开度的活动触点 1 和用于确定节气门全闭位置时的活动触点 2。

当活动触点随节气门的打开而改变电位器的电阻值时,其输出电压与节气门的开度成正比例,如图 6-28 所示。

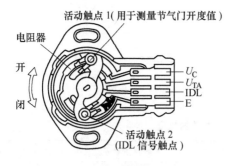

图 6-27 线性输出型节气门位置传感器结构

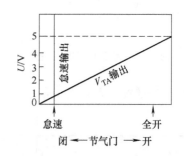

图 6-28 线性输出型节气门位置传感器的特性曲线

节气门位置传感器的工作原理如图 6-29 所示。当节气门逐渐(向右)打开时,活动触点也向右移动,电路中所串入的电阻值逐渐减小,输出电压增大;反之,输出电压减小。通过这种方式,将其输出信号送至电子控制装置输入端,由它来控制喷油器的开闭时间,以满足汽车加速时发动机所要求供给的燃油量。传感器上还设有节气门微动开关,当发动机全负荷时能够增加混合气浓度。

2. 线性输出型节气门位置传感器检测

线性输出型节气门位置传感器主要由电位器、微动开关和外壳组成。电位器包括电阻片、芯轴和装在芯轴上的电刷；微动开关包括触点、触点臂等。它与 ECU 的连接电路如图 6-30 所示。

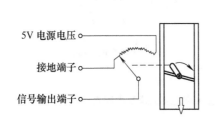

图 6-29 线性输出型节气门
位置传感器工作原理

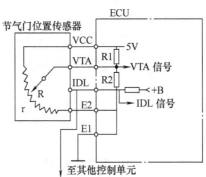

图 6-30 线性输出型节气门位置传感器与
ECU 的连接电路

线性输出型节气门位置传感器的检测方法如下。

（1）开路检测

1）拔下传感器连接线束插座，可见插座上共有 4 个端子。其中：VCC（有的图上标注为 VC，含义一样）为电压输出插头，属电源端；VTA 为节气门开度电压信号输出插头；IDL 为怠速触点信号插头；E2 为搭铁线。

2）用万用表 R×100 档分别测量线束插件与传感器相连的各端子之间的电阻，测量值应符合标准电阻值（车型不同可能有一些差异，但变化规律是相同的）。如果电阻值相差较大，则可能是节气门传感器已损坏。

（2）在路检测

1）将上述节气门位置传感器插件重新插好。

2）接通点火开关，但不要起动发动机。

3）用万用表 10V 直流档测线束插件各端子之间的电压，应符合规定值。如电压值相差较多，应检查线路、ECU 及节气门位置传感器。可先将节气门位置传感器拆下测量其电阻是否正常。当确定节气门位置传感器无问题，且检查其线路及供电电压均无故障后，再检查 ECU。

三、双霍尔式节气门位置传感器

在三菱格兰迪轿车电子节气门系统中，使用的是双霍尔式线性节气门位置传感器。

（1）结构原理

节气门位置传感器的功能是测量节气门的位置，向发动机 ECU 输出与节气门轴转角成正比的电压信号。根据该传感器的输出电压，控制伺服电动机进行反馈控制。

非接触式霍尔传感器包括一个固定的节气门轴上的永久磁铁，一个输出电压与磁通量成正比的线性霍尔 IC 和一个能有效地将永久磁铁的磁通量转入线性霍尔 IC 的定子。双霍尔式线性节气门位置传感器的安装位置及内部构造如图 6-31 所示。

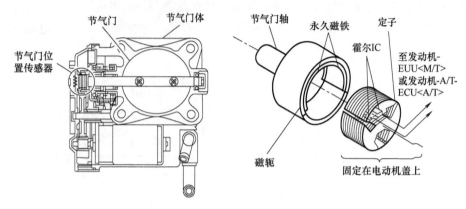

图 6-31　双霍尔式线性节气门位置传感器的安装位置及内部构造

双霍尔式节气门位置传感器通过两个系统（主、副）进行输出，这就提高了系统测量故障的准确性，增强了系统的故障保护功能，确保了系统的可靠性。

（2）检测方法

1）输入电压检测。关闭点火开关，拔下节气门位置传感器插头，打开点火开关，用万用表电压档测量线束侧端子 5，检查是否有 5V 电压输入。如果没有，则应检查传感器端子 5 与 ECU C-113 中的 106 端子是否导通，如果不导通，则检查线路线束；如果导通，则说明 ECU 没有 5V 电压输出，应更换 ECU。节气门位置传感器与 ECU 的连接电路如图 6-32 所示。

2）输出电压检测。在使用万用表检测传感器的输出电压时，需要配备专用线束三通插头，因此，三菱公司推荐使用其专用解码器 MUT-Ⅲ，通过读取数据流进行输出电压的检测。将点火开关置于 ON（副），选择 79 项——节气门位置传感器（主）的电压值，观察电压值是否可以随节气门的打开而同步变大，如果变化不同步或中间有断点，则说明节气门位置传感器线路或传感器本身有故障。有关节气门位置传感器的数据流见表 6-4。

表 6-4　有关节气门位置传感器的数据流

端子号	对应传感器	检测条件	测量值
8A	节气门位置传感器（主）	点火开关 ON，用手指完全关闭节气门	0～12%
	节气门位置传感器（主）中间开度学习值	点火开关 ON，用手指完全打开节气门	75%～100%
9A	节气门位置传感器（主）	点火开关 ON，不论节气门是打开还是关闭	0.8～1.8V
79	节气门位置传感器（主）	点火开关 ON，用手指完全关闭节气门	0.3～0.7V
		点火开关 ON，用手指完全打开节气门	≥4.0V
14	节气门位置传感器（副）	点火开关 ON，用手指完全关闭节气门	2.2～2.8V
		点火开关 ON，用手指完全打开节气门	≥4.0V

第六章 位置与角度传感器

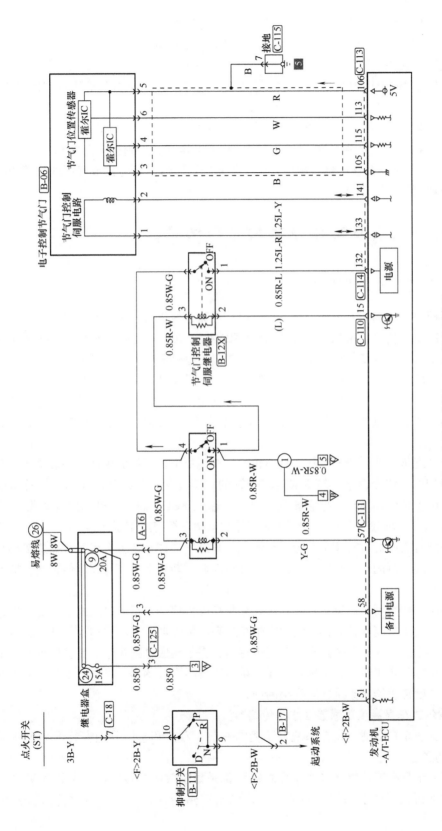

图 6-32 节气门位置传感器与 ECU 的连接电路

3）搭铁检测。关闭点火开关，拔下节气门位置传感器插头，打开点火开关，用万用表电压档测量线束侧端子3与蓄电池负极是否导通。正常情况下，应该导通，如果不导通，则应检查线路、接头、ECU。

4）节气门伺服控制检测。打开点火开关，用万用表电压档测量线束侧端子1与搭铁，检查是否有12V电压输入。如果没有，则应检查传感器端子1与ECU C-113中的133端子是否导通，如果不导通，则检查线路线束；如果导通，则说明ECU没有12V电压输出，应更换ECU。ECU C-113端子和141端子间应有12V电压，否则也应更换ECU。

5）故障码检测。在维修过程中，用三菱专用解码器读出电控节气门的故障码，可以准确、快速地判断故障部位。

第四节 车身高度传感器与转角传感器

一、车身高度传感器

在高档轿车上加装有电控悬架系统。电控悬架系统能够根据车身高度、车速、转向角度及速率、制动等信号，由悬架ECU控制悬架的执行机构，使悬架的刚度、减振器的阻尼力及车身高度等参数改变，使汽车具有良好的乘坐舒适性和操作稳定性。

车身高度传感器主要应用在电子控制悬架、主动悬架或自适应减振系统中。车身高度传感器用来感应悬架摆臂元件与车身间在垂直方向上的关系，其信号可使悬架电控单元根据汽车载荷的大小，通过有关执行元件随时调节车身高度，维持车身高度基本不随载荷变化而变化。

车身高度传感器一般安装在左右前轮胎的挡泥板上或后桥的中部，一般是将车身高度的变化（悬架的位移变形量）转变成传感器轴的转角变化，并检测出此轴的旋转角度，类似于节气门位置传感器结构，把它转变成电信号输入ECU。固定部件固定在车架（非承载式车身）或车身（承载式车身）上，活动部件与悬架下摆臂或车桥相连。

在装配有前照灯自动调平装置的车辆上，车灯自动调平装置采用安装在悬架和车身上的一个或两个同一侧的车身高度传感器。车灯自动调平装置上的车身高度传感器也被称为水平传感器。

车身高度传感器一般有：片簧开关式车身高度传感器、滑动电阻式车身高度传感器、霍尔集成电路式车身高度传感器、线性霍尔车身高度传感器、光电式车身高度传感器、感应式车身高度传感器。片簧开关式车身高度传感器、霍尔集成电路式车身高度传感器属于直接检测型；滑动电阻式车身高度传感器、线性霍尔车身高度传感器、光电式车身高度传感器、感应式车身高度传感器属于旋转转换检测型。

1. 霍尔式车身高度传感器（水平传感器）

大众奥迪车系自适应减振系统在车辆的左前、右前和左后分别安装了一个高度传感器（水平传感器）。

这3个车身高度传感器（水平传感器）都是霍尔效应式传感器。车轮悬架的变化（行程）通过前桥或后桥上的控制臂的运动，以及传感器连杆的运动传给传感器，并转换成转角。

这种传感器采用双腔结构。一面（第1腔）有转子，另一面（第2腔）有带定子和电路板。转子和定子各自都是密封安装的。

转子有一个非磁性高级合金钢轴，该轴内粘接有一块稀土磁铁。使用稀土磁铁可以用尽可能小的尺寸获得极强的磁场。

转子通过操纵杆与连接杆相连并由该连接杆来推动。转子是通过一个径向密封圈安装在操纵杆上的，这样可使结构免受环境影响。定子就是个霍尔传感器，它安装在电路板上。由于电路板是包在聚氨酯块中的，因此也可免受外界环境影响。

悬架位置发生变化时，转子在操纵杆的作用下发生转动并带动磁极运动，霍尔元件传递并放大磁通，电路板上的芯片会对这些信号进行转换，以便电子调节减振系统控制单元识别出车身水平变化。

奥迪Q5汽车全自动减振系统车身高度传感器（水平传感器）电路如图6-33所示。

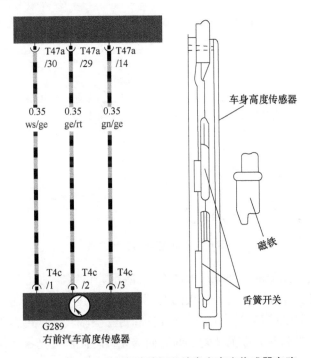

图6-33　奥迪Q5全自动减振系统车身高度传感器电路

2. 光电式车身高度传感器

（1）光电式车身高度传感器的结构与原理

光电式车身高度传感器一般安装在左右前轮胎的挡泥板上或后桥的中部，用以将车身高度的变化（悬架的位移变形量）转变成传感器轴的转角的变化，并检测出此轴的旋转角度，把它变成电信号输入ECU。ECU根据输入的车身高度变化的电信号和汽车载荷的大小，通过执行元件，对车身高度进行调节，保持车身高度基本不随载荷的变化而变化，同时还可以在汽车起步、转向、制动以及前、后、左、右车轮载荷相应变化时，调整车轮悬架刚度，提高汽车抗俯仰、抗侧倾的能力，维持车身高度基本不变。

光电式车身高度传感器的结构与外形如图6-34所示。该传感器主要由传感器轴、光电元件及透光板组成,其中传感器轴通过导杆与拉紧螺栓的一端铰连(拉紧螺栓的另一端与后悬架臂相连),安装位置如图 6-35 所示。

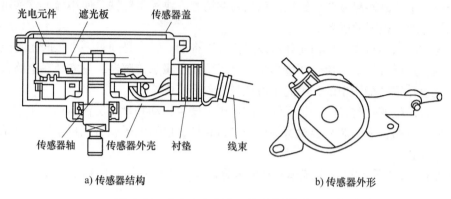

a) 传感器结构　　　　b) 传感器外形

图 6-34　光电式车身高度传感器结构与外形

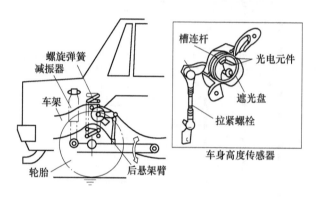

图 6-35　传感器的安装位置

光电式车身高度传感器的工作原理如图 6-36 所示。传感器的光电元件由发光二极管和光电晶体管组成,且分布在带孔的透光板的两侧;车身高度变化时,悬架的位移发生变化,与悬架连在一起的拉紧螺栓移动,从而带动导杆和传感器轴转动,传感器轴的转动带动透光板的转动,使发光二极管和光电晶体管之间时而透光,时而被透光板挡住,从而使光电晶体管导通与截止,进而使电路接通(ON)或断开(OFF)。传感器将这种电路的通断信号(即 ON、OFF 信号)输入给悬架 ECU,ECU 根据输入的信号检测出透光板的转动角度,即可检测出车身高度的变化。

(2)光电式车身高度传感器的检测

1)电源的检测。拔下传感器插头,接通点火开关,检测线束插接器上的电源端子电压应为 12V。

2)信号电压的检测。拔下车身高度传感器连接插头,用导线将插头两端的电源连接起来,使传感器外壳搭铁,接通点火开关,慢慢转动传感器轴,用万用表测量插头上信号插孔输出的电压。如果电压在 0~1V 之间变化,说明传感器工作性能良好,否则,应更换车身高度传感器。

3)信号电压波形的检测。用汽车专用示波器检测,其输出信号应为矩形方波。

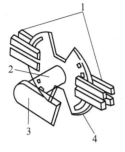 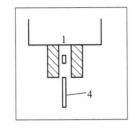 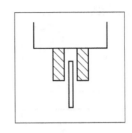

a) ON 状态　　　　　　　b) OFF 状态

图 6-36　光电式车身高度传感器工作原理
1—光电元件　2—传感器轴　3—导杆　4—透光板

3. 舌簧开关式车身高度传感器

舌簧开关式车身高度传感器的结构如图 6-37 所示。舌簧开关式车身高度传感器有四组触点式开关，它们分别与两个晶体管相连，构成 4 个检测回路。用两个端子作为输出信号与悬架 ECU 连接。该传感器能够检测车身高度的四种状态，分别是低、正常、高、超高。

当车身高度调定为正常高度时，因乘员数量的增加，而使车身偏离正常高度。此时舌簧开关式车身高度传感器的另一对触点闭合，产生电信号输送给 ECU，ECU 随即做出车身高度偏低的判断，从而输出电信号到车身高度控制执行器，促使车身恢复正常高度。

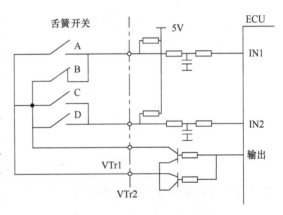

图 6-37　舌簧开关式车身高度传感器的结构和工作原理

舌簧开关式车身高度传感器在福特车型上应用较多。检测时，可以根据舌簧开关的特性，在不同的位置，使用万用表，检验四组舌簧开关的导通和关闭。

4. 滑动电阻式车身高度传感器

凌志 LS400 采用的是滑动电阻式车身高度传感器，其结构和原理与可变电阻式节气门位置传感器相同。

凌志 LS400 采用的滑动电阻式车身高度传感器电路如图 6-38 所示。

检测方法如下：

1) 检查传感器供电电压（以前部车身高度传感器为例）。拆下仪表板盒，将点火开关旋到"ON"位，将电压表正极、负极分别接到传感器的端子 2# 和端子 3# 之间，电压表的读数应为 5V 左右。如读数不符合要求，应检查悬架的 ECU 和线路。

2) 检查传感器信号电压（以前部车身高度传感器为例）。拆下车身高度传感器，在端子 2 与 3 之间施加约 4.5V 的电压，使控制杆缓慢地上、下移动。检查端子 1、3 之间的电压，正常位置时，电压为 2.3V；低位置时为 0.5~2.3V；高位置时为 2.3~4.1V。后部车身

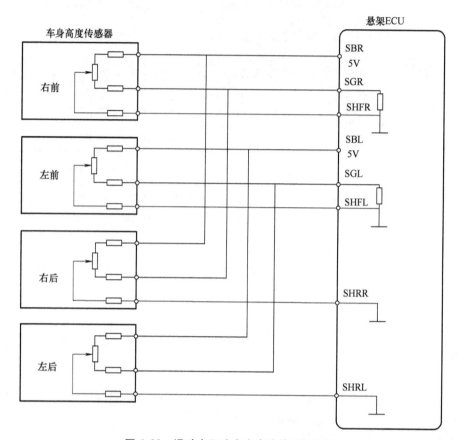

图 6-38 滑动电阻式车身高度传感器电路

高度传感器与前部车身高度传感器检查方法相同。

二、转角传感器

转向盘转角传感器主要用于车辆稳定控制系统、电动助力转向系统和电子悬架系统中，用于检测转向盘的中间位置、转动方向、转动角度和转动速度等转向信息，从而使相关控制单元实施不同的控制策略。

早期的转向盘转角传感器主要安装在转向轴管上来检测转向轴的旋转角度，如今的转向盘转角传感器，一般与螺旋电缆集成安装。

转向盘转角传感器主要有滑动电阻式、磁感应式、霍尔式、光电式、磁阻式，应用最广泛的是光电式转向盘转角传感器。

光电式转向盘转角传感器安装在转向轴管上，用于检测转向盘的中间位置、转动方向、转动角度和转动速度，即转向轮的偏转方向和偏转角度，并将所检测的信号输入给电子悬架控制系统 ECU，使电子悬架控制系统 ECU 根据转向盘转角传感器输入的信号和车速传感器输入的车速信号，判断汽车转向时侧向力的大小，从而对车身的侧倾进行控制。

1. 光电式转角传感器

（1）光电式转角传感器的结构与原理

光电式转角传感器的结构与安装位置如图 6-39 所示。转向圆盘（透光盘）安装在转向轴上，圆盘的圆周上均匀地开有很多小槽，圆盘随着转向主轴的旋转而旋转。加在圆盘两侧的是两组光电耦合元件（由发光二极管和光电晶体管组成），光电元件套在转向柱管上。

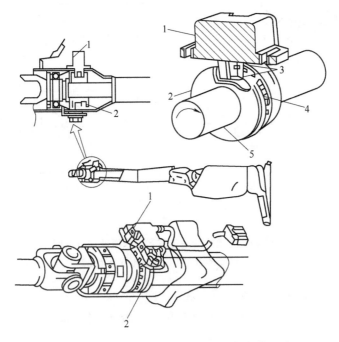

图 6-39　光电式转角传感器的结构与安装位置
1—转角传感器　2—转向圆盘（透光盘）　3—光电耦合元件　4—槽　5—转向轴

光电式转角传感器的工作原理如图 6-40a 所示。该传感器的工作原理与车身高度传感器的工作原理基本相同，都是利用带有槽的转向圆盘的转动，使圆盘一侧的发光二极管发出的光线透过圆盘的小槽或被圆盘挡住，从而使圆盘另一侧的光电晶体管导通与截止，进而使电路导通与截止，产生"ON"或"OFF"电压信号。不同的是转角传感器根据光电晶体管的导通、截止速度可检测出转向器的转动速度，根据检测到的脉冲信号的相位差可判断转向盘的转动方向。光电式转角传感器的电路如图 6-40b 所示。

从图 6-40 中可以看出，光电晶体管在透光盘的作用下，或者导通产生"ON"信号，或者截止产生"OFF"信号，根据光电晶体管的导通、截止速度，可以检测出转向器的转动速度。在设计时使两个光电耦合元件（晶体管 VT_1 和 VT_2）之间的导通与截止的相位差定在 90°，根据先导通的脉冲信号（波形下降）可以检测出转向器的旋转方向。如当汽车直线行驶时，信号 A 处于"OFF"状态（高电位）的中间位置，转向时，根据信号 A 下降沿处信号 B 的状态，即可判断出转向的方向。当信号 A 由"OFF"状态变为"ON"状态（低电位）时，如果信号 B 为"ON"状态，则为左转向，如果信号 B 为"OFF"状态，则为右转向，如图 6-41 所示。

（2）光电式转角传感器检测

光电式转角传感器的检测方法如下：

1）将转向盘置于汽车直线行驶位置。

2）将模式选择开关切换到 NORMA1 位置。

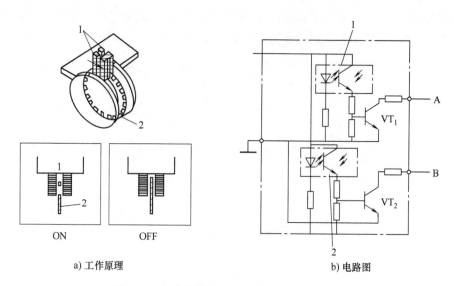

图 6-40　光电式转角传感器工作原理与电路图
1—光电耦合元件 1　2—光电耦合元件 2

3）短接诊断插接器的端子 16（TS）和 3（E1）。

4）接通点火开关，此时指示灯 S 和 F 应闪烁。否则，应修理或更换模式选择开关、诊断插接器或 ECU。

5）向右转动转向盘 0.01~0.08 圈，此时，指示灯 F 闪烁，指示灯 S 熄灭。

6）重复以上步骤并向左转动转向盘，此时，指示灯 S 闪烁，指示灯 F 熄灭。否则，应对转角传感器进行检查。

7）检查转角传感器插接器，如图 6-42 所示，端子 1 和 2 之间的电压应为 3.5~4.2V；否则应修理或更换。

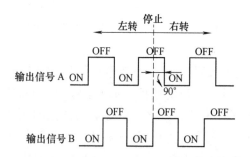

图 6-41　光电耦合元件输出端的动作状态

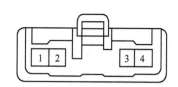

图 6-42　转角传感器插接器

8）缓慢转动转向盘，用电压表检查插接器端子 3、4 与端子 2 之间的电压应在 5~10V 变化（正极接端子 3、4）；否则，应修理或更换控制装置到转角传感器之间的电路。

9）检查转角传感器的窄槽圆盘是否弯曲变形或表面上是否有杂质。

2. 各向异性磁阻式转向盘转角传感器

磁性薄膜在平行于膜面的外磁场作用下达到饱和磁化时，薄膜的电阻率将随外磁场方向和电流方向的变化而变化，这种效应就是各向异性磁阻（AMR）效应。

(1) 结构

别克荣御 ESP 系统中使用了磁阻式转向盘转角传感器，转向盘转角传感器位于转向盘下面，其内部结构如图 6-43 所示，传感器原理框图如图 6-44 所示。

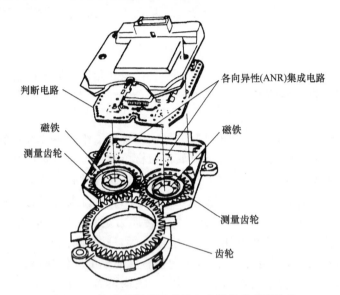

图 6-43　各向异性磁阻式转向盘转角传感器结构

图 6-44　各向异性磁阻式转向盘转角传感器原理框图

(2) 检测

别克荣御转向盘转角传感器的连接线路和各端子功用如图 6-45 所示。

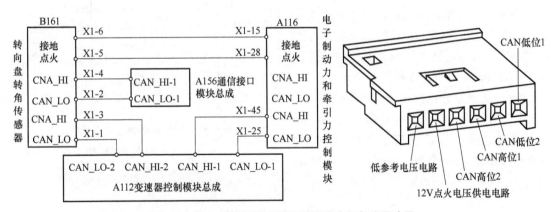

图 6-45　转向盘转角传感器的连接线路和各端子功用

检测方法如下：

1) 检测供电电压。关闭点火开关，脱开传感器插头，再将点火开关置于 ON 位置，使用万用表检测端子 5 号与端子 6 号之间的电压，应该为 12V，否则应检查线路。

2）解码器读取故障码。由于传感器信号通过 CAN 总线输出，因此通过解码器的自诊断检测是比较准确和快捷的方法。转向盘转角传感器出现故障，则会显示故障码 C0460。

3）校准转向盘转角传感器。电子控制单元监测并判断转向盘转角传感器的输出信号，当车辆沿直线行驶了 15min 或以上时，电子控制单元将该行驶方向设定为正前方向。可使用 Tech2 进行转向盘转角传感器校准，初始化传感器的具体操作步骤如下：

① 将转向盘置于车辆笔直向前的正中位置。

② 将 Tech2 连接到车辆上，并执行"Tech2 转向盘转角传感器校准程序"即可。

3. 新款皇冠分相器转矩传感器

（1）新皇冠电动助力转向系统结构

电动助力转向系统是由转向控制单元控制转向电动机工作来实现转向系统的助力，驾驶人操纵转向盘的转向，力矩通过转向齿轮和转向拉杆传到汽车的转向轮上；与此同时，电子控制单元根据目前驾驶人操纵转向盘而产生的转向力矩及当时的行驶车速，计算出所需要的转向助力。而所需的转向助力是通过调整电动机的电压和电流来实现的，所以转向轮上最终得到的转向力矩，是驾驶人操纵转向盘所产生的转向力矩和转向电动助力之和（后者远大于前者）。电动转向助力系统直接使用电源，它不消耗发动机的机械动力。

该车电动助力转向系统主要包括：由转向盘直接驱动的转矩传感器，其下部的小齿轮驱动齿条；转向电动机，装于转向管柱的中部；减速装置，采取与电动机转子内壳配套的循环球式减速装置；转角传感器，反映助力电动机的转角和转向；齿轮轴的外壳及左右横拉杆。

（2）电动助力转向系统基本工作原理

当驾驶人操作转向盘驱动转矩传感器的输入轴，经弹性转矩杆驱动输出轴，检测到输入轴与输出轴的转角差。转矩传感器输出电信号，同时输出转向信号到电动助力转向控制单元；电动助力转向控制单元根据车速传感器和转矩传感器计算出供给转向电动机的电流，获取助力；钢球和螺母将电动机旋转运动减速后，再转换为直线运动，以降低驾驶人的工作强度；转向控制单元将蓄电池电压提升到 27~34V，并且转换为三相交流电，增大转向功率；转角传感器反馈转向电动机的转角大小及转动方向到电动机控制单元。

（3）新皇冠分相器转矩传感器检测

1）电阻检测。转矩传感器与动力转向 ECU 总成之间的连接线路如图 6-46 所示，表 6-5 为插头端子名称，表 6-6 为标准电阻值。

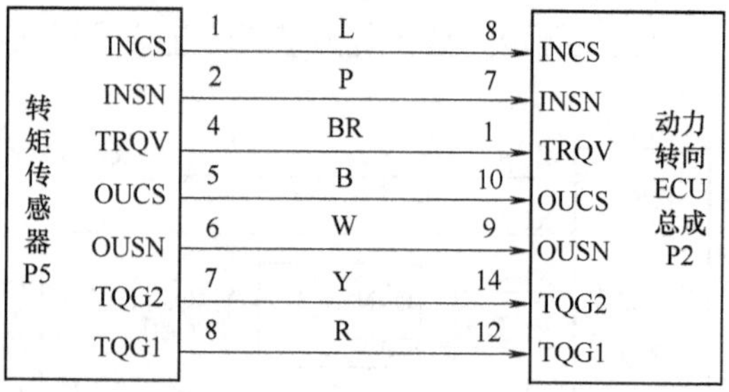

图 6-46 转矩传感器与动力转向 ECU 总成之间的连接线路

表 6-5 插头端子名称

端子号		线色	名　称
P5-4	P2-1（TRQV）	BR	转矩传感器电源（输入正弦脉冲信号）
P5-2	P2-7（INSN）	P	SIN 相位输出信号（转矩传感器输入轴侧）

(续)

端子号		线色	名　称
P5-1	P2-8（INCS）	L	COS 相位输出信号（转矩传感器输入轴侧）
P5-6	P2-9（OUSN）	W	SIN 相位输出信号（转矩传感器输出轴侧）
P5-5	P2-10（OUCS）	B	COS 相位输出信号（转矩传感器输出轴侧）
P5-8	P2-12（TQG1）	R	转矩传感器电源接地
P5-7	P2-14（TQG2）	Y	转矩传感器检测电路接地

表 6-6　标准电阻值

端　子	电阻/Ω
P5-1（INCS）与 P5-7（TQG1）	90～170
P5-2（INSN）与 P5-7（TQG2）	300～430
P5-4（TRQV）与 P5-7（TQG1）	4～14
P5-5（OUCS）与 P5-7（TQG2）	90～170
P5-6（OUSN）与 P5-7（TQG2）	300～430

2）EPS 系统出现故障时，EPS ECU 进行以下控制，点亮 VS 警告灯，启动失效保护功能，禁止转向动力控制。

第五节　液位传感器

汽车上使用的液位传感器有模拟量输出型和开关输出型两种类型。模拟量输出型液位传感器主要用于检测燃油箱油量。模拟量输出型液位传感器有浮子式、电热式、电容式等；开关输出型液位传感器主要用于测量制动液液位、洗涤液液位、冷却液液位，在液位减少到一定值时，产生开关接通、闭合转换。开关输出型液位传感器有热敏电阻式、浮子式和舌簧开关式三种类型。

一、浮子舌簧开关式液位传感器

1. 浮子舌簧开关式液位传感器的结构和原理

浮子舌簧开关式液位传感器由树脂圆管制成的轴和可沿其上下移动的环状浮子组成，如图 6-47 所示。在管状轴内装有舌簧开关（强磁性材料制成的触点），浮子内嵌有永久磁铁。舌簧开关内部是一对很薄的触点，随浮子位置的不同而闭合或断开，从而可以判定液量是多于规定值还是少于规定值。

当液位低于规定值时，浮子的位置低于规定值。由于浮子内嵌有永久磁铁，所以永久磁铁接近舌簧开关令磁力线从舌簧开关中通过，使舌簧开关内两金属触点产生吸引力，导致舌簧开关闭合，警告灯与搭铁接通而使警告灯点亮，如图 6-47b 所示。警告灯亮表明液位已低于规定值。

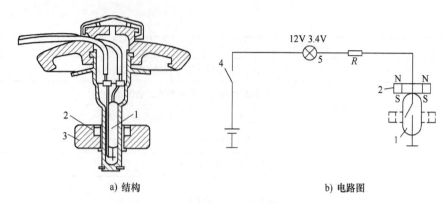

a) 结构　　　　　　　　　　b) 电路图

图 6-47　浮子舌簧开关式液位传感器

1—舌簧开关　2—永久磁铁　3—浮子　4—点火开关　5—警告灯

当液位达到规定值时，浮子位置上升到规定值，没有磁力线穿过舌簧开关内的磁体，在舌簧本身弹力作用下，舌簧开关的两触点打开，电路断开，警告灯熄灭。警告灯不亮表示液位在正常位置，符合要求。

浮子舌簧开关式液位传感器的工作原理如图 6-48 所示。

图 6-49 为浮子舌簧开关式液位传感器用于检测制动液液位时的报警系统电路。用于检测洗涤液液位和冷却液液位时的报警电路如图 6-50 所示。

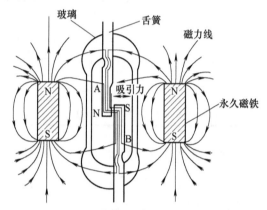

图 6-48　浮子舌簧开关式液位传感器工作原理

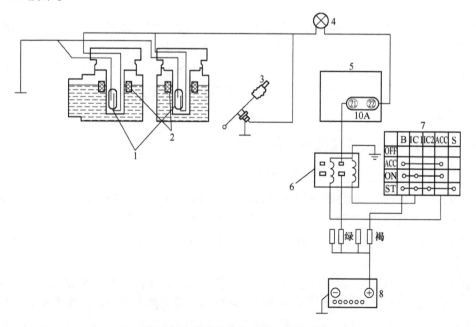

图 6-49　制动液液位报警系统电路图

1—舌簧开关　2—浮子　3—驻车制动器　4—警告灯　5—熔丝盒　6—继电器　7—点火开关　8—蓄电池

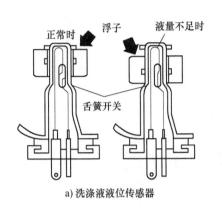
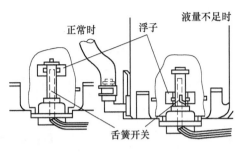

a) 洗涤液液位传感器　　　　　b) 冷却液液位传感器

图 6-50　浮子舌簧开关式液位传感器的使用

2. 浮子舌簧开关式液位传感器的检测

浮子舌簧开关式液位传感器常见故障是浮子损坏，舌簧弹性丧失不能工作。可用万用表测量传感器的两接线端子电阻，当浮子上下移动时，确认开关是否随之通断变化。具体检修方法如下：

万用表置于电阻档，表笔接浮子舌簧开关式液位传感器的两端。当浮子向下移动时，两端子之间导通（电阻值为 0），如图 6-51 所示。

当浮子向上移动时，两端子之间不导通（电阻值为∞）。若不符合要求，则应更换浮子舌簧开关式液位传感器。

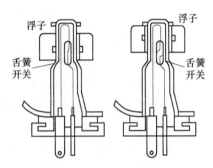

图 6-51　浮子舌簧开关式液位传感器电阻检测

二、浮子可变电阻式液位传感器

1. 浮子可变电阻式液位传感器的结构与原理

浮子可变电阻式液位传感器的结构如图 6-52 所示。浮子可变电阻式液位传感器由浮子、内装滑动电阻的电位器以及连接浮子和电位器的浮子臂组成。这种液位传感器的浮子可以随液位上、下移动，通过浮子的移动带动与其相连的浮子臂在滑动电阻上滑动，从而改变了搭铁与浮子间的电阻值，即改变了回路的电阻值。利用这一特性控制回路中的电流大小并在仪表上显示出来，即可表示液位高低。

汽车汽油油量表中使用的浮子可变电阻式液位传感器如图 6-53 所示。仪表与浮子可变电阻式液位传感器串联，当汽油满油箱时，浮子升到最高位置，滑动臂滑向低电阻方向，此时通过回路中的电流增大，使双金属片弯曲增大，指针指向 F 侧。当油箱内油量较少时，浮子降到较低的位置，滑动臂滑向高电阻方向，此时通过回路中

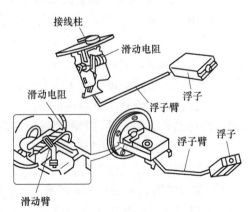

图 6-52　浮子可变电阻式液位传感器结构

的电流减小，仪表内双金属片弯曲变小，指针指向 E 侧，这样就可以通过指针的位置来判断油量的大小。

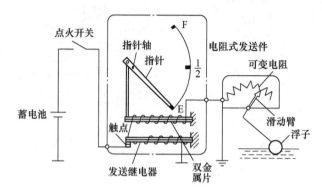

图 6-53　浮子可变电阻式液位传感器在燃油表中的应用

注：1/2 浮子的 E 位时，正好离燃油箱顶的距离为燃油箱深度的一半。

2. 浮子可变电阻式液位传感器的检测

用在燃油油量表中的浮子可变电阻式液位传感器的检查如图 6-54 所示。

液位传感器检修方法如图 6-54 所示。用万用表电阻档测量浮子位于不同位置时两端子 F 与 E 两点间的电阻。当燃油箱里的浮子由低部位移至高部位时，用万用表测量传感器插头 1、3 端子间的电阻，测量时变化要特别均匀，不得有接触不良和跳变现象。当 E 处电阻值大于 F 处电阻值，且从 E 处到 F 处变化过程中，阻值连续变化，说明传感器良好。若测量的电阻值不符合规定，则应更换浮子可变电阻式液位传感器。

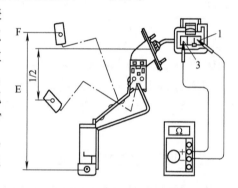

图 6-54　浮子可变电阻式液位传感器检查

三、热敏电阻式液位传感器

1. 热敏电阻式液位传感器的结构与原理

热敏电阻上加有电压时，就有电流通过，在电流的作用下，热敏电阻本身会发热。当热敏电阻置于燃油中时，其热量易散发，所以热敏电阻的温度不会升高而是其电阻值增加。反之，当燃油量减少，热敏电阻暴露在空气中时，因为其热量难以散发，所以热敏电阻的电阻值降低。当热敏电阻的电阻值下降到一定值时，线路中流过的电流增大到可以使继电器触点闭合，而使油面过低指示灯点亮报警。如图 6-55 所示，使用热敏电阻和指示灯组成的电路，通过指示灯的亮、灭，就可判断燃油量的多少。

2. 热敏电阻式液位传感器检测

热敏电阻式液位传感器的检测方法如下：

1）检查电阻。如图 6-56a 所示，从上至下改变浮筒位置时，用万用表电阻档检查燃油端子与搭铁端子之间的电阻变化情况。当浮筒处于不同位置时，燃油端子与搭铁端子之间的电阻值应符合规定。

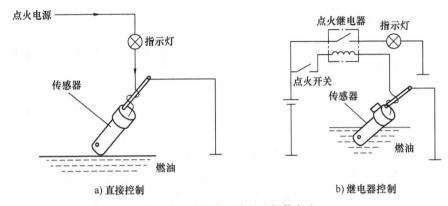

图 6-55　热敏电阻式燃油报警电路

2）检查液位警告灯。如图 6-56b 所示，从燃油表上拔下插头，然后闭合点火开关，把警告灯的一端搭铁，这时警告灯应该点亮。

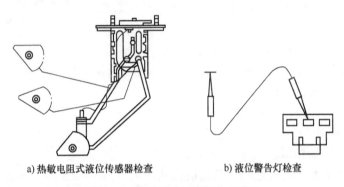

图 6-56　液位传感器及警告灯检查

3）检查燃油液位报警开关。检查时，取下燃油油量表的外壳，然后在报警端与搭铁端接入一只 12V、3.4W 的灯泡作为警告灯。当接上蓄电池时，警告灯应该点亮，如图 6-57 所示。将液位传感器放入水中，警告灯应该熄灭。

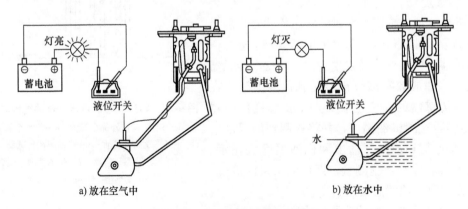

图 6-57　燃油液位报警开关检查

若检查不符合规定，则应更换液位传感器。

四、电容式液位传感器

电容式液位传感器的原理是利用在两电极之间油液面的高度不同会引起电容值的变化。电容两极不是导电材料,当电容式液位传感器浸在燃油中,电容量与电容两极浸入油液的深度有关,即与液位高低有关。利用电容量的变化可将液位高低转换成电信号的高低电平,以此制成电容式液位传感器。

电容式液位传感器常用作燃油、机油和冷却液液位的测量。如图6-58所示,将电容式液位传感器放入燃油或冷却液中,随着燃油或冷却液液面高度h发生变化,引起电容与电极间电介质的不同,使电容发生变化,电容的变化引起了振荡周期的变化,通过计算振动频率,就能获知液面状态。

现以帕萨特1.8L ANQ发动机为例,说明电容式液位传感器的结构与检测方法。

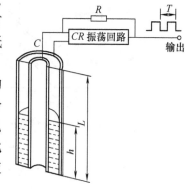

图6-58 电容式液位传感器构造示意图

(1) 电容式液位传感器的结构与原理

机油状态传感器是大众车系和奥迪车系所配备的反映机油状况的一个重要传感器,主要作用是随时监控机油液位、机油品质和机油温度。

如图6-59所示,大众车系机油状态液位传感器G1安装于发动机油底壳8上,该传感器由两个重叠安装的筒形电容器组成。两根金属管2、3作为电容器电极嵌套安装在电极之间,发动机机油4作为电介质。机油状态通过下面的机油状态传感器6测得,作为电介质的机油因磨损碎屑不断增加以及添加剂的分解而使介电常数发生变化,相应的电容值将在传感器内的电子装置7中被处理成数字信号,并作为发动机机油状态信息被传送给仪表ECU。机油液位传感器5在机油状态传感器6的上部,它测量机油液位这一部分的电容值,该电容值会随着机油液位的变化而发生变化,并将由传感器电子装置处理成数字信号再传送到仪表ECU。在机油状态传感器的底座上装有一个铂温度传感器9,该传感器检测机油温度,并将检测到的温度信号传送到仪表ECU,再输出到机油温度表显示。只要在输出信号端连续测量,即可测得机油液位、温度和发动机机油状态信号的变化。

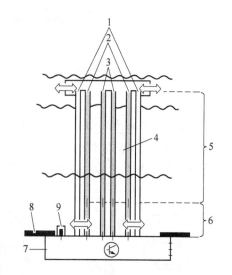

图6-59 机油状态液位传感器的结构与原理
1—壳体 2—外部金属管 3—内部金属管
4—发动机机油 5—机油液位传感器
6—机油状态传感器 7—传感器电子装置
8—油底壳 9—温度传感器

(2) 机油状态液位传感器的检测

机油状态液位传感器G1是一个三线式数字信号传感器,连接电路如图6-60所示。检测方法如下:

1) 供给电源检测。用数字式万用表直流 20V 档检测机油状态传感器 1 号端子，点火开关打开时，其电源端电压应是蓄电池电压。

2) 搭铁线检测。检测 2 号线与搭铁间电阻，正常值应为 0Ω，否则说明搭铁不正常。

3) 信号线参考电压检测。检测 3 号线信号电压应在 9.8 ~ 10.5V 范围内，在急速时测量电压值应基本不变化。

4) 解码器检测。使用 V. A. G1551 可以查询故障码，如果机油液位传感器本身或线路出现问题，会出现故障码 00562。

5) 波形检测。运用示波器对机油状态传感器输出端的信号进行波形分析，可以进一步确定该传感器信号特征。该信号是一个脉冲矩形方波信号。机油状态传感器波形如图 6-61 所示。

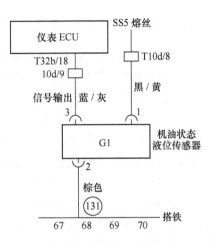

图 6-60 机油状态液位传感器 G1 的连接电路

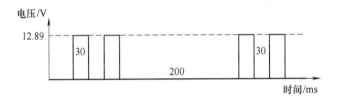

图 6-61 机油状态传感器波形

五、电热式液位传感器

电热式液位传感器是利用电阻温度系数大的材料制成电阻，在其两端施加电压来检测液位的变化。温度越高，电阻温升越高，电阻阻值越大。当把电阻浸入油液中时，其温度会下降，电阻阻值也随着下降，通过检测出电阻的变化即可获得燃油液位的变化。如图 6-62 所示，这种传感器是在金属箔上附着 Fe-Ni 薄膜做成薄膜电阻，制成电热式液位传感器。

东风汽车有限公司 DCI-11 发动机采用电热式机油液位传感器，液位的测量只在发动机停机时进行。机油液位探针安装在机油箱底部，停机时，ECU 每间隔 15s 在 1.75s 内送出 200mA 电流，热电阻的阻值会随着温度上升而发生变化。由于探针在机油和空气中散热能力的不同，所以热电阻的温度变化又与热金属丝探针浸在机油

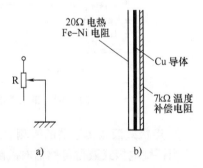

图 6-62 电热式液位传感器

油液中的深度有关系，即与机油油面位置有关。ECU 根据阻值的变化即可确定发动机机油液位。

六、电极式液位传感器

1. 电极式液位传感器的结构与原理

蓄电池液面报警系统利用电极式液面高度传感器测量液面高度,当蓄电池液面下降低于规定量时,蓄电池液面警告灯点亮,向驾驶人报警,以便对蓄电池进行维护。

电极式液位传感器的结构如图6-63所示,主要是装在蓄电池盖上的铅棒,铅棒起电极作用。当蓄电池电解液液面低于规定值时,警告灯亮,向驾驶人报警,以便对蓄电池进行维护。

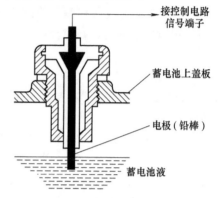

图6-63 电极式液位传感器的结构

蓄电池液位传感器、控制电路与警告灯的电路原理如图6-64所示。当电解液液位正常时,如图6-64a所示,铅棒浸在电解液中而产生电动势,晶体管VT_1导通,电流从蓄电池正极沿箭头方向经点火开关、晶体管VT_1再回到蓄电池的负极,因为A点电位接近于0,所以晶体管VT_2截止,警告灯不亮。当电解液液位不足时,如图6-64b所示,铅棒不能浸在电解液中,其上没有电动势产生,所以晶体管VT_1截止。这时,A点电位上升,晶体管VT_2的基极中有箭头方向所示的电流通过,晶体管VT_2导通,警告灯亮,通报电解液已不足。

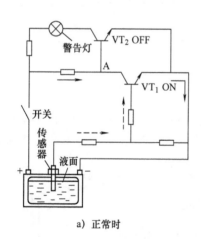

a) 正常时

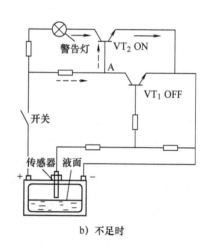

b) 不足时

图6-64 蓄电池液位传感器、控制电路与警告灯的电路原理

2. 电极式液位传感器的检测

当怀疑电极式液位传感器有故障时,可把要检测的传感器安装在液量正常的蓄电池上,对其进行性能试验。此时如试验灯不亮,则说明电极式液位传感器组件的性能良好。

首先检查蓄电池液面,如果液面正常,可以用下述方法对传感器和线路哪一部分损坏进行判定:拔掉传感器单线插头,将通向控制电路的线束侧插头与蓄电池正极直接相连,如果蓄电池液面警告灯熄灭,说明传感器有故障,应更换。

七、半导体型液位传感器

1. 半导体型液位传感器结构与原理

现以别克 G/GL/GS 系列轿车的传感器为例，介绍半导体型液位传感器的结构与原理。

别克 G/GL/GS 系列轿车的传感器使用半导体型发动机冷却液液位传感器，其连接电路如图 6-65 所示。

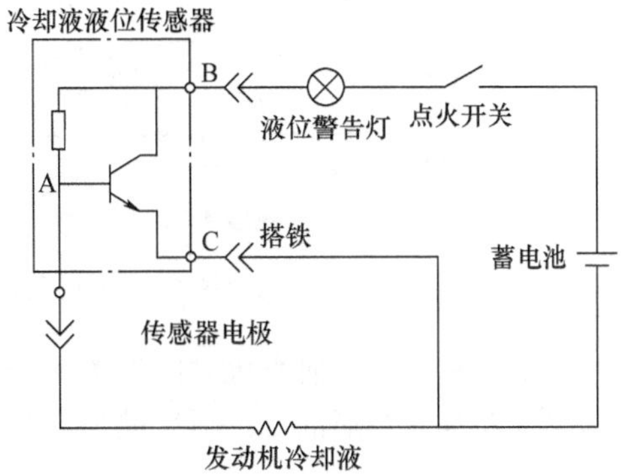

当点火钥匙处于"RUN"位置时，冷却液液位传感器的 B 端有蓄电池电压供给，传感器电极浸入发动机冷却液中，而发动机冷却液作为电介质被传感器电路视为电阻。

发动机冷却液液位传感器的内部电路类似于晶体管的工作原理，冷却液液位传感器的 B 端"+"电压不仅是发动机冷却液液位警告灯电路的一部分，同时也是冷却液液位传感器的内部电路的工作电压，C 端为搭铁端。

图 6-65 别克轿车半导体型液位传感器连接电路示意图

当发动机冷却液液位正常时，发动机冷却液导电能力相对较强，电阻较小，根据分压原理，基极电位（A 点电位）较低，晶体管截止，冷却液液位传感器的内部电路将使 C 端处于开路状态，则液位警告灯不亮。

反之，当发动机冷却液液位较低时，发动机冷却液电阻较大，根据分压原理，A 点电位较高，晶体管导通，冷却液液位传感器的内部电路使 B 端和 C 端导通，则液位警告灯点亮。

2. 半导体型液位传感器的检测

半导体型液位传感器的检测方法如下：

1) 检测时，关闭点火开关，断开冷却液液位传感器插头，打开点火开关，首先检测 B 端是否有蓄电池电压，检查 C 端搭铁是否正常。如果不正常，则应检查线路。

2) 检查发动机冷却液液位传感器 B 端与 C 端的线路是否有短路现象。传感器的 B、C 端之间并非电阻信号，因此在冷却液液位正常的情况下，传感器本体的 B、C 间不应导通。拔出冷却液液位传感器，则 B、C 间应导通，检测时应注意表笔的正负极不要接反。

3) 在发动机冷却液液位正常的情况下，发动机液位警告灯依旧点亮，此时应检查液位警告灯至液位传感器 B 端的线路是否有短路现象。

第六节　溢流环位置传感器

随着柴油机电子控制技术的发展，电子控制式 VE 型分配式喷油泵在柴油机上得到了广泛的应用。在该泵上需检测溢流环的位置，目前应用较广泛的是可调电感式溢流环位置传感器。

一、可调电感式溢流环位置传感器的结构与原理

溢流环位置传感器在电子控制式柴油喷射装置上，用来检测溢流环的位置，实现电子控制喷油量的控制。该传感器的工作原理如图 6-66 所示，在线圈内部有铁心，铁心与被检测

位置的部件一起动作。当铁心上下移动时,线圈的电感发生变化,输出的信号也随之变化。根据输出信号的大小,即可检测出被测部件的位置,从而实现对喷油量的瞬时控制。

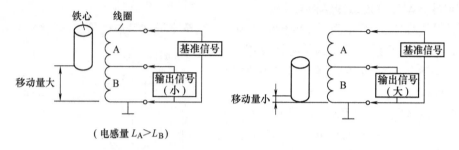

图 6-66　可调电感式溢流环位置传感器的工作原理

电子控制柴油喷射系统简图如图 6-67 所示。该系统目的是根据位置传感器检测出溢油环的位置即实际的喷油量,再反馈到 ECU 中,保证电子控制的精确性、准确性。

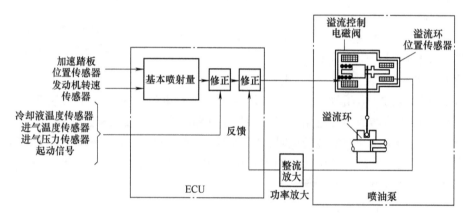

图 6-67　电子控制柴油喷射系统简图

二、可调电感式溢流环位置传感器的检测

可调电感式溢流环位置传感器的常见故障是线圈断路或短路,检测时可用万用表电阻档测量端子间的电阻值来判断其是否良好,标准电阻值可参考有关维修手册。若电阻为 0Ω 或 ∞,则须更换该传感器。

第七节　加速踏板位置传感器

加速踏板位置传感器,简称 APP(Accelerator Pedal Position Sensor)。它是随着智能电子节气门、柴油共轨系统而出现的一种新的位置检测装置。其功用是将驾驶人踩下加速踏板的速度和移动量转换成电子信号输入发动机 ECU。

在装用传统柴油机的汽车上,驾驶人通过加速踏板由机械装置直接控制高压油泵来实现循环供油量控制,而在装用电控柴油机的汽车上,利用加速踏板位置传感器来检测加速踏板被驾驶人踩下的位置,并将加速踏板位置信号输送给 ECU,再由 ECU 通过控制供(喷)油量的执行元件来控制循环供(喷)油量。

常用的加速踏板位置传感器有电位计式和霍尔式两种类型。

一、电位计式加速踏板位置传感器

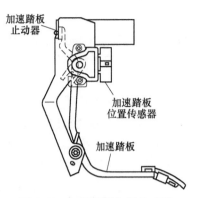

图 6-68 加速踏板位置传感器的安装位置

2004 款三菱 V73 轿车使用了安装在加速踏板总成内部的加速踏板位置传感器,该传感器为双电位计式传感器,如图 6-68 所示。两个电位计输出信号为同相,当电子加速踏板位置发生变化时,其电阻值同时线性增加或减小。传感器由控制单元提供 5V 参考电压,这样就能将电阻值变化转变为电压输出信号。加速踏板位置传感器的连接线路如图 6-69 所示。

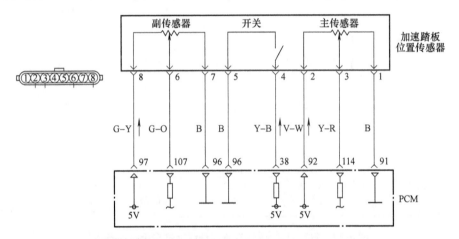

图 6-69 三菱 V73 轿车加速踏板位置传感器的连接线路

1. 电位计式加速踏板位置传感器的检测

(1) 电阻检测

关闭点火开关,断开加速踏板位置传感器,用万用表电阻档测量元件侧,端子间电阻值应符合表 6-7 规定。

表 6-7 标准电阻值

端 子		标准电阻值
1—2		3.5~6.5kΩ
7—8		
2—3		将加速踏板由怠速位置直至完全踏下,其电阻值应随加速踏板的踏下而平稳光滑地变化
6—8		
5 与搭铁间电阻		2Ω 以下
4—5	放松加速踏板	0
	踏下加速踏板	∞

(2) 电压检测

关闭点火开关,断开加速踏板位置传感器,打开点火开关,用万用表电压档检测线束侧 2 与搭铁间电压、8 与搭铁间电压,应在 4.9~5.1V 范围内,4 与搭铁间电压应在 4V 以上。

(3) 输出信号初始值检测

关闭点火开关,连接加速踏板位置传感器,打开点火开关,用万用表电压档检测线束侧 3 与搭铁、6 与搭铁间电压,其值应在 0.905~1.165V 之间。

2. 双可变电阻式加速踏板位置传感器检测示例

日产天籁、骐达/颐达车系加速踏板位置传感器为双可变电阻式。该传感器与天籁、骐达/颐达车系节气门位置传感器结构原理相同。其电路如图 6-70 所示。

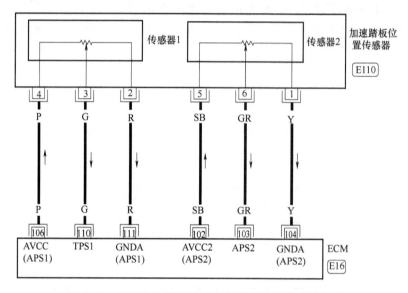

图 6-70　日产骐达/颐达汽车加速踏板位置传感器电路

检测方法如下:

打开点火开关,使用万用表直流电压档在加速踏板不同状态下检查 ECM 端口 110（APP 传感器 1#端子信号）、103（APP 传感器 2#端子信号）与接地之间的电压。检查结果应符合表 6-8。

表 6-8　传感器输出电压标准值

端　子	加速踏板	电压/V
110 (加速踏板位置传感器 1#端子)	完全释放	0.6~0.9
	完全踩下	3.9~4.7
103 (加速踏板位置传感器 2#端子)	完全释放	0.3~0.6
	完全踩下	1.95~2.4

二、双霍尔式加速踏板位置传感器

三菱格蓝迪轿车使用的双霍尔式加速踏板位置传感器,其连接线路如图 6-71 所示。传感器输出特性如图 6-72 所示。

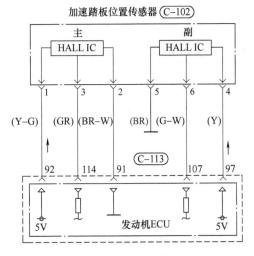

图 6-71 加速踏板传感器连接线路

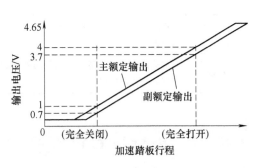

图 6-72 主传感器和副传感器的输出信号曲线

1. 工作电压的检测

利用霍尔效应工作的传感器需要供给一定的工作电压,因此首先进行电压测试。关闭点火开关,断开加速踏板位置传感器插头,再打开点火开关,用万用表的电压档测量 1—2、4—5 间是否有 5V 电压。如果没有,可能是线路损坏或 ECU 故障。

2. 输出信号的万用表检测

格蓝迪轿车使用的是线性霍尔式传感器,因此可以使用万用表进行模拟信号的检测。关闭点火开关,连接加速踏板位置传感器插头,再打开点火开关,用背插法分别检测 3—2、5—6 间的电压,其电压值应该随着加速踏板的踏下而连续改变,不应有断点或者突变,否则应检查或更换加速踏板位置传感器。

3. 解码器检测

在维修过程中,利用三菱专用解码器 MUT-Ⅲ读出电子控制节气门系统的数据流和故障码,从而准确、快速地判断故障部位。

1)加速踏板位置主传感器和副传感器的检查。点火开关处于"ON"位置,应用 MUT-Ⅲ,慢慢踩压加速踏板,从数据流读出 77 项——加速踏板位置传感器(副)和 78 项——加速踏板位置传感器(主)的电压数值,看电压数值是否可以随加速踏板的下压而同步变大。如果变化不同步或中间有断点,则加速踏板位置传感器线路或本体有故障。表 6-9 为传感器标准参数值。

表 6-9 传感器标准参数值

序 号	MUT-Ⅲ显示项目	条 件	正常值/V
78	加速踏板位置传感器(主)	点火开关"ON",松开加速踏板	0.9~1.2
78	加速踏板位置传感器(主)	点火开关"ON",完全踩下加速踏板	≥4.0
77	加速踏板位置传感器(副)	点火开关"ON",松开加速踏板	0.4~1.0
77	加速踏板位置传感器(副)	点火开关"ON",完全踩下加速踏板	≥3.6

2）故障码检测。利用 MUT-Ⅲ 的诊断功能，读出故障码，故障码及含义见表 6-10。

表 6-10 故障码及含义

DTC	故障码含义	DTC	故障码含义
P2122	加速踏板位置传感器（主）电路输入电压过低	P2123	加速踏板位置传感器（主）电路输入电压过高
P2127	加速踏板位置传感器（副）电路输入电压过低	P2128	加速踏板位置传感器（副）电路输入电压过高
P2138	加速踏板位置传感器（主传感器和副传感器）范围/性能故障		

第八节　齿杆位置传感器

齿杆位置传感器用于电控直列泵燃油系统中，其功用是检测喷油泵调节齿杆的位置。齿杆位置传感器安装在电控直列泵系统中电子调速器内，喷油泵齿杆罩上，如图 6-73 所示。

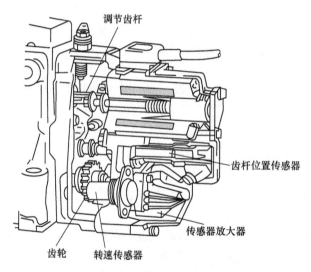

图 6-73　齿杆位置传感器的安装位置

齿杆位置传感器主要有差动变压器式、差动自感式和电涡流式三种类型。

一、差动变压器式齿杆位置传感器

差动变压器式齿杆位置传感器的结构和工作原理与变压器类似，由一次线圈、二次线圈、衔铁和线圈骨架组成，只不过它的铁心是可以移动的，使在二次线圈上感应的电压随铁心的位移成线性增加，其典型结构如图 6-74 所示。

二、差动自感式齿杆位置传感器

差动变压器式传感器的实质是按变压器线圈的互感原理工作。若将差动变压器式传感器

第六章 位置与角度传感器

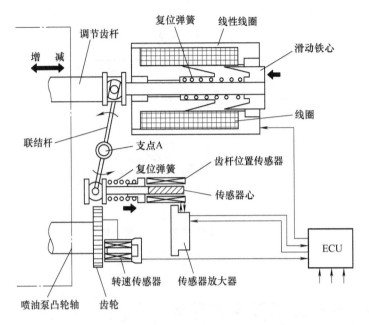

图 6-74 典型差动变压器式齿杆位置传感器的结构

中的一次线圈取消，只保留一次线圈两边的二次线圈，则就变成了差动自感式位置传感器。差动自感式位置传感器是变磁式位置传感器。

变磁式位置传感器由线圈、铁心和衔铁组成，其结构如图 6-75 所示。

差动螺管自感式位置传感器如图 6-76 所示。

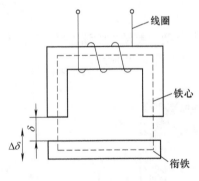

图 6-75 变磁式位置传感器

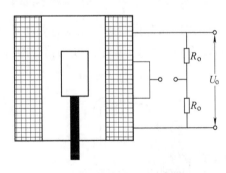

图 6-76 差动螺管自感式位置传感器

三、电涡流式齿杆位置传感器

电涡流传感器主要可分为高频反射式电涡流传感器和低频投射式电涡流传感器两类。高频反射式电涡流传感器的应用较为广泛。

典型电涡流式齿杆位置传感器的结构如图 6-77 所示。

齿杆位置传感器安装在调速器上部。齿杆位置传感器是由 E 字形芯片、两组线圈及铜板组成。一个铜板安装在调节齿杆的端部,另一个固定在 E 字形芯片上。

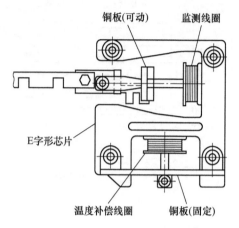

图 6-77　电涡流式齿杆位置传感器的结构

第九节　喷油器针阀升程传感器

喷油器针阀升程传感器主要用于电控分配泵柴油机中,用来确定喷油器喷油始点,对喷油器喷油始点进行闭环控制(根据发动机转速、发动机负荷和温度)。它安装在喷油器内部,用于电控燃油喷射系统中。差动式喷油器针阀升程传感器主要由电磁线圈、传动杆等组成,如图 6-78 所示。

差动式喷油器针阀升程传感器的电阻一般为 80~120Ω。

一、喷油器针阀升程传感器的结构

喷油器针阀升程传感器主要有差动式和霍尔式两大类型,差动式喷油器针阀升程传感器结构如图 6-78 所示。霍尔式喷油器针阀升程传感器结构如图 6-79 所示。

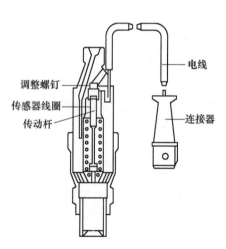

图 6-78　差动式喷油器针阀升程传感器

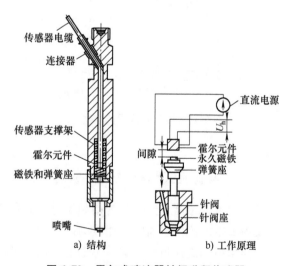

图 6-79　霍尔式喷油器针阀升程传感器

二、喷油器针阀升程传感器的检测

喷油器针阀升程传感器主要检测项目有供电电压、输出信号、波形、线路等。

1. 用万用表检测喷油器针阀升程传感器

以捷达 SDI 发动机为例，如果传感器失效，喷油器喷油始点信号转换到开环控制（根据发动机转速与发动机负荷）。在正常操作过程中，喷油器喷油始点信号能实现闭环控制（根据发动机转速、发动机负荷与温度）。

检测方法：

1）关闭点火开关，拔下喷油器针阀升程传感器插头。

2）测量插头两端子间电阻值（标定值：80~120Ω）。若达不到标定值，更换带针阀升程传感器的 3 缸喷油器。

3）若达到标定值，连接接线盒 V.A.G1598/31 至控制单元线束，根据电路图检查接线盒与插座间导线是否断路。检测点为端子 1 与插口 109，端子 2 与插口 101，导线电阻最大 1.5Ω。

4）检测导线间是否彼此短路。

5）对地短路或正极短路。若未发现故障，更换柴油机控制单元（J248）。

2. 用示波器测试喷油器针阀升程传感器

测试方法：连接好示波器，起动发动机，测试喷油器针阀升程传感器波形，如图 6-80 所示。若达不到标准值，则应更换带针阀升程传感器的 3 缸喷油器。

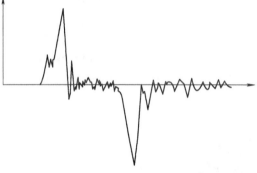

图 6-80 喷油器针阀升程传感器标准波形

第十节 座椅位置传感器

座椅位置传感器用于电控单元控制的动力座椅上，电控单元预先记忆座椅的位置状态（前后直立位置、斜躺角度、滑动位置等），再设定电钮操作，用电控单元自动调节座椅状态。使用时只需按指定按键开关，即能自动地调节到预先选定的位置。为了能够获得存储功能，必须有能够感测座椅位置的传感器来确定座椅的位置，即座椅位置传感器。

座椅位置传感器（4 种）的外形和构造如图 6-81 所示，其中座位滑移传感器、前后直立传感器安装在电动机壳内的蜗轮上，由霍尔元件和永久磁铁组成。斜躺传感器也是由霍尔元件和永久磁铁组成，它安装在斜躺电动机壳内的弧齿锥齿轮上。各传感器的安装位置如图 6-82 所示。

座椅位置传感器是通过霍尔元件将旋转永久磁铁的位置变化引起的磁通密度变化检测出来，并转换成电压，以脉冲信号的形式输入电控单元。座椅位置传感器与 ECU 的连接电路如图 6-83 所示，电控单元接受该信号来控制各电动机，可以根据记忆控制再现记忆位置。

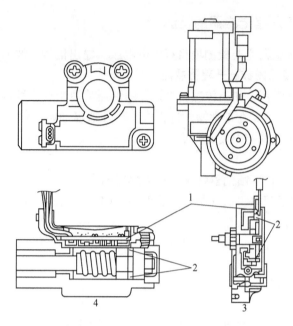

图6-81 座椅位置传感器外形与结构

1—霍尔元件 2—永久磁铁 3—靠背位置传感器 4—座位滑移传感器、前后直立传感器

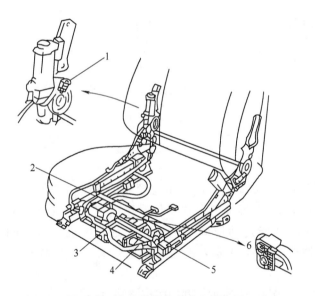

图6-82 座椅位置传感器安装位置

1—靠背用旋转传感器 2—电控单元 3—前垂直传感器
4—后垂直传感器 5—导轨用传感器 6—导轨垂直用传感器

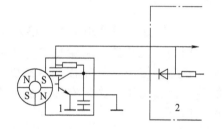

图6-83 座椅位置传感器与ECU连接电路

1—座椅位置传感器 2—位置控制用电控单元

1. 霍尔式座椅位置传感器

（1）霍尔式座椅位置传感器的结构与原理

带有记忆功能的座椅控制系统组成如图6-84所示。霍尔式座椅位置传感器与滑动调节电动机（滑动传感器）、升降电动机（升降传感器）、前部高度调节电动机（前部垂直高度

传感器）、靠背倾斜角度电动机（倾斜角度传感器）集成在一起，协同座椅存储器开关工作。

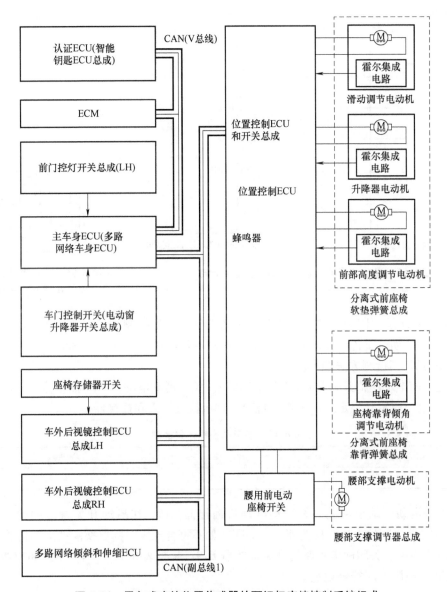

图6-84　霍尔式座椅位置传感器的可记忆座椅控制系统组成

在将座椅调整到适当位置后，由滑动位置传感器、前垂直位置传感器、后垂直位置传感器、靠背位置传感器来感测滑动、高度、前垂直、靠背位置，然后送进电动座椅ECU进行储存。

使用霍尔式座椅位置传感器，通过霍尔元件将座椅位置的变化（即永久磁铁的变化位置）引起的磁通密度变化检测出来，产生霍尔电压，以脉冲信号的形式输入电控单元。

（2）霍尔式座椅位置传感器的检测

下面以2016款丰田凯美瑞混合动力版车型的驾驶人侧座椅滑动电动机为例，介绍滑动座椅传感器的检测方法。

该车滑动传感器电路如图 6-85 所示；滑动电动机（集成滑动传感器）端子 E15 如图 6-86 所示。

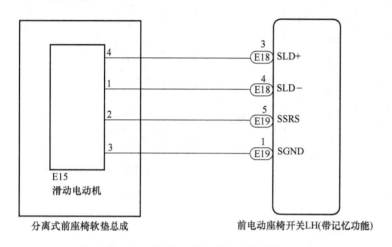

图 6-85　滑动电动机（集成滑动传感器）电路

图 6-86　滑动电动机（集成滑动传感器）端子 E15

如图 6-86 所示，E15 的 4#端子和 1#端子为滑动电动机控制端子；2#端子为滑动传感器信号端子。如滑动位置传感器故障，则前电动座椅控制 ECU 会存储 "B2650 滑动传感器故障" 的故障码。其检测方法如下。

1) 检查前电动座椅开关 LH（带记忆功能）。关闭滑动电动机 E15 插接器，根据表 6-11 检测电压，电压应符合规定。如不符合规定，则应检查线束和插接器。

表 6-11　前电动座椅开关检测

万用表连接	开关状态	规定状态
E15/2#—E13/3#	滑动开关 ON	4.8 ~ 5.1V

2) 检测滑动电动机。连接好滑动电动机插接器 E15，在滑动开关打开的状态下检测 E15 和车身接地之间的电压，应为 4.5 ~ 4.8V。如不符合规定，则更换滑动电动机总成。

3) 检查线束。关闭前电动座椅开关插接器 E19，根据表 6-12 检测线束之间或线束与车身接地之间的电阻，应符合规定。

表 6-12　线束和线束插接器 E19 检测

检测仪连接	条　件	规 定 状 态
E19-5（SSRS）—E15-2	始终	小于 1Ω
E19-1（SGND）—E15-3	始终	小于 1Ω
E19-5（SSRS）—车身接地	始终	10kΩ 或更大
E19-1（SGND）—车身接地	始终	10kΩ 或更大

关闭前电动座椅开关插接器 E18，根据表 6-13 检测线束之间或线束与车身接地之间的电阻，应符合规定。

表6-13 线束和线束插接器 E18 检测

检测仪连接	条件	规定状态
E18-3（SLD+）—E15-4	始终	小于1Ω
E18-4（SLD-）—E15-1	始终	小于1Ω
E18-3（SLD+）—车身接地	始终	10kΩ 或更大
E18-4（SLD-）—车身接地	始终	10kΩ 或更大

4）滑动电动机测试。关闭滑动电动机插接器 E15，在端子 4 和端子 1 上分别施加正、负蓄电池电压，检查座椅是否平稳移动。检查结果应符合表 6-14 所示。

表6-14 滑动电动机的测试

检测条件	操作说明
蓄电池正极（+）→端子4 蓄电池负极（-）→端子1	座椅软垫向前移动
蓄电池正极（+）→端子4 蓄电池负极（-）→端子1	座椅软垫向后移动

2. 滑动电阻式座椅位置传感器

滑动电阻式座椅位置传感器主要由壳体、螺杆、滑块、电阻组成。它的作用是将座椅的位置转变成电压信号输送给电子模块存储起来。其基本原理是当调节座椅时，电动机将动力传给螺杆，使螺杆转动，螺杆又带动滑块在电阻丝上滑移，于是改变了电阻值。当座椅的位置调定后，将电压输送给电子模块，驾驶人只要按下存储按钮，就能将选定的调节位置进行存储并作为重新调节的基准。使用时只要按指定的按键，座椅就会调节到预先选定的座椅位置上。

由于座椅位置传感器使用滑动电阻式，因此可以用检测一般滑动电阻的方法来进行检查。首先检查供给参考电压和搭铁线路是否正常，然后检测滑动电阻的总阻值，以及在滑动的过程中电阻是否有短路、断路现象。

第十一节 方位传感器

一、磁通量闸门式方位传感器

方位传感器从电磁的角度看，它是利用地磁产生电信号进行检测的传感器，可应用于车辆的导航系统，以指示方向偏差。图 6-87a 为其方向指示的原理图，励磁线圈可在环状磁心上产生方向、强度呈周期变化的交变磁场。若测定检测线圈 X、Y 的输出电压，就可知道如图 6-87b 所示的方位了。

丰田轿车导向系统安装位置如图 6-88 所示。该系统由操纵部分、显示部分、地磁方位传感器和行驶距离传感器等组成，它通过电控单元完成显示功能、方位的距离计算和修正计算，其电路如图 6-89 所示。

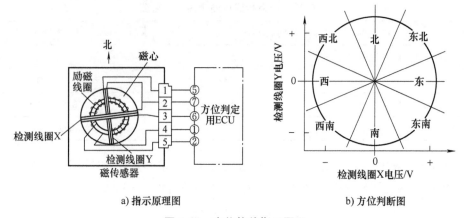

a) 指示原理图　　　　　　　　b) 方位判断图

图 6-87　方位偏差指示原理

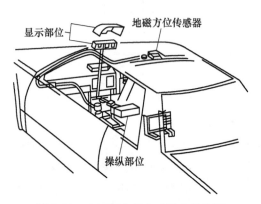

图 6-88　丰田轿车导向系统安装位置

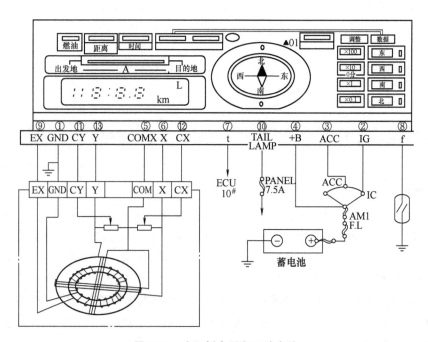

图 6-89　丰田轿车导向系统电路

导向系统的工作原理：首先从地图上找出从出发地到目的地的东西方向距离 a，南北方向距离 b，输入到系统的操纵部分，同时也把到目的地的直线距离 i_0 输入到电控单元中，如图 6-90 所示。当车辆行驶后，无论车辆在哪个方向上移动，地磁方位传感器都能检测出绝对方向 θ_1，并将其显示在仪表板上，而且通过电控单元计算距离目的地的方向 θ_2 和距离 l，并显示出来。

二、双线圈发电机型地磁矢量方位传感器

日产公司研制的导向系统使用双线圈发电机型地磁矢量方位传感器，如图 6-91

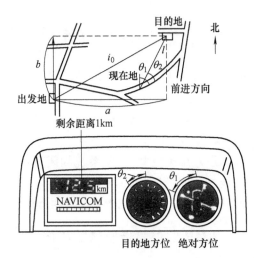

图 6-90 导向系统的工作原理

所示。这种方位传感器的上、下线圈的相位相反，所以垂直方向的磁感应电动势互相抵消。如果改用电动机转动线圈和铁心，地磁的水平分量（图 6-92）使铁心中的磁通密度发生变化，从而建立磁场。在图 6-92 中 a 所示位置，磁场方向朝内；在 6-92 中 b 所示位置，磁场强度为零；在图 6-92 中 c 所示位置，磁场方向朝外。所以，在地磁检测线圈中，产生一个正弦交变电压，其相位由地磁场的方位决定。另外，由光电断续器发生相位固定的脉冲信号，根据这两个输出信号的相位差，可以检测出地磁的方向，由此可检测出汽车的方位。

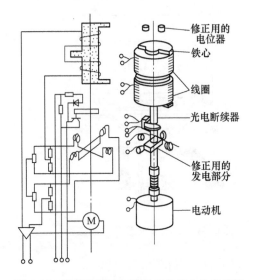

图 6-91 双线圈发电机型地磁矢量方位传感器

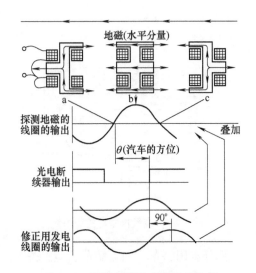

图 6-92 双线圈发电机型地磁矢量方位传感器的原理
a—磁场方向朝内 b—磁场强度为零
c—磁场方向朝外

第十二节 EGR 阀位置传感器

废气再循环（Exhaust Gas Recirculation）系统简称 EGR 系统。EGR 系统在保证发动机动力性不降低的前提下，根据发动机的温度及负荷大小，将发动机排出的废气的一部分再送回进气管，和新鲜空气或新鲜混合气混合后再次进入气缸参加燃烧，使燃烧反应的速度减慢，从而降低 NO 的排放量，如图 6-93 所示。按照是否设置有反馈监测元件，废气再循环系统可以分为开环控制 EGR 系统和闭环控制 EGR 系统。闭环控制 EGR 系统与开环控制 EGR 系统相比，只是在 EGR 阀上增设一个 EGR 阀位置传感器作为反馈信号，用以监测 EGR 阀开度的大小，使 EGR 率保持在最佳值。

一、EGR 阀位置传感器的结构

EGR 阀位置传感器位于 EGR 阀的上部，一般使用电位计式传感器来检测 EGR 阀阀杆的上下移动位置，发动机 ECU 以此确定阀门开度的大小。

EGR 阀位置传感器结构如图 6-94 所示，EGR 阀阀针与电位计的滑动触点臂相连，占空比控制的 EGR 阀随着占空比的变化，控制的真空吸力也不同，引起 EGR 阀阀门开启的大小也不一样，阀杆上升的位移也不同。阀杆上升，推动与之相连的滑动触点臂的位置发生变化，从而使滑动触点在滑动电阻上滑动，产生不同的电压信号，这个信号会传递到发动机 ECU，发动机 ECU 以此监视 EGR 阀的位置，确保阀门对 ECU 的指令做出正确的响应，从而调整和修正 EGR 阀开启时刻和占空比，精确控制再循环量的大小，以减小排放、改善性能。

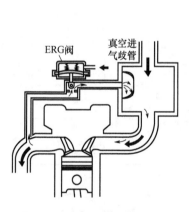

图 6-93 废气再循环控制系统

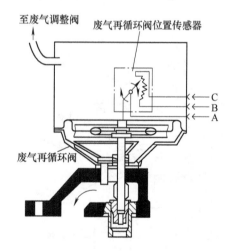

图 6-94 EGR 阀位置传感器结构

部分本田轿车、别克轿车、丰田轿车上安装有 EGR 阀位置传感器。

二、EGR 阀位置传感器的检测

1. EGR 阀位置传感器的检测方法

电位计式 EGR 阀位置传感器与 ECU 之间的连接电路如图 6-95 所示。

(1) 供电的检测

在拆下电位计式 EGR 阀位置传感器插接器的情况下,打开点火开关,采用数字式万用表电压档检测传感器 D 端子与搭铁之间的 5V 供电电压是否正常。

关闭点火开关,采用万用表电阻档,检测 B 端子与搭铁之间的电阻值,该电阻值应近于 0Ω,否则说明搭铁不良。

(2) 输出电压的检测

在连接好电位计式 EGR 阀位置传感器插接器的情况下,打开点火开关,采用万用表电压档检测传感器 C 端子与搭铁之间的电

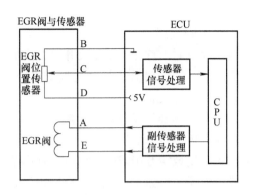

图 6-95 电位计式 EGR 阀位置传感器与 ECU 之间的连接电路

压,该电压在 EGR 阀全关闭时应在 0.14~1.2V 之间(车型不同电压值不一样,以下均同);采用手动打开 EGR 阀时,该信号电压会随着 EGR 阀开度的变化而改变,全开时在 4.5~5V。

(3) 电阻的检测

在拆下电位计式 EGR 阀位置传感器插接器的情况下,采用万用表电阻档单独检测传感器 B 与 D 端子之间的电阻值应在 4.7~5.5Ω,B 与 C 端子之间的电阻值应随 EGR 阀开度的变化而发生改变。

EGR 阀位置传感器通常与 EGR 阀制成一体,不可单独维修,如有问题只能随 EGR 阀一起更换。

2. EGR 阀位置传感器检测示例

上海别克废气再循环系统 EGR 阀位置传感器的连接电路如图 6-96 所示。废气再循环真空控制电磁阀和废气再循环 EGR 阀位置传感器共用一个 5 针插头,灰色连接的端子 A、白色连接的端子 E 分别和发动机控制单元 PCM 连接,采用正极驱动器和 PCM 中的搭铁电路控制,用于废气再循环真空控制电磁阀的驱动。另外 3 条为电位计式的废气再循环 EGR 阀位置传感器所使用,它能够监视 EGR 阀的位置,确保阀门对 PCM 的指令做出正确的

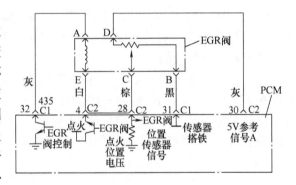

图 6-96 上海别克废气再循环系统 EGR 阀位置传感器的连接电路

响应。电位计的 D 端子为 5V 参考电源、B 端子为搭铁端子、C 端子为信号输出端子。

(1) 故障征兆判断法

当发动机在怠速、低速小负荷及冷机时,发动机控制单元控制废气不参与再循环,避免发动机性能受到影响。因此,一旦发动机的 EGR 系统出现故障,特别是在发动机怠速、低速、小负荷及冷机工况时,使得废气参与再循环,将会影响发动机混合气的正常燃烧,导致发动机怠速不稳、加速不稳、汽车行驶无力等故障现象,从而影响发

动机动力性。

(2) 电阻检测

电阻检测时,首先关闭点火开关,拔掉 EGR 阀位置传感器线束插头,对传感器本体进行电阻测量。插座端子 B 与 D 之间的电阻应为 4.92kΩ,插座端子 B 与 C 之间的电阻应随 EGR 阀开度的变化而变化。

(3) 外部电压和信号电压检测

在检查传感器外部供电电压时,打开点火开关至"ON"位置,断开 EGR 阀位置传感器线束插头,用数字万用表电压档检查 D 端子与搭铁端电压,应有 5V 参考电压;检查 B 端子与搭铁端电压,应为 0V。连接 EGR 阀位置传感器线束插头,测量 C 端子信号电压。在 EGR 阀全关闭时为 0.14~1.0V;用手动打开 EGR 阀,其信号电压随着 EGR 阀开度的变化而变化,全开时为 4.5~4.8V。如果测量结果不符合要求,则应更换 EGR 阀。

(4) 解码器检测法

如果废气再循环系统 EGR 阀位置传感器有故障,会出现故障码。其含义如下:

1) 故障码 P0403-EGR 阀控制线路故障。如果电路功能失效,驱动器向 PCM 发送信号,设置 DTC P0403(EGR 电磁阀控制电路不良)故障码。

2) 故障码 P0404-EGR 阀打开位置不正确。在 EGR 阀打开时,PCM 将真实的 EGR 阀位置与要求的位置比较,如果真实位置小于要求位置 15%,将设置 DTC P0404(EGR 阀打开位置性能)的故障码。此故障一般为 EGR 枢轴或轴座积炭过多引起。

3) 故障码 P0405-EGR 阀位置传感器信号电压低。如果 PCM 检测到 EGR 阀位置传感器反馈的电压低于 0.14V,将设置 DTC P0405(EGR 阀位置传感器电压过低)的故障码。

4) 故障码 P1404-EGR 阀关闭不严。如果 PCM 指令 EGR 阀关闭时,真实的 EGR 阀位置仍指示 EGR 阀处于打开的位置,将设置 DTC P1404(EGR 阀卡滞)的故障码。

(5) 输出波形检测

将示波器信号测量线探针插入传感器信号线中,起动发动机加速,观察波形变化情况,如图 6-97 所示。当 EGR 阀打开时波形上升,这时废气排放;当 EGR 阀关闭时,波形下降,这时限制废气排出。汽车急速时,EGR 阀是关闭的,不需要废气再循环;汽车正常加速时,EGR 阀开大;汽车减速时,EGR 阀也是关闭的。

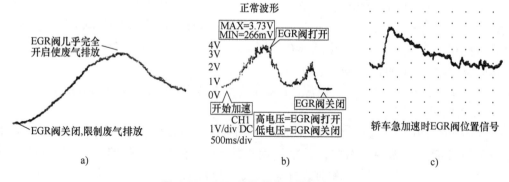

图 6-97 EGR 阀位置传感器输出波形

第十三节　距离传感器

目前测定汽车之间或汽车与物体之间距离的方法，根据检测介质的不同，主要有超声波法、红外法、激光法和微波雷达法等几种。

1) 激光法和红外法，由于其检测面太小，探头需要光学窗口，容易被泥沙遮挡，而且在近距离上发挥不理想，因此在汽车上应用较少。

2) 超声波是超过人耳听觉上限的"声波"，频率范围在 20~500kHz，是一种人耳听不到的"声波"。超声波产生于机械振动，在空气中传播速度和声音相同，约 340m/s。超声波探测距离相对较短，测距范围在 0.1~3m 之间。防水、防尘，少量的泥沙遮挡也无妨。目前主要应用在车辆倒车控制系统中。常见的超声波传感器频率为 40 kHz。

3) 电磁波是由不断变化的电场和磁场互相激发形成的，传播速度和光速相等，约为 300000km/s。微波雷达常采用毫米波作为探测介质，故也可称为毫米波雷达。微波具有探测距离远、穿透能力强、运行可靠以及实时性佳等优点，并且检测性能受环境及天气等外界因素的影响较小，可直接探测获得车辆与前方目标车的距离和相对速度信息。因此常被用在汽车主动安全系统中，如自适应巡航控制系统 ACC、预碰撞安全系统中。

超声波传感器主要由能产生超声波和接收超声波的装置以及信号处理装置构成，习惯上称为超声波换能器或超声波探头。超声波探头有压电式、磁致伸缩式、电磁式等，汽车用的超声波传感器主要是压电式。

一、压电式超声波传感器

1. 压电式超声波传感器的结构与原理

压电式超声波传感器采用了压电元件锆钛化铅，一般称为 PZT。这种传感器的特点在于它具有方向性，其结构如图 6-98 所示。

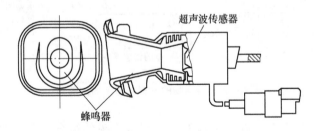

图 6-98　压电式超声波传感器的结构

压电式超声波传感器的发射器是利用压电材料的压电效应工作的。当在压电材料上施加交变电压时，就会使压电元件产生机械振动从而产生超声波。

压电式超声波接收器一般是利用压电材料的逆效应进行工作的，其结构和超声波发生器基本相同，有时就用一个换能器兼做发生器和接收器两种用途。当超声波作用到压电材料上时会使压电材料收缩，在晶片的两个界面上便产生了交变电荷，这种电荷转换成电压经放大后送到测量电路，最后记录或显示出来。

汽车用超声波传感器根据探测距离分为短距离和中距离两种类型。短距离超声波传感器的检测距离约为50cm，中距离超声波传感器的检测距离约为2m。

2. 采用超声波传感器的倒车系统

超声波传感器在汽车上的主要应用就是汽车倒车系统。汽车倒车系统采用的是中距离超声波传感器。此系统有两对超声波传感器，并均匀地分布在汽车后保险杠上，其中两个为发射器，两个为接收器，如图6-99所示，该系统由ECU进行自动检测、控制、显示及报警。

图6-99 倒车系统的组成

障碍物的位置和显示器的关系如图6-100所示。其中T_1、T_2为倒车超声波传感器的发射头，R_1、R_2为接收头。发射头以15次/s的频率向后发射40kHz的超声波脉冲，如果车后有障碍物，则超声波被反射到接收头，根据超声波的往返时间，可以确定障碍物到汽车的距离。不同的距离采用不同的报警方式，从而可用不同的声音区别不同的距离范围。当距离为1～2m时，发出"嘟嘟"两声短音；当距离为0.5～1m时，发出"嘟嘟嘟"三声短音；当距离为0.5m以内时，发出"嘟"一声长音。

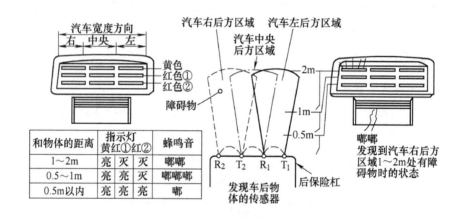

图6-100 障碍物的位置与显示器的关系

而障碍物的位置是根据不同传感器发射头与接收头的组合而获得的。在倒车时，ECU控制左方发射头T_1与右方接收头R_1工作，覆盖左后方区域；用T_2和R_1覆盖正后方区域；用T_2和R_2覆盖右后方区域。这样，不同的组合巡回检测，即可确定障碍物在汽车后左、中或右的位置，如图6-100所示。

3. 超声波传感器的检测

现以现代伊兰特倒车雷达系统为例，说明超声波传感器的检测方法。

现代伊兰特倒车雷达系统由控制单元、检测障碍物的超声波传感器、发出警报音的报警器等部件组成。倒车雷达系统线路图如图6-101所示。

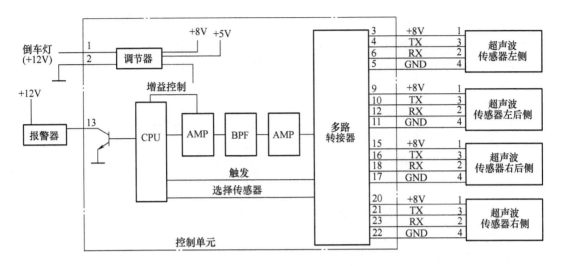

图 6-101　现代伊兰特倒车雷达系统线路图

（1）电源检测

由于超声波传感器使用的压电元件需要 8V 工作电压，因此首先要对供电回路进行检测：打开点火开关，断开传感器插头，将车辆挂入倒档，用万用表电压档测量控制单元侧的端子 1 与端子 4，应该有 8V 电压。如果没有，应检查控制单元是否从倒档开关处取得 12V 工作电压。

（2）利用故障诊断模式进行检测

系统出现故障时，打开故障诊断模式会按图 6-102 所示方式反复循环提示故障位置，因此，利用故障诊断模式的提示音可以方便地判断出是哪一个传感器出故障。

（3）信号的示波器检测

利用示波器，可以对超声波距离传感器的发射端子 TX 和接收端子 RX 进行检测。用示波器检测时，注意要在线束连接完好的情况下，将车辆挂入倒档，利用背插法进行，其信号应与图 6-103 所示波形相符。

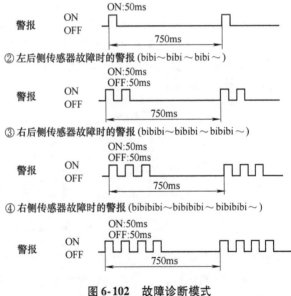

图 6-102　故障诊断模式

（4）经验判断法

在汽车进入倒车工作状态下，用耳朵贴近传感器表面，仔细听是否有轻微的"嘀哒"声（可与正常的传感器比较），如果响声正常，说明传感器的电源正常，检查传感器和控制器之间的信号连接是否正常。

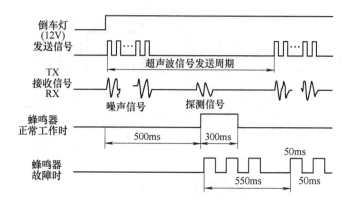

图 6-103 发射端子 TX 和接收端子 RX 的信号

二、激光传感器

激光雷达是以发射激光束来探测目标位置的雷达系统,其功能包含搜索和发现目标;检测其距离、速度、角位置等运动参数;检测目标反射率、散射截面和形状等特征参数。

激光雷达根据扫描机构的不同,有二维和三维两种。它们大部分都是靠旋转的反射镜将激光发射出去并通过检测发射光和从障碍物表面反射光之间的时间差来测距。三维激光雷达的反射镜还附加一定范围内俯仰,以达到面扫描的效果。

二维激光雷达和三维激光雷达在先进驾驶辅助系统上得到了广泛应用。

激光雷达是由激光发射系统、光电接收系统、信号采集处理系统、控制系统等组成,其简化结构如图 6-104 所示。

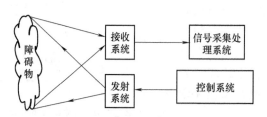

图 6-104 激光雷达系统的简化结构

激光雷达发射系统主要负责向障碍物发射激光信号;接收系统主要负责接收经障碍物反射之后回来的激光信息;信号采集处理系统主要负责将接收回来的信号进行处理,并响应下一级系统的需求,它是激光雷达系统最关键的环节,将直接影响激光雷达系统的检测精度;控制系统主要作用是提供信号并且对接收回来的信号进行数据处理。

三、电磁波测距传感器（毫米波雷达传感器）

1. 结构与原理

毫米波雷达是指工作频率介于微波和光之间,在 30~300GHz 频域（波长为 1~10mm,即毫米波波段）的雷达。

电磁波测距传感器又称雷达传感器,主要用于自适应巡航系统、自动泊车系统、倒车系统等,尤以自适应巡航系统和碰撞预测安全系统应用最为普遍。

毫米波雷达传感器总成由毫米波雷达电路、信号处理电路和 CPU 组成。车速不低于 2km/h 时,毫米波雷达输出雷达波。毫米波雷达使用 76.5GHz 波段的频率。

接收天线接收反射的毫米雷达波,信号处理电路通过计算接收天线接收到的信号检测物体的距离、相对速度和方向,然后将该信息传输至行驶辅助 ECU 总成。

毫米波雷达使用 30~300GHz 之间的频率和 1~10mm 的极短波长。碰撞预测安全系统的毫米波雷达传感器采用 76.5GHz 波段内的频率,毫米波雷达不易受天气状况,如雨、雾或雪的影响,具有良好的物体识别特性。因此,非常适用于碰撞预测安全系统和动态雷达巡航控制系统。

2. 毫米波雷达传感器的调整

毫米波雷达传感器信号不正常,会在碰撞预测安全系统控制单元中存储故障码。确定传感器信号不正常后,应先调整传感器,传感器本身不允许维修,只能更换总成。

水平调整传感器总成:确保车辆停在水平路面上。调整前需要先检查轮胎压力,并从车上卸下超重物,如行李。拆下冷气进气管密封。

清除毫米波雷达传感器水平支架上的尘土、油污和异物。在毫米波雷达传感器水平支架上固定水平仪。检查水平仪气泡是否在红色框内。如果气泡不在红色框内,则使用螺钉旋具调整螺栓,直到气泡在红色框内为止,如图 6-105 所示。调整方法如下。

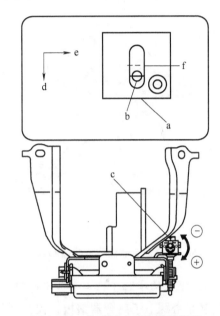

图 6-105 传感器水平调整示意图
a—等级 b—气泡 c—螺栓
d—车辆前部 e—车辆左侧 f—0°

向上调整,即将螺钉旋具向正(+)侧转动,螺钉旋具转动一圈时,调整约 0.12°。

向下调整,即将螺钉旋具向负(-)侧转动,螺钉旋具转动一圈时,调整约 0.12°。

第十四节 离合器位置传感器

1. 结构

目前在一些高档轿车上都加装有离合器位置传感器,当踩下离合器踏板时,喷油量会短时降低并借此防止换档过程中发动机转速迅速提高。另外,定速巡航也需要离合器开关提供信号,踩下离合器踏板,巡航解除。

大众车系的离合器位置传感器 G476(图 6-106)能切断定速巡航的控制,使换档时减少喷油保证换档平顺,此外还能识别离合器的接合状态。

离合器位置传感器用卡箍固定在离合器主缸上,主缸通过一个卡口连接件固定在支撑座上。当踩下离合器踏板时,推杆推动主缸内的活塞,借此可以识别是否踩下了离合器踏板。

离合器位置传感器 G476 内部原理如图 6-107 所示。

1）霍尔传感器 1 是一个数字传感器。它将电压信号发送到发动机 ECU，该信号用于关闭巡航控制系统。

2）霍尔传感器 2 是一个模拟传感器。它将一个频宽可调脉冲信号（PWM 信号）发送到电控机械驻车制动控制单元，这样就可监测到离合器踏板的准确位置，控制单元可在动态起步时，计算出驻车制动的最佳解除时间点。

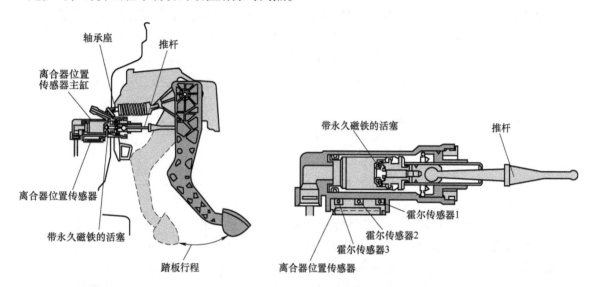

图 6-106　大众离合器位置传感器 G476　　　　图 6-107　离合器位置传感器 G476 内部原理图

3）霍尔传感器 3 是一个数字传感器。它将电压信号发送到车载电网控制单元。控制单元监测是否踩下了离合器踏板，仅在踩下离合器踏板的状态下可起动发动机（互锁功能），如图 6-108 所示。

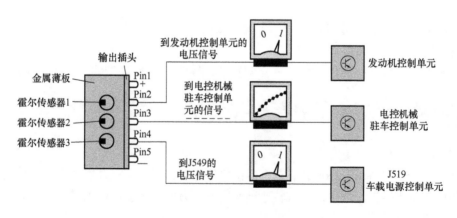

图 6-108　离合器电路控制

2. 离合器位置传感器的检测

正常情况下检测离合器开关的 2、3、4 号脚的电压是否正常，如图 6-109 所示。如果检测不符合标准，则应更换离合器位置传感器。

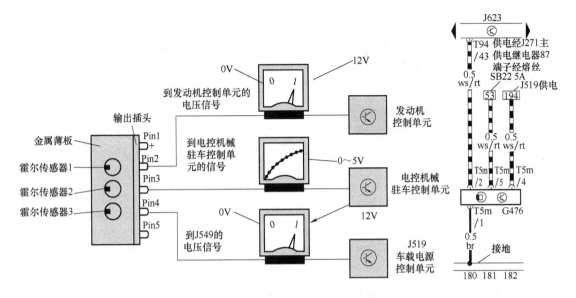

图 6-109　正常的离合器各端子的电压

G476—离合器位置传感器　T94—94 芯插头连接　T5m—5 芯 M 插头连接

复 习 题

一、填空题

1. 凸轮轴位置传感器，又称为（　　）。
2. 节气门位置传感器有（　　）和（　　）两种。
3. 霍尔式曲轴位置传感器是利用（　　）产生与曲轴转角相对应的电压脉冲信号的原理制定的。
4. 节气门位置传感器一般安装在（　　）本体上，并且可以随节气门一起转动，节气门开度大小的变化与（　　）的变化是一致的。
5. 压电式超声波传感器的发射器是利用压电材料的（　　）工作的。

二、简述题

1. 凸轮轴位置传感器的作用是什么？
2. 节气门位置传感器的作用是什么？

第七章 气体浓度传感器

在汽车上使用的气体浓度传感器主要有氧传感器、稀薄混合气传感器、全范围空燃比传感器和烟尘浓度传感器等。

氧传感器安装在发动机的排气管上,它的作用是通过检测排气中氧的含量来获得混合气空燃比的稀浓信号,并将检测结果变成电压信号输入ECU,ECU根据氧传感器的输入信号不断地对喷油脉宽进行修正,使混合气空燃比在理想范围内。当监测到的氧浓度较浓时,提供给发动机ECU的电压较高;监测到的氧浓度较稀时,提供给发动机ECU的电压较低。氧传感器可分为二氧化钛(TiO_2)式和二氧化锆(ZrO_2)式两种。

为降低排气污染,汽车发动机的排气管上普遍安装了三元催化转化器,它能净化排气中的CO、HC和NO_x三种有害气体成分,但三元催化转化器只在空燃比接近理论值(A/F = 14.7:1)的范围内起净化作用。当排气管中装上氧传感器,根据检测到的排气中的氧浓度信号,ECU可控制空燃比,使三元催化转化器更有效地起净化作用。

在稀燃发动机的空燃比反馈控制系统中,采用了稀燃传感器,这种传感器能够在混合气极稀薄的工况中,连续地测出稀薄混合气的空燃比,实现了稀薄燃烧的反馈控制。

全范围空燃比传感器(又称宽域空燃比传感器)能连续检测混合气从浓到稀的整个范围的空燃比。与普通的氧传感器相比,这样的传感器可以在发动机的整个运转范围内实现空燃比的反馈控制,在各个区域上实现最佳油耗、最佳排放及最佳运转性能。

烟尘浓度传感器用于空气净化装置中,该传感器通过检测烟尘浓度,可使空气净化器运转或停止,从而达到净化驾驶室的目的。

第一节 氧传感器

目前,汽车上采用的氧传感器有二氧化钛(TiO_2)式和二氧化锆(ZrO_2)式两种。二氧化锆式氧传感器又分为加热型氧传感器和非加热型氧传感器两种。二氧化钛式氧传感器本身就带有一个电加热器。

现代汽车大都在三元催化转化器的前、后端分别安装了氧传感器,称为双氧传感器系统,一个在三元催化转化器之前,称为主氧传感器或上游氧传感器,用于混合气反馈控制,发动机ECU根据主氧传感器的反馈信号,增加或减少喷油量,将实际空燃比控制在理论空燃比附近；另一个位于三元催化转化器之后，称为副氧传感器或下游氧传感器，用于监测三元催化转化器的净化效率。

一、二氧化锆式氧传感器

目前，大部分汽车使用带加热器的氧传感器，这种传感器在原来传感器的基础上，增加了一个陶瓷加热元件用于加热传感器，可在发动机起动后的 20~30s 内迅速将氧传感器加热至工作温度，扩大了空燃比闭环控制的工作范围，故又称为加热型氧传感器。

图 7-1 所示为三线制加热型二氧化锆氧传感器的结构图。

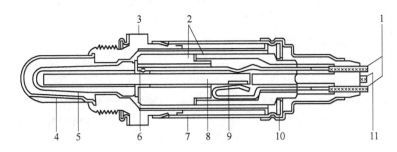

图 7-1 三线制加热型二氧化锆氧传感器的结构
1—加热电阻电缆 2—陶瓷管支承 3—壳体 4—带槽的保护套 5—二氧化锆 6—接触部
7—外保护套 8—加热元件 9—电加热插头 10—弹簧垫圈 11—氧传感器信号

氧传感器有一线制、两线制、三线制、四线制四种类型。一线制只有一根信号线与发动机 ECU 连接，传感器的另一极直接搭铁。两线制的两根线均与 ECU 相连，一根为信号线，另一根进入 ECU 后搭铁。三线制、四线制均属于加热型氧传感器，由于添加了两根加热电阻的接线，和氧传感器信号线组合成为三线制或四线制。加热电阻的两根接线，一根直接接控制继电器或主继电器，接受 12V 加热电源，一根由 ECU 控制搭铁端，控制加热电阻加热时间。

1. 二氧化锆式氧传感器的结构与原理

二氧化锆式氧传感器（非加热型）的结构如图 7-2 所示。

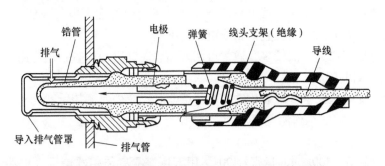

图 7-2 二氧化锆式氧传感器（非加热型）的结构

二氧化锆式氧传感器的基本元件是专用陶瓷体，即二氧化锆（ZrO_2）固体电解质，如图 7-2 所示。陶瓷体制成管状，亦称锆管，固定在带有安装螺纹的固定套中，锆管表面装有透气铂电极并配有护管及电插头，其内表面与大气相通，外表面与废气相通，并且在其外表面还加装了一个防护套管，套管上开有通气槽。锆管的陶瓷体是多孔的，允许氧渗入该固体电解质内，温度较高时（高于300℃），氧气发生电离，如果在陶瓷体内（大气）外（废气）侧的氧气浓度不同，就会在两个铂电极表面产生电压降，如图7-3所示。含氧量高的一侧为高电位。当混合气稀时，排气中所含氧多，两侧浓度差小，只产生小的电压；反之，当混合气浓时，产生高电压。二氧化锆式氧传感器的电压输出特性如图7-4所示。

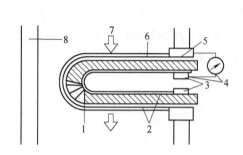

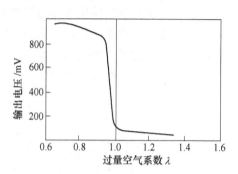

图7-3　二氧化锆式氧传感器
（非加热型）的工作原理

图7-4　二氧化锆式氧传感器（非加热型）
的电压输出特性

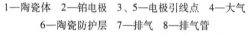

1—陶瓷体　2—铂电极　3、5—电极引线点　4—大气
6—陶瓷防护层　7—排气　8—排气管

随着排放法规越来越严格，现在，越来越多的车辆都在三元催化转化器的前后端分别安装了氧传感器，称为双氧传感器系统，一个在三元催化转化器之前，称为主氧传感器或上游氧传感器，用于混合气反馈控制，发动机ECU根据主氧传感器的反馈信号，增加或减少喷油量，将实际空燃比控制在理论空燃比附近；另一个位于三元催化转化器之后，称为副氧传感器或下游氧传感器，用于监测三元催化转化器的净化效率。

2. 二氧化锆式氧传感器的检测

要准确地完全保持混合气浓度为理论空燃比是不可能的。实际上，氧传感器对喷油器的反馈调节是动态的，只能使混合气在理论空燃比附近一个较小的范围内波动，氧传感器的输出电压在0.1~0.8V之间不断变化（通常每10s内变化8次以上）。如果氧传感器输出电压变化过缓（每10s内少于8次）或电压保持不变（不论保持在高电位或低电位），都表明氧传感器本体或线路有故障，需检查线路或更换传感器。

检测氧传感器好坏的方法较多，通常可用万用表对其进行检查，也可用专用仪器检测。

（1）万用表测电压法

采用万用表测电压法检查二氧化锆式氧传感器时，应先使氧传感器处于工作状态，也就是使它处于400℃以上的工作温度。

检测方法如下：

使发动机转速在2500r/min运行约90s，用万用表测氧传感器信号输出端电压。当发动机尾气浓时，氧传感器输出电压应为0.9~1V；当发动机尾气稀时，氧传感器输出电压应为0~0.1V；当氧传感器工作温度低于360℃时，氧传感器呈开路状态，无信号输出。

（2）氧传感器检测仪检测法

用氧传感器检测仪检测氧传感器时，检测方法同上，仅是用氧传感器检测仪代替上述的万用表。由氧传感器检测仪上指示灯的闪和灭情况，即可知氧传感器是否处于正常工作状态。

(3) 万用表测电阻法

万用表测电阻法是利用氧传感器的电阻特性来判断其在暖机状态和非暖机状态下的电阻值。正常氧传感器的电阻值：充分暖机状态时电阻值约为 300kΩ；不在暖机状态时电阻值应为无穷大。

(4) 用汽车万用表检测法

将汽车专用万用表（以美国 OTC 公司 300 型万用表为例）功能开关置于 4V 量程，转动 DC/AC 按钮于 DC 状态，万用表 COM 插孔中的黑色线搭铁，红色测试线接氧传感器的信号线。

将汽车发动机置于快怠速（2000r/min），预热发动机，使氧传感器工作温度达 360℃ 以上。当发动机尾气浓时，氧传感器输出电压为 0.8~0.9V；排出的废气稀时，输出电压为 0.1~0.2V。在氧传感器工作温度低于 360℃ 时，呈开路状态，无信号输出。

如果测得的电压符合要求，则说明氧传感器正常；反之，则说明该传感器已损坏，应更换。

(5) 电子示波器测波形法

用电子示波器检测氧传感器输出的信号波形，可以很直观地确定氧传感器是否良好。氧传感器信号标准波形、混合气偏稀时的波形和混合气偏浓时的波形，如图 7-5 所示。

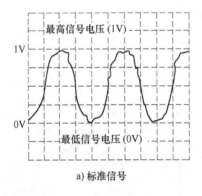

a) 标准信号

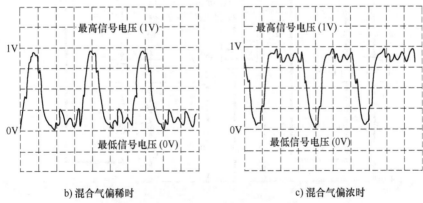

b) 混合气偏稀时　　　　　　　　　　c) 混合气偏浓时

图 7-5　氧传感器的正常与故障波形示意图

(6) 外观颜色检查

通过观察氧传感器顶部的颜色，可以判断故障的原因，氧传感器顶部的正常颜色为淡灰色，如果发现氧传感器顶部颜色发生变化，则预示着氧传感器存在故障或故障隐患。氧传感器顶部呈黑色,是由于积炭污染造成的,可拆下氧传感器后清除其上的积炭。氧传感器顶部呈红棕色,说明氧传感器受铅污染,此时甚至不起净化作用。如果氧传感器顶部呈白色,说明是硅污染造成的,原因是发动机在维修时使用了不符合要求的硅密封胶,此时必须更换氧传感器。

> **注意:** 宽量程氧传感器输出电压不能用万用表直接测量,而应通过专用解码器读取数据流。发动机控制单元将全量程氧传感器的电流信号转化为电压值显示出来,其规定电压值为1.0~2.0V,发动机运转时全量程氧传感器的输出电压应在1.0~2.0V之间波动。电压值大于1.5V时表示混合气过稀;电压值小于1.5V时,表示混合气过浓。当电压值为0V、1.5V、4.9V的恒定值时,表明氧传感器本身或其线路有故障。

3. 氧传感器检测示例

新款捷达轿车使用二氧化锆式氧传感器,部件代号G39、G130,其接线和端子布置如图7-6所示,T4c/1、T4c/2端为加热元件接头,T4c/1端供电来自J519经燃油泵继电器J17的端子87提供蓄电池电压,T4c/2端为搭铁端,接ECU,由ECU控制加热时间;T4c/3、T4c/4端为氧传感器信号端,其中,T4c/3为信号电压正极,T4c/4为信号电压负极(即搭铁端)。

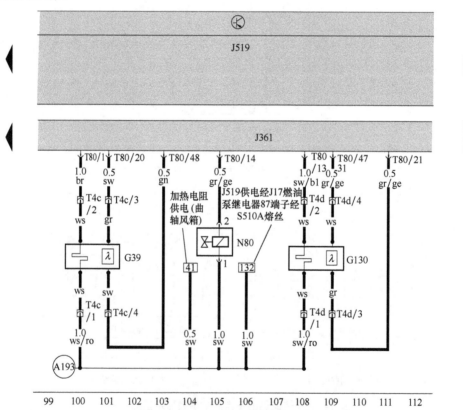

图7-6 发动机控制单元,氧传感器,活性炭罐电磁阀

G39—氧传感器 G130—催化转化器后的氧传感器 J361—Simos 发动机控制单元
J519—E-BOX 控制单元 N80—活性炭罐电磁阀 T4c—4 芯棕色插头连接
T4d—4 芯黑色插头连接 T80—80 芯黑色插头连接 A193—车身线束内的连接(87a)

1) 解码器检测。氧传感器的异常工作,都会在 ECU 中存储故障码。因此,通过专用或通用解码器,可以查出氧传感器的故障码 00525—氧传感器 G39、G130 无信号,或氧传感器 G39、G130 对正极短路,或者通过读取数据流,如果氧传感器示数长时间停滞在一个数值不变或变化缓慢,说明氧传感器有故障。

2) 检测加热元件的电阻。在室温下,可用万用表进行检测。检测时,拔下氧传感器线束插头,检测插头上端子 T4c/1 与 T4c/2 之间的电阻,在常温下电阻值应为 $1\sim5\Omega$。如常温下阻值为 ∞,说明加热元件断路,应更换氧传感器。

3) 检测传感器加热元件的电源电压。氧传感器加热元件的电压为蓄电池电压,当点火开关打开使燃油泵继电器触点打开时,加热元件的电源即被打开。检测加热元件的电压时,拔下氧传感器插头,起动发动机,检测插接器插座上的端子 T4c/1 与 T4c/2 之间的电压,电压值应不低于 11V。如电压为零,说明熔丝(S510 A)断路或燃油泵继电器触点接触不良,应分别检修。

4) 检测传感器的信号电压。如果氧传感器工作温度低于 300℃,氧传感器就没有达到正常工作温度,无信号输出。因此应在二氧化锆式氧传感器处于 300℃ 以上的工作状态时,测量其输出电压。用汽车万用表测压法检查二氧化锆式氧传感器的具体方法是,使发动机转速在 2500r/min,运行 90s 左右,插头与插座连接,将数字式万用表连接氧传感器端子 T4c/3 与 T4c/4 连接的导线上,当供给发动机浓混合气(节气门突然踩到底)时,信号电压应为 $0.7\sim1.0V$;当供给发动机稀混合气(拔下空气流量传感器至发动机之间的真空管)时,信号电压应为 0.1-0.3V。否则说明氧传感器失效,应予以更换。

5) 检测氧传感器的信号变化频率。可将一只发光二极管和一只 300Ω 的电阻串联接在传感器 T4c/3 与 T4c/4 端子连接的导线间进行检测。发光二极管正极连到 3 端子上,发光二极管的负极经一只 300Ω 电阻连接到插接器 4 端子上。发动机怠速或部分负荷运转时,发光二极管应当闪亮。闪亮频率每分钟应不低于 10 次,如发光二极管不闪或闪亮频率过低,说明氧传感器失效,应更换传感器。

6) 示波器检测。用示波器检测氧传感器输出的信号波形,可以很直观地确定氧传感器是否良好。测试方法是起动发动机,使传感器预热到 300℃ 以上,发动机处于闭环工作状态时,用探针连接到传感器插接器信号端子 T4c/2 和 T4c/3 上。从怠速开始增大转速,观察氧传感器输出信号波形,并与标准波形比较,判断传感器的好坏。图 7-7 为氧传感器在怠速和 2500r/min 时的正常波形。

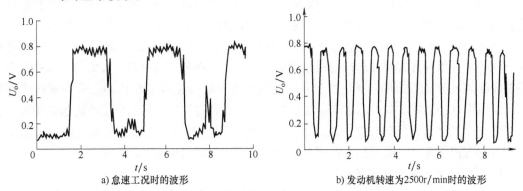

a) 怠速工况时的波形　　　　b) 发动机转速为2500r/min时的波形

图 7-7　氧传感器在怠速和 2500r/min 时的正常波形

二、二氧化钛式氧传感器

1. 二氧化钛式氧传感器的结构与原理

> 二氧化钛式氧传感器与二氧化锆式氧传感器在测量氧气浓度的原理上有很大的不同：二氧化锆式氧传感器是以浓差电池原理为基础，通过浓度差异产生电压，判断混合气的稀与浓；二氧化钛式氧传感器则是利用气敏电阻的原理，通过氧气浓度引起的二氧化钛电阻值的改变来判定混合气状态，故又称电阻型氧传感器。
>
> 二氧化锆式氧传感器和二氧化钛式氧传感器的主要区别是：二氧化锆式氧传感器是将排气中氧含量的变化转化为电压的变化；二氧化钛式氧传感器是将排气中氧含量的变化转化为电阻的变化。

二氧化钛式氧传感器的结构与二氧化锆式氧传感器的结构相似，主要由二氧化钛传感元件（钛管）、钢质壳体、加热元件和接线端子、护套、护管等组成，如图7-8所示。

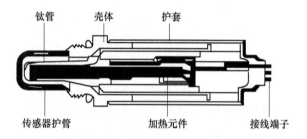

图7-8 二氧化钛式氧传感器的结构

目前，使用较多的二氧化钛传感元件有芯片式和厚膜式两种。芯片式是将铂金属线埋入二氧化钛芯片中，金属铂兼作催化剂用；厚膜式是采用半导体封装工艺中的氧化铝层压板工艺制成。此外还有热敏电阻进行温度补偿的二氧化钛式传感器等。

工作原理：当发动机混合气稀（过量空气系数大于1）时，排气中氧离子含量较多，传感元件周围的氧离子浓度较大，二氧化钛呈现高电阻状态。当发动机的可燃混合气较浓（过量空气系数小于1）时，传感元件周围的氧离子很少，同时在催化剂铂的作用下，剩余氧离子与排气中的一氧化碳（CO）发生化学反应生成二氧化碳（CO_2），将排气中的氧离子进一步消耗掉，二氧化钛呈现低电阻值状态，从而大大提高了传感器灵敏度。二氧化钛式氧传感器的电阻将在混合气的过量空气系数为1（空燃比A/F为14.7）时产生突变。

在发动机运转过程中，氧传感器和反馈控制系统并不是任何时候都起作用。ECU是通过开环和闭环两种方式对发动机的喷油量进行控制的。在发动机起动、大负荷及暖机过程中需要较浓的混合气。此时，ECU处于开环控制状态，氧传感器不起作用。因为氧传感器只有在高温下（一般在390℃）才能正常工作，产生可靠的信号。只有当发动机达到正常工作温度后，ECU才进行闭环控制，氧传感器起反馈作用。而当氧传感器出现故障、输出信号异常时，电控单元会自动切断氧传感器的反馈作用，发动机进入开环控制。

2. 二氧化钛式氧传感器的检测

当氧传感器出现故障、输出信号异常时，电控单元会自动切断氧传感器的反馈作用，使

发动机进入开环控制工作状态。二氧化钛式氧传感器的检测方法如下:

1)检查加热器电阻。用高阻抗数字式万用表电阻档对氧传感器的加热电阻值进行测试,拔下氧传感器线束插头,测试氧传感器 A、B 接线柱间的电阻值。正常情况下,其电阻值为 5~7Ω。如果电阻为∞,说明加热电阻烧断,应更换氧传感器。

2)检查氧传感器电源电压。如图 7-9 所示,打开点火开关,用万用表电压档测量传感器的电源电压,其标准值为 1V。

3)检查氧传感器加热器电源电压。如图 7-10 所示,打开点火开关,用万用表电压档测试传感器的加热器电源电压,其标准值应为 12V。

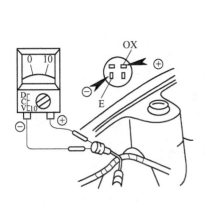

图 7-9　检查氧传感器电源电压

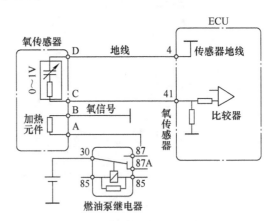

图 7-10　检查氧传感器加热器电源电压

4)检查氧传感器反馈电压。如图 7-11 所示,接通点火开关,并起动发动机使其在怠速下正常运转,然后用电压表测量 ECU 的 4 号端子与搭铁之间的电压值,其值应在 0.2~0.8V 内变动。当发动机提高转速后,其电压值应为 0.6~1.0V,否则应更换氧传感器。

5)动态测试。使发动机充分预热,拔下燃油压力调节器的真空软管,堵上软管,使混合气加浓(空燃比减小)。在怠速状态下测量 ECU 插接器的端电压,氧传感器上的电压应大于 0.5V,否则应更换氧传感器。

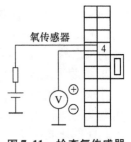

图 7-11　检查氧传感器的反馈电压

6)二氧化钛式氧传感器波形检测法。对于采用 1V 参考电压的二氧化钛式氧传感器,其测试方法、波形图等和二氧化锆式氧传感器相同。对于采用 5V 参考电压的二氧化钛式氧传感器,需要注意,良好的二氧化钛式氧传感器输出的端电压,应以 2.5V 为中心上下波动。

第二节　稀薄混合气传感器

一、稀薄混合气传感器的结构及作用

稀薄混合气传感器(图 7-12)应用在发动机稀薄燃烧空燃比反馈控制系统中。该传感器与二氧化锆式氧传感器一样,使用二氧化锆元件(锆管两侧的氧浓度差异导致锆管两极

产生电压差异)测定排气中的氧浓度,从而来测定空燃比。利用此传感器可以降低燃油油耗和减少有害尾气排放。

1. 传感器结构原理

稀薄混合气传感器一般安装在排气歧管上,如图7-12所示。

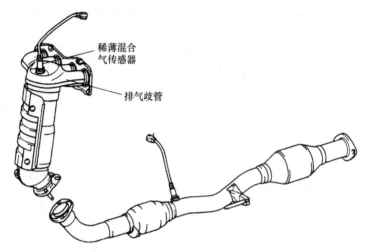

图7-12 稀薄混合气传感器的安装位置

稀薄混合气传感器的内部装有二氧化锆陶瓷元件与加热器(图7-13)。二氧化锆式氧传感器是在二氧化锆元件的内外侧分别装有铂电极,并以该电极上随氧浓度差而产生的电位差作为输出电压信号,利用在理论空燃比附近输出电压急剧变化的特性,检测出在理论空燃比附近的变化状态。与此相比,稀薄混合气传感器是利用在传感器电极两端施加一定电压时通过的电流与排气中氧浓度成正比的这一特性,连续地检测出稀薄燃烧状态下的空燃比的。传感器的输出特性如图7-14所示。

2. 稀薄燃烧系统控制原理

在现代车辆中,为了达到净化排气的目的,除采用三元催化转化方式净化排气外,也可采用稀薄燃烧控制技术。这一技术能够有效降低排气中的NO含量。

稀薄燃烧系统采用了稀薄混合气传感器,用于对稀薄混合气状态下的空燃比进行反馈控制,稀薄燃烧系统的构成如图7-15所示。

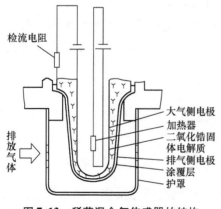

图7-13 稀薄混合气传感器的结构

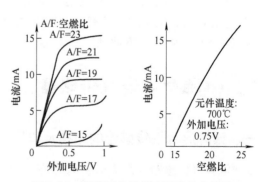

图7-14 稀薄混合气传感器的输出特性

第七章 气体浓度传感器

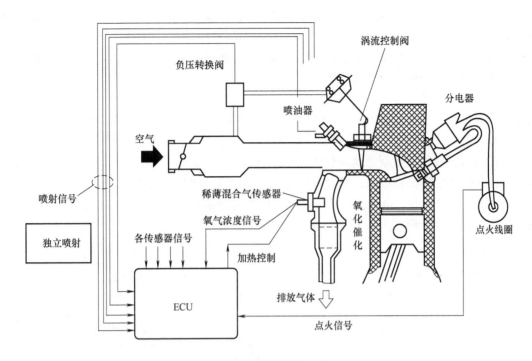

图 7-15 稀薄燃烧系统

在稀薄燃烧系统中，由 ECU 对燃油喷射量与点火时刻进行控制，采用了进气歧管压力、发动机转速、冷却液温度、进气温度、节气门位置等传感器信号，并以稀薄混合气传感器代替氧传感器，实现了稀薄燃烧状态下的空燃比反馈控制。

二、稀薄混合气传感器的检测

1. 检查传感器的加热器电阻

将点火开关置于"OFF"，拔下氧传感器的导线插接器，用万用表电阻档测量氧传感器接线端中加热器端子与搭铁端子间的电阻，其电阻值应符合标准值（一般为 4~40Ω）。如不符合标准，则应更换氧传感器。

2. 检查传感器输出电流信号

用万用表电流档测试传感器的输出电流信号，电流值应随空燃比的增大而增大。

第三节 全范围空燃比传感器

一、全范围空燃比传感器的结构与原理

全范围空燃比传感器，又称为宽域型氧传感器、宽量程氧传感器、宽带式氧传感器。汽车发动机电控系统全范围空燃比传感器的作用，是用来检测混合气从过浓状态到理论空燃比再到稀薄状态的整个过程。

全范围空燃比传感器是利用氧浓度差电池原理和氧气泵的泵电池原理，连续检测混合气

从过浓状态到理论空燃比再到稀薄状态整个过程的传感器。它的特点是利用氧泵供给出入测量室的氧气,使排出的废气保持在理论空燃比时的排气状态上。一旦混合气空燃比过稀,则会从测量室中放出氧气到排气中去;相反,混合气过浓时则会吸入氧气,这样能够根据氧泵的电流值检测出发动机混合气的空燃比。

全范围空燃比传感器连续检测混合气从过浓到理论空燃比再到稀薄状态的整个过程。当混合气过浓时,氧泵就会吸入 O_2 到测定室中;而当混合气空燃比过稀时,氧泵则从测定室中放出 O_2 到排气中去。全范围空燃比传感器就是利用这一特点,用氧泵供给出入测定室的 O_2,这样就可通过测定氧泵的电流值 I_p 来测定空燃比(A/F)。图 7-16 为此种传感器的基本特性,混合气空燃比在过浓一侧对应负电流,在过稀一侧对应正电流。当混合气为理论空燃比(A/F=14.7)时,电流值为零,这样即可连续测量出空燃比,从而控制喷油脉宽。全范围空燃比传感器原理如图 7-17 所示。

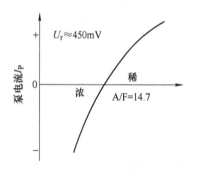

图 7-16 全范围空燃比传感器的基本特性

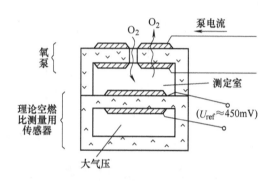

图 7-17 全范围空燃比传感器的原理图

1. 全范围空燃比传感器的结构

全范围空燃比传感器由一个氧泵单元、普通窄范围浓度差电压型二氧化锆式氧传感器、加热器构成,如图 7-18 所示。

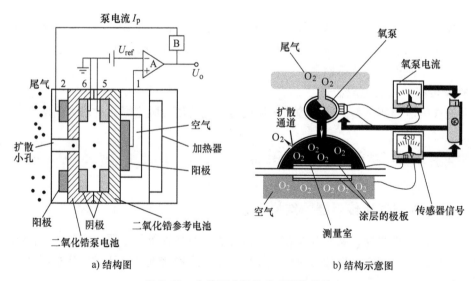

a) 结构图　　　　　　　　　　b) 结构示意图

图 7-18 全范围空燃比传感器的结构

全范围空燃比传感器为五、六线制，属于线性、电流型氧传感器，在全空燃比范围内（$\lambda = 0.7 \sim 4.0$）起作用。它由一个普通窄范围浓度差电压型氧传感器（能斯特元件）、氧泵单元、加热线圈、传感器控制器及扩散小孔、扩散室等构成。

一般来讲，全范围空燃比传感器只用于催化转化器之前，催化转化器之后必为普通氧传感器。后氧传感器只负责检验，当前氧传感器出现故障时，发动机进入开环紧急运行状态。查看发动机舱盖下的标识，如果标识为HOS，则为普通氧传感器；如果标识为A/FS，则为全范围空燃比传感器。

2. 全范围空燃比传感器的工作原理

全范围空燃比传感器是由氧泵单元与常规氧传感器单元相互作用而实现测量功能的。一方面二氧化锆参考电池不断监测测量区氧气浓度，如果二氧化锆参考电池电压不在0.45V附近，传感器控制器运算放大器就会控制二氧化锆泵电池的泵电流I_P，利用氧泵单元的泵氧作用，使二氧化锆参考电池目标电压值在0.45V附近，使测量区氧浓度达到$\lambda = 1$。在这一过程中氧泵单元的电流要发生变化，通过氧泵单元的电流值的变化，发动机ECU可以计算出尾气中氧含量，进而控制喷油量。

当混合气较稀时，通过扩散通道进入测量室中的发动机尾气氧含量较多，二氧化锆参考电池信号电压值下降，富氧的稀混合气产生低于参考电压U_{ref}的电压值，传感器控制器就会产生泵电流，自动减小或反向提供氧泵单元的工作电流I_P（使泵入测试室的氧量减少），使二氧化锆参考电池信号尽快恢复到0.45V的电压值。ECU接收到氧泵单元的工作电流（控制单元将其折算成电压值信号），根据泵电流，推算出空燃比，控制喷油量。

当混合气过浓时，氧泵的泵氧量与通过扩散通道进入测量室的氧量叠加后，测量室中氧的含量较少，二氧化锆参考电池信号电压值上升，浓混合气产生高于参考电压U_{ref}的电压值，传感器控制器就会产生泵电流，自动增加氧泵单元的工作电流I_P（使泵入测试室的氧量增加），使二氧化锆参考电池信号尽快恢复到0.45V的电压值。ECU接收到氧泵单元的工作电流（控制单元将其折算成电压值信号），根据增加的泵电流，ECU控制喷油量。

二、全范围空燃比传感器的检测

全范围空燃比传感器一般有6个端子，包括加热线圈电源端子、加热线圈搭铁端子、两个5V电源端子、信号端子、泵电流输入端子（图7-19）。有些全范围空燃比传感器在内部将两个5V电源端子合并，故只有5个端子。

全范围空燃比传感器的检测方法如下。

1）关闭点火开关，拆下传感器线束插接器，在传感器侧检测加热线圈电源端子与搭铁端子间的电阻值，一般为$4 \sim 40\Omega$（具体值查阅原厂维修资料）。电阻值如为无穷大，说明加热线圈烧断，应更换氧传感器。

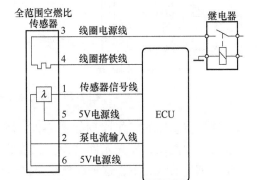

图7-19 全范围空燃比传感器的电路

2)打开点火开关,在线束侧检测加热线圈电源端子与搭铁端子间的电压,正常情况下应为蓄电池电压。

3)全范围空燃比传感器的电源信号电压值显示,只能通过读取数据流检测其信号电压。全范围空燃比传感器的电压规定值为 1.0~2.0V,电压值大于 1.5V 时说明混合气过稀,电压值小于 1.5V 时说明混合气过浓,电压值为 0、1.5V、4.9V 的恒定值时,说明全范围空燃比传感器线路存在故障。

*第四节 烟雾浓度传感器

在汽车乘员室内,吸烟产生的烟雾会严重危害人体健康,为此,汽车上需安装空气净化器除去空气中的烟雾。烟雾浓度传感器是与空气净化器配套使用的装置,用于检测烟雾,当烟雾浓度传感器感知到乘员室内烟雾的存在时,可自动地使空气净化器运转;没有烟雾时使空气净化器自动停止运转,从而使乘员室内空气始终保持清新。

一、烟雾浓度传感器的结构与原理

烟雾浓度传感器的结构如图 7-20a 所示,它是由发光元件、光敏元件、信号处理电路、本体和盖板组成的,安装在车室顶篷上室顶灯的旁边。烟雾浓度传感器本体上设置有许多可以使烟雾自由进入的细缝,当检测出有烟雾时,烟雾浓度传感器使空气净化器的鼓风机自动运转。一般情况下,当烟雾浓度达到 0.06%(体积分数),即抽 1~2 根香烟时,就可使烟雾浓度传感器动作。在烟雾浓度传感器的本体上还设有感测灵敏度调整旋钮(灵敏度用电位器),转动旋钮,可以调整传感器的灵敏度。

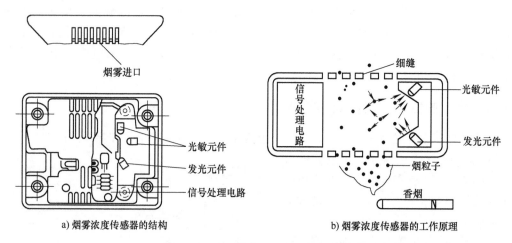

a)烟雾浓度传感器的结构   b)烟雾浓度传感器的工作原理

图 7-20 烟雾浓度传感器的结构原理

烟雾浓度传感器的工作原理如图 7-20b 所示。当空气进入烟雾浓度传感器壳体的细缝后,可以自由地流动,发光元件(发光二极管 LED)间歇地发出肉眼不可见的红外线,在空气中没有烟雾的情况下,这种红外线照射不到光敏元件上,电路不工作;但当烟雾进入烟雾浓度传感器的壳体内时,烟雾粒子对间歇的红外线进行漫反射,使部分红外线照射到光敏元件上,从而引起光敏元件产生电信号传送到 ECU,ECU 就会使空气净化器的鼓风机电动机运转。

为了防止外部干扰引起烟雾浓度传感器的误动作，这种传感器的控制电路采用了脉冲振荡工作方式，这样即使有相同波长的红外线射入到烟雾浓度传感器内，因其脉冲周期不同，传感器也不能给出有烟雾的判断，只有在红外线与烟雾浓度传感器的脉冲周期同步时，烟雾浓度传感器才判断出有烟雾。

另外，在烟雾浓度传感器控制电路中还包含有延时、定时电路。当检测出有烟雾时，鼓风机一次连续工作至少2min。当传感器测知有少量烟雾进入时，即使烟雾逐渐消失，延时电路也会使鼓风机持续工作2min。

丰田公司马克Ⅱ型汽车就装用了烟雾浓度传感器。如烟雾浓度传感器测出车内空气已被烟雾等污染时，就自动地接通空气净化器，使其工作。

应用烟雾浓度传感器的车内空气净化系统，主要由空气净化器本体、控制开关及烟雾浓度传感器构成。

空气净化器本体的结构如图7-21所示。空气净化器本体是由鼓风机电动机、风扇、滤清器、调速电阻以及壳体组成的。滤清器采用加活性炭的滤纸式结构，在滤清器侧面塑料盒内放有中和除臭剂，目的是增大除臭作用。鼓风机电动机旋转时带动风扇旋转，在吸风口处把灰尘、烟雾等吸入，把经滤清器过滤、除臭的空气在出风口处吹向乘员室内。

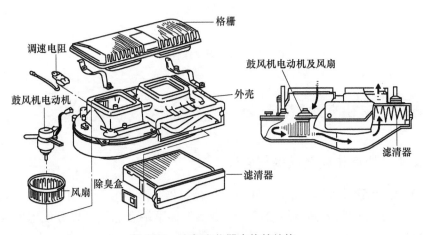

图7-21 空气净化器本体的结构

二、烟雾浓度传感器的检测

烟雾浓度传感器的检测方法如下。

1. 检查传感器的电源电压

空气净化器自动空气净化系统电路如图7-22所示。检测时，打开点火开关，用万用表电压档测量传感器的电源电压，其标准值应为12V。

2. 检查传感器工作性能

如图7-23所示，将点燃的香烟放在烟雾浓度传感器附近，若听到鼓风机转动声音，说明传感器是良好的。

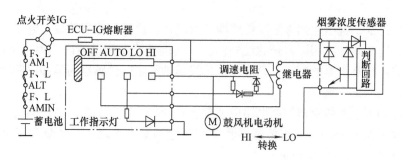

图 7-22 自动空气净化系统电路

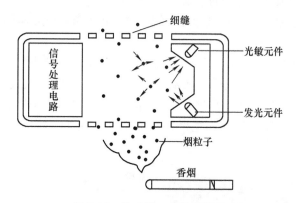

图 7-23 传感器工作性能检查

*第五节 柴油机烟度传感器

一、柴油机烟度传感器结构与原理

柴油机烟度传感器的结构如图 7-24 所示。传感器外形类似于汽油机的火花塞，感应头装在金属体中，通过中间体同接线盒相连，金属体的下端有螺纹可以方便地安装在排气管上。传感器感应头的本体一般制成陶瓷体，暴露在排气中的电极一定要用贵金属铂或铂合金等材料做成。为了节省贵金属，降低成本，电极常采用可组合结构，即用 15mm 左右长的铂丝和其他金属丝在焊点处点焊在一起。

柴油机烟度传感器工作原理如图 7-25 所示。

传感器的感应头由绝缘体、电极和催化剂所组成。绝缘体中埋有两个电极，电极下端伸出绝缘体，两电极之间保持很小的缝隙，并涂有基本上是绝缘材料的强催化剂。电极上端接入直流电源 B 中，一般可采用 12V 或 24V 直流电源，A 为电流表（表盘上标有对应的烟度值），在电子控制系统中，A_1、A_2 与 ECU 相连。

当感应头接入电路中时，由于电极之间的电阻很大，电流表 A 无电流指示或只指示极微小的电流，当感应头插入排气中时，缝隙中充满了炭烟，形成炭桥，电极之间的电阻就发生变化。炭烟少电阻大，炭烟多电阻小，电流表 A 的读数就随着炭烟的多少相应变化。同理，在电子控制系统中，供给 ECU 的信号也随炭烟的多少进行相应的变化。

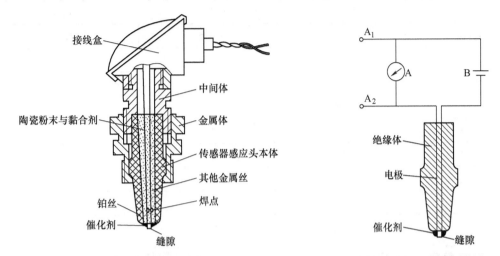

图 7-24　柴油机烟度传感器结构图　　图 7-25　柴油机烟度传感器工作原理图

由于感应头的电极端涂有催化剂，加上排气中有充足的氧气存在，沉积在电极上的炭烟能迅速氧化，不会因电极上的炭烟堆积而使测量失效，尤其是在排气温度较高的情况下，连续测量结果完全反映了排气中的炭烟量变化情况。

催化剂一般可采用 Cr_2O_3、SnO_2 或 Fe_2O_3，也可采用氧化金属的混合物，例如 $Cr_2O_3(Fe_2O_3)$，但最好采用铂化物作为炭烟的催化剂。

二、柴油机烟度传感器检测

随柴油机负荷变化的排温、烟度和传感器电流值的变化情况，应符合表 7-1 的要求（发动机转速保持在 2000r/min，传感器用 24V 直流电源）。随着柴油机负荷的增加，排气温度、烟度和传感器电流都相应增加，烟度与传感器电流间的关系，应满足下列关系式，即

$$R = KI$$

式中　R——波许烟度；
　　　I——传感器电流值；
　　　K——比例常数。

表 7-1　柴油机负荷与排气温度、烟度、传感器电流值变化表

功率/kW	排温/℃	烟度/BSU	传感器电流/μA
0	0	0	1.0
5.00	190	0.3	2.5
5.74	200	0.5	3
7.79	240	0.8	5.5
8.75	260	1.1	7
9.04	290	1.3	10

(续)

功率/kW	排温/℃	烟度/BSU	传感器电流/μA
9.41	300	1.5	12
9.71	325	1.8	15
10.29	350	2.0	19
11.47	390	2.7	33
11.84	405	3.0	42
12.13	420	3.4	50
12.35	430	4.3	65
12.57	440	5.0	80

*第六节 NO_x 传感器

NO_x 是可燃混合气在高温、高压下燃烧后的产物，是 NO 和 NO_2 等化合物的总称。为了降低汽车尾气中 NO_x 的排放量，在汽车上加装 NO_x 传感器。NO_x 传感器安装在氮氧化物存储式催化转化器的后面，用来确定废气中氮氧化物和氧气的残留量，并把此信号传送给氮氧化物净化控制单元。它的作用如下：

1）识别和检查三元催化转化器的功能是否正常。
2）识别和检查三元催化转化器前端宽域型氧传感器调节点是否正常或是否需要修正。
3）将 NO_x 传感器产生的信号传送至 NO_x 传感器控制单元。
4）NO_x 传感器感测到 NO_x 存储式催化转化器的存储空间达到饱和时，就会启动一个氮氧化物再生周期，即提供给 ECU 信号，使发动机在短时间内生成更浓的混合气，使排气温度升高，催化转化器涂层便开始释放氮氧化物，氮氧化物会随之被转化为无害的氮气。

如果 NO_x 传感器的信号发生故障，则发动机仅能在均质充气模式中运行。

1. NO_x 传感器的结构与工作原理

（1）NO_x 传感器的结构

NO_x 传感器的结构如图 7-26 所示，NO_x 传感器包含两个腔室、两个泵室、四个电极和一个加热器。传感器元件是用二氧化锆制成的。此材料的典型特点是，如果对它施加电压，它就能使负的氧离子从负电极迁移到正电极，相当于气泵将氧气从一侧泵入另一侧，因此，习惯上它也称为氧泵。

（2）工作原理

NO_x 传感器的检测原理也是以氧气测量为基础的，并

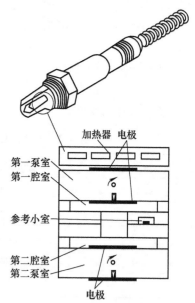

图 7-26 NO_x 传感器的结构

且可以从一个宽带氧探针上检测到氧气含量。

NO_x 传感器工作过程可以分为两个阶段：

1）确定第一腔室中的氧含量数值。如图 7-27a 所示，一部分废气流入第一腔室中。由于废气中的氧气残留量与参考小室中的氧气残留量不同，因此能在电极上测量出一个电压，氮氧化物传感器控制单元将此电压设定为恒定的 450mV，这相当于过量空气系数 $\lambda = 1$。如果偏离此数值，氧气被泵出或者泵入，使 450mV 的电压保持恒定。

2）确定第二腔室中的氮氧化物残留量。如图 7-27b 所示，不含氧气的废气从第一腔室进入第二腔室，废气中的氮氧化物分子被一个特殊的电极分解成氮气和氧气。因为第二腔室内部电极和外部电极上的电压被调整至恒定的 450mV，所以氧泵必须通入电流，使氧离子从内部电极迁移到外部电极。在此过程中，驱动氧泵运转的电流表示的是第二腔室中的氧气残留量。因为氧泵的驱动电流大小与废气中的氮氧化物成正比，因此就能够确定氮氧化物的残留量。

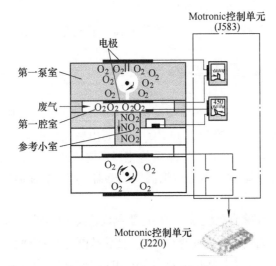

a) 确定第一腔室中的氧含量数值

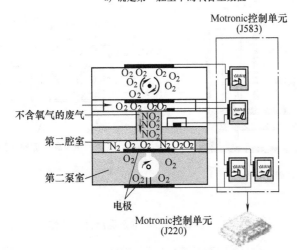

b) 确定第二腔室中的氮氧化物残留量

图 7-27　NO_x 传感器工作原理图

如果超过了一定的氮氧化物存量阈值，氮氧化物存储式催化转化器的存储空间就会用完，这时会启动一个氮氧化物再生周期。

2. NO_x 传感器的安装位置

NO_x 传感器一般安装在排气管的催化转化器之后。

NO_x 传感器控制单元常安装于汽车底板外部，在 NO_x 传感器的附近，位于汽车外部底板下部，如图7-28所示。它在 NO_x 传感器附近对传感器信号进行预加工，然后将该信号经 CAN 总线传至发动机 ECU，发动机 ECU 通过这个信号来识别催化转化器所存储的氮氧化物的饱和程度，执行还原过程。

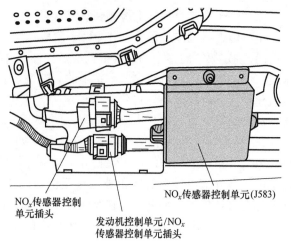

图7-28　NO_x 传感器控制单元

*第七节　空气品质传感器

空气品质传感器主要用于不断检测风扇进气口范围内的空气质量，特别是检测废气中的有害气体 CO（主要由汽油机产生）和 NO_x（主要由柴油机产生）的含量。它的另一个作用是防止风窗玻璃蒙上雾气，因此空气品质传感器还要检测空气中水蒸气的含量。

空气品质传感器连同新鲜空气进气道温度传感器一起安装在通风室的新鲜空气进气区域。

1. 结构与原理

空气品质传感器是用涂有氧化锡的厚层电阻制成，其结构如图7-29a所示。只要有 CO、NO_x 气体停在电阻上面，电阻就会突然改变，阻值的变化范围为 $1\sim100k\Omega$。这些电阻放在公共的陶瓷基质上，陶瓷基质背面被1个热体加热到约330℃的工作温度。基质由于高温一端伸长而接触。

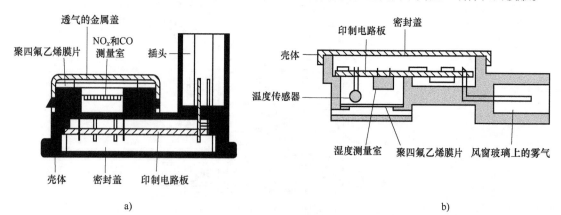

图7-29　空气品质传感器及湿度计的结构

CO 探针测量 CO 的浓度，测量范围为 $(10\sim100)\times10^{-6}$。NO_x 探针测量 NO_x 的浓度，测量范围为 $(10\sim100)\times10^{-6}$，均为质量分数。如 CO、NO_x 浓度太大，有时要比清洁空气

中的 CO、NO$_x$ 浓度高 100 倍，则空气品质控制单元关闭空气入口的节气门，以防驾驶人吸入这些有害气，过早地产生驾驶疲劳。

透气的金属盖起保护用，盖的下面作为两个传感器室的聚四氟乙烯膜片可透过测量气体 CO、NO$_x$ 和水蒸气，但不能透过液态湿气。虽然测量气体要通过膜片扩散，但空气品质传感器的反应时间在毫秒级范围内。

新型空气品质传感器集成有一个湿度计，其结构如图 7-29b 所示。它的信号反映由 NTC 湿度计测得的车内温度外，还用以计算空气的露点，以判断汽车风窗玻璃上的雾气。

2. 空气品质传感器控制电路

空气品质传感器控制电路如图 7-30 所示。传感器的信号端子 T3p3 将通过 J519 将信息传递给总线 LIN，J519 连接在 CAN 数据总线上，它执行 LIN 的主功能。J519 是 LIN 总线系统中唯一与 CAN 数据总线相连的控制单元。J519 通过 LIN 总线给 J126 新鲜空气鼓风机控制单元提供信息，新鲜空气鼓风机根据控制信息工作，若该传感器失效，自动空气再循环功能不可用。T3p1 与 T3p2 之间电压为 12V。

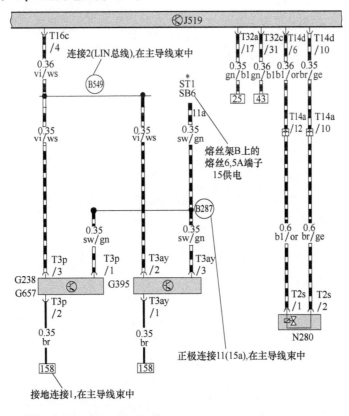

图 7-30　空气品质传感器控制电路

G238—空气品质传感器　G395—制冷剂压力和制冷剂温度传感器　G657—新鲜空气进气道中的空气湿度传感器　J519—车载网络控制单元　N280—空调压缩机调节阀　ST1—熔丝架 1　SB6—熔丝架 B 上熔丝 6　T2s—2 芯插头连接　T3ay—3 芯插头连接　T3p—3 芯插头连接　T16c—16 芯插头连接　T32a—32 芯插头连接　T32c—32 芯插头连接　B287—正极连接 11（15a），在主导线线束中　B549—连接 2（LIN 总线），在主导线线束中　*—见熔丝位置相关电路图

复习题

一、填空题

1. 汽车上采用的氧传感器主要有（　　）式和（　　）式两种。
2. 氧传感器有一线制、两线制、三线制、四线制四种类型，一线制只有一根信号线与发动机 ECU 连接，传感器的另一极（　　）。
3. 氧传感器对喷油器的反馈调节是动态的，只能使混合气在（　　）附近一个较小的范围内波动，氧传感器的输出电压在（　　）V 之间不断变化。
4. 在发动机运转过程中，氧传感器和反馈系统并不是任何时候都起作用，ECU 是通过（　　）和（　　）两种方式对发动机的喷油量进行控制的。
5. 随着排放法规越来越严格，现在，越来越多的车辆都在三元催化转化器的前后分别安装了氧传感器，称为（　　）系统。

二、简述题

1. 二氧化锆式氧传感器和二氧化钛式氧传感器的主要区别是什么？
2. 全范围空燃比传感器的原理是什么？

第八章  速度与加速度传感器

　　速度和加速度传感器是汽车发动机及底盘集中控制系统中非常重要的传感器，主要有发动机转速传感器、车速传感器、轮速传感器和减速度传感器、横摆角速度传感器等四大类。

　　1) 发动机转速传感器即曲轴位置传感器，它也是发动机控制系统中最主要的传感器，不仅是燃油喷射和点火正时所需的确认曲轴位置的信号源，也是发动机转速的信号源。发动机转速传感器按其结构形式可分为电磁感应式发动机转速传感器、霍尔效应式发动机转速传感器和光电式发动机转速传感器三种。

　　2) 车速传感器一般用于测量汽车的行驶速度，以便使发动机的控制、自动起动、ABS、牵引力控制系统、主动悬架、导航系统等装置能正常工作。这种传感器主要有簧片开关式、光电式、霍尔效应式、磁阻元件式、电磁感应式等几种，但簧片开关式已不多见。

　　3) 轮速传感器即车轮速度传感器，用于检测车轮速度，并将其转化为电信号输入 ABS（防抱死制动系统）ECU，用于计算车轮的圆周速度。目前，轮速传感器在 ABS 中应用越来越广泛，逐步取代了减速度传感器、车身速度传感器和蓄能器压力传感器。轮速传感器主要有电磁感应式和霍尔效应式两种。

　　4) 加速度传感器分为正加速度传感器和减速度传感器。减速度传感器即加速度为负的加速度传感器。它用于检测汽车制动时的减速度，并将减速度信号输入 ABS ECU，实现 ABS ECU 对路面状况的判断和控制。这种传感器一般用在四轮驱动的汽车上，主要有光电式、水银式、差动变压器式、惯性负压式几种。

　　5) 横摆角速度传感器又称为横摆率传感器、侧滑传感器、翻转角速度传感器、偏摆率传感器、旋转率传感器、偏航率传感器和旋转传感器等。

　　横摆角速度传感器识别车辆绕垂直于地面轴线方向的旋转角度，记录汽车绕垂直轴线的运动，监测车辆后部因侧滑发生的甩尾，识别车辆实际运动方向，偏转角的大小代表汽车的稳定程度。它的作用类似飞机陀螺，时刻监视着汽车方向的稳定性，确定汽车是否发生侧滑或者甩尾，从而使 ESP 发生作用，确保汽车保持相对于垂直轴线的稳定性。没有此信号，控制单元不能识别车辆是否发生转向，ESP 功能将失效。

　　电控柴油机中，需要检测发动机转速、车速等信号，用于柴油机电控系统中的转速传感器有发动机转速传感器（电磁式、霍尔式、光电式三种）、气缸判别传感器（电磁式和霍尔式两种）和车速传感器（可变磁阻式、光电式、电磁式、簧片开关式和霍尔式）等。

第一节 发动机转速传感器

在化油器发动机上,发动机转速信号一般取自点火线圈负极。电控发动机出现后,ECU用的发动机转速信号取自曲轴位置传感器,而发动机转速表用的转速信号,既有使用曲轴位置传感器的,也有使用点火信号的。曲轴位置传感器的各种形式、结构与原理已进行了详细介绍,在此不再赘述。下面介绍其他型式的发动机转速传感器。

一、柴油发动机用转速传感器

在柴油发动机上使用的电磁感应式转速传感器是从喷油泵处获取转速信号,转速传感器的安装位置如图8-1所示。它的工作原理是,在永久磁铁的周围绕有线圈,线圈周围有用铁磁材料制成的齿轮。当齿轮旋转时,齿轮的齿顶与永久磁铁之间的空气间隙不断变化,使通过线圈的磁力线也发生了变化,于是线圈中便产生交变电压。

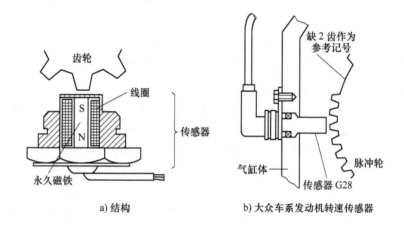

a) 结构　　b) 大众车系发动机转速传感器

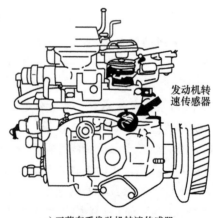

c) 三菱车系发动机转速传感器

图8-1　柴油发动机转速传感器及安装位置

柴油机的喷油泵工作时,传感器的齿轮被带动旋转,所以在线圈中便有交变电压产生。交变电压的频率与发动机的转速成正比,该交变电压作为输入信号,经转速表内的IC电路放大、整形后，就可以使转速表指示出发动机的实际转速。

不管柴油机采用什么供油方式，其发动机转速传感器均是相似的，均用于检测发动机转速和曲轴的位置。ECU 根据此信号计算出喷油始点和喷油量。

1. 柴油发动机用转速传感器的结构与原理

发动机转速传感器一般安装在缸体上或喷油泵上，其结构与安装位置如图 8-1 所示。

发动机转速传感器有电磁感应式、霍尔式、光电式等多种形式，其中电磁感应式应用广泛。下面就以此为例进行介绍。

电磁感应式传感器的工作原理如图 8-2 所示，磁力线穿过的路径为：永久磁铁 N 极→定子与转子间的气隙→转子凸齿→转子凸齿与定子磁头间的气隙→磁头→导磁板→永久磁铁 S 极。当信号转子旋转时，磁路中的气隙就会周期性地发生变化，磁路的磁阻和穿过信号线圈磁头的磁通量随之发生周期性的变化。根据电磁感应原理，传感线圈中就会感应产生交变电动势。

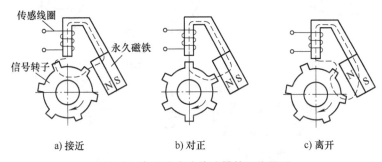

图 8-2　电磁感应式传感器的工作原理

由于转子凸齿与磁头间的气隙直接影响磁路的磁阻和传感线圈输出电压的高低，因此在使用中，转子凸齿与磁头间的气隙不能随意变动。气隙如果有变化，必须按规定进行调整，气隙一般设计在 0.2~0.4mm 范围内。

2. 电磁感应式发动机转速传感器的检测

电磁感应式发动机转速传感器的检测，可以参照电磁感应式曲轴位置传感器的检测方法来进行，用万用表测电阻法是最简单、实用的方法。例如，三菱 4D56 柴油发动机转速传感器电路如图 8-3 所示，其线圈电阻在 20℃时测量值应为 1.3~1.9Ω。

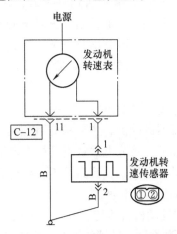

图 8-3　三菱 4D56 柴油发动机转速传感器电路

二、舌簧开关式发动机转速传感器

1. 舌簧开关式发动机转速传感器的结构与原理

舌簧开关式发动机转速传感器可用于检测发动机转速,传感器可以装在组合仪表内,也可以安装在分电器内部(图8-4)。

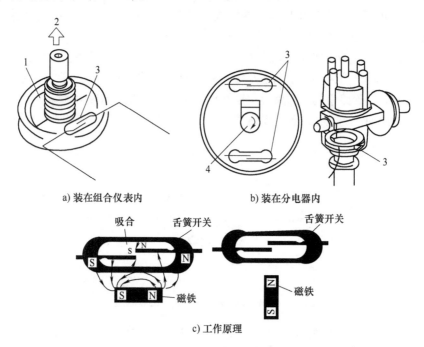

图8-4 舌簧开关式发动机转速传感器安装位置和工作原理
1—磁铁 2—至转速传感器 3—舌簧开关 4—分电器轴

舌簧开关触点由强磁体制成,在装于分电器轴上的磁铁的作用下动作,舌簧开关触点不直接与大气接触,其容器内充有惰性气体。

舌簧开关式发动机转速传感器的工作原理如图8-4c所示。曲轴转两圈、分电器轴转一圈,分电器内的磁铁也转一圈。当磁铁靠近舌簧开关时,在磁力线的作用下,使触点带磁性。触点的磁性与磁铁近侧极性相同,从而使舌簧开关触点靠本身磁性吸引,使开关导通。磁铁随分电器轴转动后,磁极远离或只有一端靠近舌簧开关时,触点不受磁力线的影响,触点分开。这样,两个舌簧开关在分电器轴上的磁铁作用下,相互以180°的相位差进行通、断变换,把发动机转速信号输入ECU。

2. 舌簧开关式发动机转速传感器的检测

舌簧开关式发动机转速传感器的检测,主要检查其信号输出端子是否有脉冲信号产生,如图8-5所示。具体检查过程如下:将分电器从发动机上取下,用万用表电阻档检测,把两表笔放在信号输出端,用手转动分电器轴,观察是否有导通和断开两种状态交替出现。如果没有,则应更换舌簧开关式发动机转速传感器。

另外一种形式的舌簧开关式发动机转速传感器是阻断型,其作用原理如图8-6a所示,为使舌簧开关能闭能开,磁铁必须装在一个转动的轴上,使磁铁转动或用一个转动的齿轮来隔断其磁通量。当齿轮的齿处于磁铁和舌簧管之间时，磁通量减小，这时触点弹开，如图 8-6b 所示。无论采取哪种方法，都可以根据触点开闭时发出的信号指示轴的转动位置。

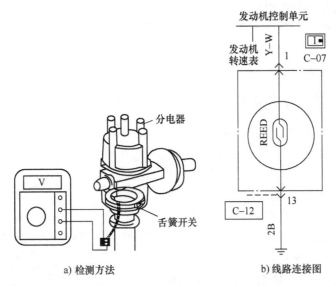

图 8-5 舌簧开关式发动机转速传感器的检测

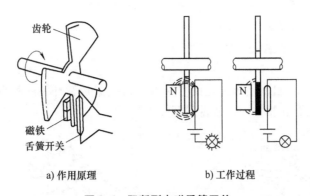

图 8-6 阻断型电磁舌簧开关

第二节 车速传感器

车速传感器（Vehicle Speed Sensor，VSS）用于测量车辆的行驶速度，并将信号送到车速里程表，以数字式或指针式显示出来。对于电控自动变速器，车速信号还用于确定变速器的换档时刻和变矩器锁止离合器的锁止控制。在巡航控制系统中，车速信号是巡航 ECU 控制设定车速的重要参考依据。但要注意，车速传感器并不是在任何情况下都反映车辆的实际行驶速度。如车轮打滑时和车辆倒车时，车速传感器便不能反映车辆的实际行驶状况。

对于装有自动变速器的汽车，车速传感器也叫变速器输出轴转速传感器，用于检测汽车的车速信号，并将该信号输入 ECU，实现 ECU 对变速器的换档控制及对发动机的控制；同时,将车速信号提供给车速里程表,用以指示汽车行驶速度,记录汽车行驶里程。而对于装有手动变速器的汽车,车速传感器仅将检测到的车速信号提供给车速里程表,用于指示汽车行驶速度,记录汽车行驶里程。

车速传感器一般安装在变速器输出轴附近的壳体上或速度表内,主要有舌簧开关式、电磁感应式、光电式、霍尔效应式、磁阻元件式、多普勒雷达式等几种。常用的有舌簧开关式、可变磁阻式、电磁感应式、光电式和霍尔式。

*一、舌簧开关式车速传感器

1. 舌簧开关式车速传感器的结构与原理

舌簧开关式车速传感器用于旧式汽车的车速报警系统中,在新型的轿车中很少用到,其结构如图8-7所示。舌簧开关触点由铁、镍等容易被磁铁吸引的强磁性材料制成。舌簧开关式车速传感器置于车速表的转子附近,当车速表驱动轴转动时,带动转子和永久磁铁旋转,使磁铁的N、S极靠近或远离舌簧开关的触点。在变化的磁场作用下,舌簧开关的两触点有时互相吸引而闭合,有时相互排斥而断开,从而形成了触点的开关作用。

从图8-8a中可以看出,当永久磁铁的N、S极从接近舌簧开关到逐渐离开时,舌簧开关的上、下两个触点变为两个不同极性的磁极,从而互相吸引,使舌簧开关闭合。

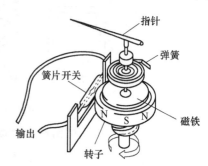

图8-7 舌簧开关式车速传感器的结构

从图8-8b中可以看出,当永久磁铁的N或S极接近舌簧开关的触点时,触点变为两个同一极性的磁极,从而互相排斥,使舌簧开关断开。

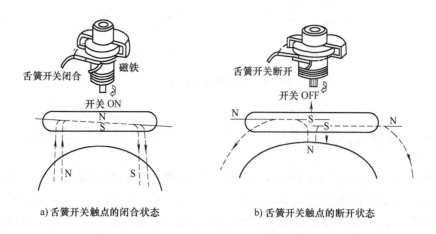

a) 舌簧开关触点的闭合状态　　b) 舌簧开关触点的断开状态

图8-8 舌簧开关式车速传感器的工作原理

因为舌簧开关式车速传感器的永久磁铁一般是四极的(两个N极和两个S极),所以控制部分连续工作时,车速表驱动轴每回转一圈传感器就会输出四个脉冲信号。ECU根据传感器输入的脉冲信号即可计算出汽车的速度,并在速度指示仪表上显示出来。

2. 舌簧开关式车速传感器的检测

用指针式万用表电压档检测舌簧开关式车速传感器，把两个表笔接在传感器插接器插头两端子上，转动起动机 1~2s，观察电压表指针是否有脉冲电压产生。若无脉冲电压产生，说明传感器有故障。

二、电磁感应式车速传感器

1. 电磁感应式车速传感器的结构与原理

电磁感应式车速传感器也称为变磁阻式（VR）车速传感器，它安装在自动变速器输出轴附近，如图 8-9 所示。该传感器用于检测自动变速器输出轴的转速，ECU 根据该传感器提供的信号计算车速，并以此作为换档控制的依据。

电磁感应式车速传感器结构如图 8-10a 所示，该传感器主要由永久磁铁、线圈组成。

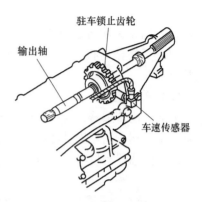

图 8-9 电磁感应式车速传感器的安装位置

由于电磁感应式车速传感器安装在自动变速器输出轴附近的壳体上，当输出轴转动时，输出轴上的驻车锁止齿轮随其一起转动，从而使齿轮上的凸齿不断地靠近或离开车速传感器，使通过传感器线圈内的磁通量不断变化，进而在线圈上产生一个周期变化的感应电压，如图 8-10b 所示。

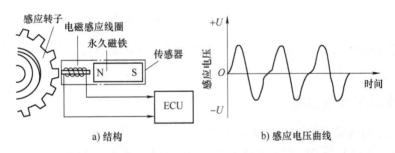

图 8-10 电磁感应式车速传感器结构与感应电压曲线

汽车行驶的车速越高，输出轴的转速就越高，传感器线圈中产生的感应电压的脉冲频率也就越高，ECU 便根据感应电压脉冲的大小计算汽车的行驶速度。

在部分装有自动变速器的汽车上，变速器的输入轴转速传感器也采用电磁感应式转速传感器，以用来检测变速器的输入轴转速，并将检测的信号输入 ECU，使 ECU 更精确地控制换档过程。此外，ECU 还将该信号和来自发动机控制系统的发动机转速信号进行比较，计算出液力变矩器的传动比，使油路压力控制过程和锁止离合器的控制过程得到进一步优化，以改善换档感觉，提高汽车的行驶性能。

2. 电磁感应式车速传感器的检测

电磁感应式车速传感器的检测方法有电阻检测、输出信号检测和单件检测等三种。

（1）电阻检测

断开车速传感器插接器插头，用万用表测量传感器两接线端子间的电阻，如图 8-11 所示。不同自动变速器的车速传感器感应线圈的电阻值不同,一般为几百到几千欧姆,如果偏大或偏小,都应该根据电路图检查线路。

(2) 输出信号检测

将车支起,用手转动悬空的驱动车轮,同时用万用表测量车速传感器的两接线端子间有无脉冲感应电压。若万用表指针有摆动,说明传感器有输出的脉冲电压,传感器工作正常;否则,说明传感器有故障,应进一步检查传感器转子及感应线圈是否脏污。若脏污,应进行清洁后再进行测试。若传感器仍无脉冲电压产生,说明传感器已经损坏,则应及时更换。

(3) 单件检测

拆下车速传感器,用一根铁棒或一块磁铁迅速靠近或离开传感器,同时用万用表测量传感器两接线端子间有无脉冲电压产生,如图 8-12 所示。如果没有感应电压或感应电压很微弱,说明传感器有故障,应进一步检查。如果确认有故障,应更换传感器。

图 8-11 车速传感器电阻的检测

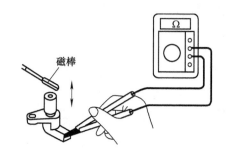

图 8-12 单件检测车速传感器的脉冲电压

变速器输入轴电磁感应式转速传感器,其检测方法与电磁感应式车速传感器的检测方法基本相同,在此不再叙述。

三、光电式车速传感器

1. 光电式车速传感器的结构与原理

光电式车速传感器用于数字式车速表上,它由发光二极管(LED)、光电晶体管以及装在车速表驱动轴的透光板构成,其结构如图 8-13 所示。

光电式车速传感器的工作原理及电路如图 8-14 所示。

由车速表驱动轴驱动的带切槽透光板位于发光二极管和光电晶体管的中间,随着带切槽透光板的转动,发光二极管发出的光有时能照射到光电晶体管上,有时不能照射到光电晶体管上。当发光二极管发出的光照射到光电晶体管上时,光电晶体管导通,且光电晶体管集电极中有电流通过,因此在端子上就有 5V 脉冲电压信号输出。当发光二极管发出的光不能照射到光电晶体管上时,则无脉冲电压信号输出。且脉冲频率取决于车速,在车速为 60km/h 时,仪表挠性驱动轴的转速为 637r/min,而仪表软轴每转一周,传感器就有 20 个脉冲电压信号输出。

采用光电式车速传感器的数字式车速表的结构及工作原理如图 8-15 所示。该车速表主要由显示屏、微处理器和集成电路组成。车速传感器输出的脉冲信号输入到车速表通过显示屏来显示车速,并将这种脉冲信号输入到里程表、燃油表、温度表等。

第八章　速度与加速度传感器

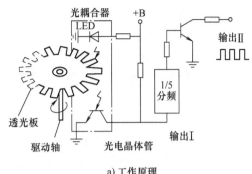

a) 工作原理

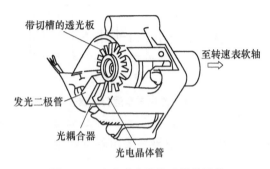

图 8-13　光电式车速传感器的结构

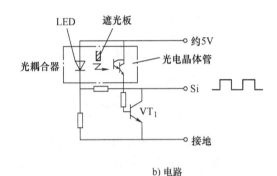

b) 电路

图 8-14　光电式车速传感器的工作原理及电路图

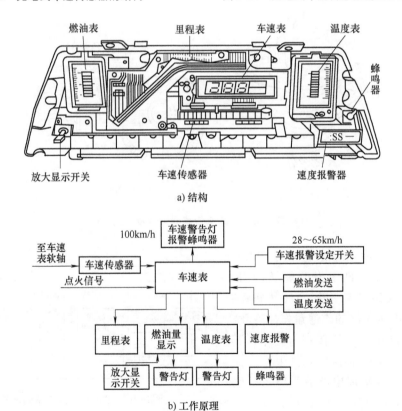

b) 工作原理

图 8-15　数字式车速表的结构及工作原理

· 203 ·

2. 光电式车速传感器的检测

（1）供电电压检测

因为光电式车速传感器为主动式传感器，只有在提供工作电压的情况下才能正常工作，因此可以使用万用表电压档，在点火开关打开的情况下，测量光电式车速传感器的供电电源和搭铁端子间的电压，正常应为5V。

（2）输出信号万用表检测

打开点火开关，利用背插法，用万用表电压档测量信号端与搭铁端的电压，在转速很慢的情况下，应能够看到电压在0~5V间波动。

（3）示波器检测

使用示波器，对输出信号端进行输出信号检测，应与图8-16波形相符。

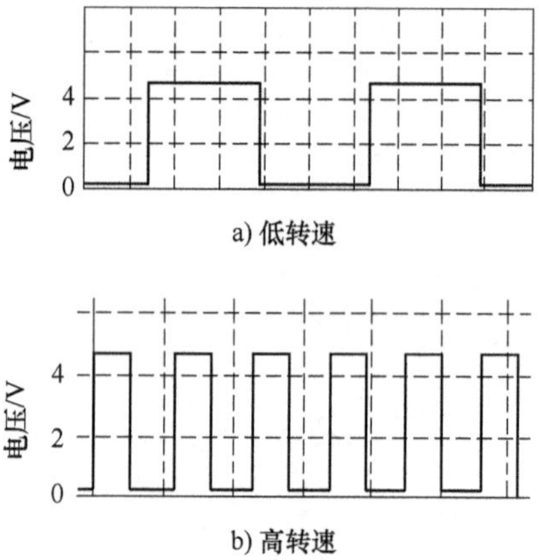

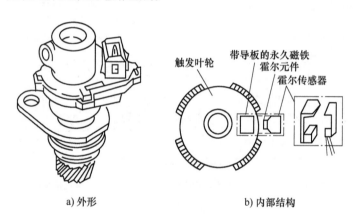

图8-16 光电式车速传感器输出波形

四、霍尔式车速传感器

1. 霍尔式车速传感器的结构与原理

霍尔式车速传感器的外形与内部结构如图8-17所示。该传感器主要由触发叶轮、带导板的永久磁铁、霍尔元件及集成电路组成。

图8-17 霍尔式车速传感器外形及内部结构

霍尔式车速传感器也是利用霍尔效应的原理制成的。即触发叶轮转动时，其叶轮在永久磁铁与霍尔元件间转动，从而使通过霍尔元件的磁通量发生变化。由于霍尔元件用导线连接在电路中，其上通有电流，所以在霍尔元件上产生一个霍尔电压，经集成电路放大整形后输出矩形方波信号，如图8-18所示。

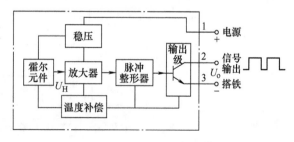

图8-18 霍尔式车速传感器电路

2. 霍尔式车速传感器的检测

（1）车速传感器的电源电压检测

关闭点火开关，取下车速传感器的插头后，再接通点火开关，检测车速传感器插头端子 1 与 2 的电压，其标准值应为 12V。否则应检查熔断器、点火开关以及它们之间的连接导线。

（2）传感器输出信号的检测

当汽车行驶时，用示波器检测车速传感器插座端子 3 和 2 之间应有方波信号输出（注意：测试时，车速传感器的插头不能取下）。否则说明车速传感器损坏。

（3）检测传感器线束的导通性

关闭点火开关，拔下车速传感器的连接插头，然后拔下发动机控制单元的连接插头，用万用表的电阻档测量传感器连接插头的端子与发动机控制单元的端子之间的电阻值，及传感器连接插头的端子与搭铁之间的导通性，电阻均应小于 1Ω。若相差很大或为 ∞，则说明线束的连接有故障。

五、可变磁阻式车速传感器

1. 可变磁阻式车速传感器的结构与原理

可变磁阻式车速传感器安装在变速器的壳体上，由变速器齿轮驱动，其安装位置如图 8-19 所示。

可变磁阻式车速传感器（图 8-20）主要由磁阻元件、转子、弹簧、印制电路板和磁环等构成，工作原理如图 8-21 所示。

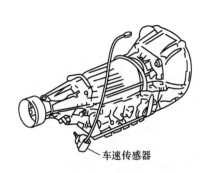

图 8-19 可变磁阻式车速传感器的安装位置

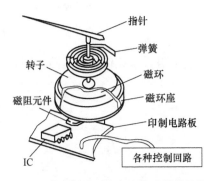

图 8-20 可变磁阻式车速传感器的结构

当变速器齿轮驱动传感器轴旋转时，与轴连在一起的多极磁环也同时旋转，集成电路内的磁阻元件的磁通量也发生变化。由于磁环上 N 极与 S 极的交替排列，伴随着磁环的旋转，使通过磁阻元件的磁通量和磁力线的方向都不断变化，从而使磁阻元件（MRE）的电阻值发生变化（当流向磁阻元件的电流方向与磁力线方向平行时，其电阻值最大；电流方向与磁力线方向垂直时，其电阻值最小，如图 8-22 所示）。磁通量的变化与磁环转速成正比。由于磁阻元件电阻值的变化，磁环每旋转一周在集成电路（IC）的内置

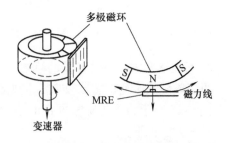

图 8-21 可变磁阻式车速传感器的工作原理

磁阻元件（MRE）中就会出现 20 个脉冲电压信号，即车速信号。将此信号通过电路的连接输入到比较器中进行比较，再由比较器输出信号去控制晶体管的导通和截止，这样就可以检测出车速。输出信号如图 8-23 所示。

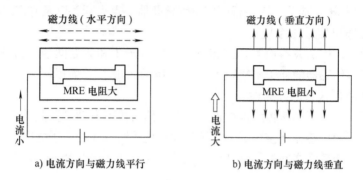

图 8-22　磁阻元件（MRE）的性质

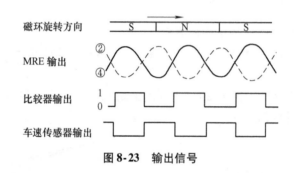

图 8-23　输出信号

可变磁阻式车速传感器电路如图 8-24 所示。

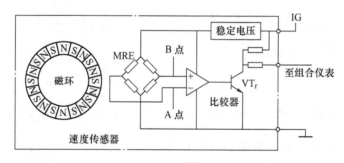

图 8-24　可变磁阻式车速传感器电路图

2. 可变磁阻式车速传感器的检测

可变磁阻式车速传感器很少发生故障，检修时，一般检查传感器的输出信号电压。

图 8-25 所示为该传感器与 ECU 之间的连接电路。

检测方法如下：

（1）检测供电电压

在断开可变磁阻式车速传感器插接器的情况下，打开点火开关，采用万用表直流电压档，检测与传感器断开的插接器①与②端子之间的蓄电池电压是否正常。如该电压为 0V，

(2) 输出电压的检测

采用万用表直流电压档，两表笔连接在传感器的③与②端子之间，然后用手转动传感器轴，同时观察万用表是否有脉冲电压信号输出。如万用表指针不动，则应更换新的传感器，否则应检查与传感器连接的导线及其插接器。

(3) 搭铁情况的检测

采用万用表电阻档，检测传感器②端子与车身搭铁之间的电阻值，该电阻值应近似于0Ω。否则说明传感器搭铁不良。

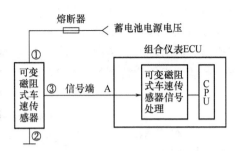

图 8-25　可变磁阻式车速传感器与 ECU 之间的连接电路

六、多普勒雷达式车速传感器

多普勒雷达式车速传感器的工作原理如图 8-26 所示，振荡器产生频率为 f_1 的等幅振荡连续波，经转换器输送到天线，再以一定的倾角向地面发射。当汽车行驶时，雷达天线在单位时间内接收到的地面反射波频率为 f_2，则多普勒频率 f_d 为

$$f_d = f_1 - f_2 = \frac{2v}{\lambda}\cos\theta$$

式中　λ——发射波的波长；
　　　θ——天线相对地平面的发射倾角；
　　　v——车身速度。

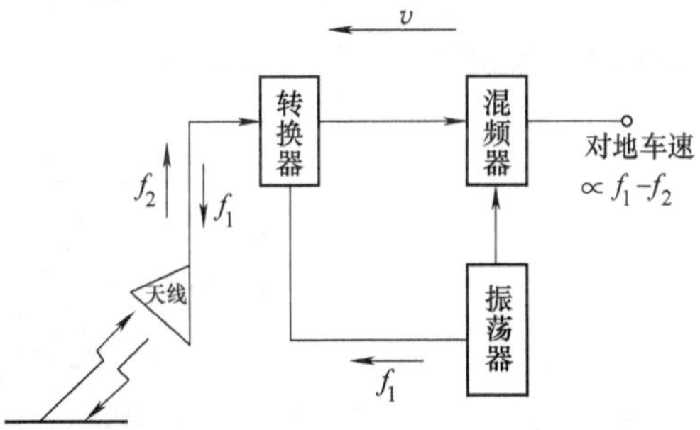

图 8-26　多普勒雷达式车速传感器的工作原理

由于多普勒频率与车身速度 v 成正比，因而可用多普勒频率 f_d 作为车身速度的依据。

虽然多普勒雷达式车速传感器测量精确，但由于造价昂贵，因此使用并不多。

第三节　轮速传感器

汽车轮速传感器即车轮速度传感器，用于检测车轮旋转速度，并将其转化为电信号输入ECU。现在，在防抱死制动装置（ABS）、牵引力控制装置（TCS）、电子制动力分配装置（EBD）、电子稳定程序（ESP）等系统中，各个控制单元根据轮速传感器的信号，通过和车速传感器信号的对比，确定车辆是否发生抱死和滑移，从而决定执行器是否动作。

另外，智能网联汽车的导航系统、车道偏离报警系统、车道保持辅助系统、自适应巡航控制系统等，也需要将采集到的车轮转速信号根据预设的车速计算公式换算成车速信号发送到 CAN 总线，通过 CAN 总线获取车速信号。车速信号的准确与否直接关系到智能网联汽车行驶的安全性及可靠性。

按照汽车上安装的轮速传感器的数量，可以分为四轮速传感器、三轮速传感器、二轮速传感器、单轮速传感器四种形式，可以实现四通道、三通道、二通道、单通道的控制方式。

轮速传感器的数目和通道数目不同，感应齿圈安装位置也不同。一般来讲，齿圈安装在随车轮或传动轴一起转动的部件上，如驱动车轮、从动车轮、半轴、轮毂或制动盘、主减速器或变速器的输出轴上。传感器本体安装在车轮附近不随车轮转动的部件上，如半轴套管、转向节、制动底板等位置，如图 8-27 所示。

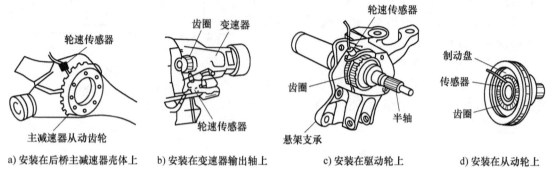

图 8-27 轮速传感器的安装位置

另外，按传感器头的外形分凿式极轴轮速传感器头和柱式极轴轮速传感器头。菱形极轴轮速传感器头相对比较少见，如图 8-28 所示。

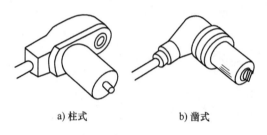

图 8-28 传感器头形状

传感器与感应齿圈的相对安装位置，也有三种方式，如图 8-29 所示。

目前使用的轮速传感器主要有电磁式和霍尔式两种。

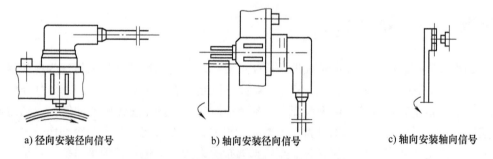

图 8-29 轮速传感器感应齿圈的安装形式

一、电磁感应式轮速传感器

1. 电磁感应式轮速传感器的结构与原理

电磁感应式轮速传感器由传感头和齿圈两部分构成。传感器齿圈是由磁阻较小的铁磁性材料制成的。传感头主要由永久磁铁磁心和感应线圈组成,如图 8-30 所示。轮速传感器头与磁性齿圈间的间隙 δ 很小,通常在 0.5~1.0mm 范围内。

电磁感应式轮速传感器与电磁感应式车速传感器的工作原理相同,都是利用齿圈转动时与传感器磁头之间的间隙产生变化,从而使通过感应线圈的磁通量发生变化,进而在线圈上产生不同的感应电压的原理制成的。传感器的工作原理及输出电压波形如图 8-31 所示。

电磁感应式轮速传感器的结构简单、成本低,所以应用较为广泛。但其输出信号的频率和幅值受转速影响较大,且其抗电磁波干扰能力差,易产生错误信号,所

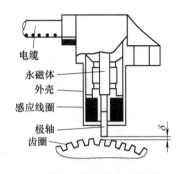

图 8-30 电磁感应式轮速传感器的结构

以只适于 15~160km/h 的速度,今后要求所控制的转速扩大到 8~260km/h 甚至更大,则电磁感应式轮速传感器很难适应。而霍尔式轮速传感器则能克服电磁式轮速传感器的不足,因此在 ABS 中的应用越来越多。

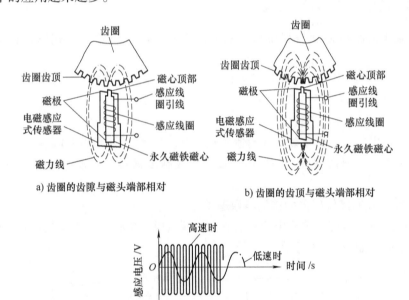

图 8-31 电磁感应式轮速传感器工作原理及输出电压波形

2. 电磁感应式轮速传感器的检测

电磁感应式轮速传感器的常见故障有传感器感应电路(感应线圈)断路或短路、传感器头或齿圈沾染油污、传感器消磁、传感器松动等。检修时主要检查传感器的电阻和输出信号电压。

1)检测传感器的输出电压。使被检车轮离地,松开驻车制动器,以 30r/min 的转速转动车轮,用万用表测量传感器的输出电压,该值应满足标准规定。若偏大或偏小,应继续全面检测。如果发现传感器损坏,应及时更换传感器。

2)检测传感器的电阻。拔下传感器插接器插头,用万用表测量传感器两接线端子间的

电阻值，该值应符合标准规定。若过大或过小，说明传感器已损坏，应进行更换。

3）检测传感器磁头与齿圈的间隙。用塞尺测量传感器磁头与齿圈之间的间隙，该值应满足标准规定，若不在标准范围内应进行调整。

二、励磁式轮速传感器

励磁式轮速传感器在东风牌 EQ1090E 型载货汽车的 FKX 型 ABS 使用，传感器励磁电路如图 8-32 所示。

晶体管 VT，电阻 R_1、R_2，电容 C_1 组成恒流电路给励磁式轮速传感器提供约 40mA 的直流电流，以便使传感器铁心建立起工作磁通量。当车轮转动时，引起磁阻变化，线圈中便产生感应电动势。由于恒流电路具有较高的动态阻抗，使感应信号幅度不致大幅度衰减。电容器 C_2 用来旁路高频成分，以便衰减点火系统的干扰。

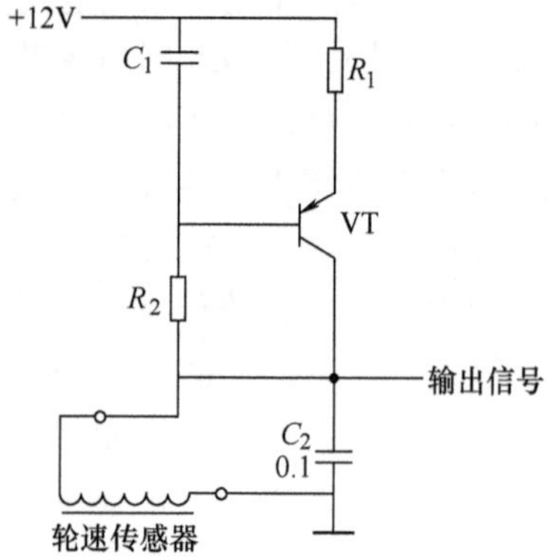

图 8-32　传感器励磁电路

三、霍尔效应式轮速传感器

霍尔效应式轮速传感器是利用霍尔效应原理制成的，霍尔效应式轮速传感器的优点如下：

1）传感器产生数字信号，ECU 可以直接使用，不用进行转换。

2）传感器电压不受车轮转速影响。

3）传感器不易受外界干扰。

按照信号检出形式，霍尔效应式轮速传感器可以分为三线制和两线制两种。三线制传感器为一根电源线、一根搭铁线、一根信号线；两线制传感器为一根电源线、一根信号兼搭铁线。

1. 霍尔效应式轮速传感器的结构与原理

霍尔效应式轮速传感器主要由传感器头和齿圈组成，传感器头由永久磁铁、霍尔元件和电子电路等组成，如图 8-33 所示。

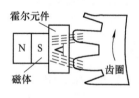
a) 霍尔元件磁场较弱

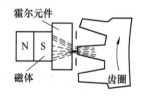
b) 霍尔元件磁场较强

图 8-33　霍尔效应式轮速传感器的结构与原理

当齿圈转动到齿隙正对传感器头时，永久磁铁的磁力线穿过霍尔元件通向齿圈的磁力线较为分散，磁场也相对较弱，如图 8-33a 所示。齿圈转动到凸齿正对传感器头时，永久磁铁的磁力线穿过霍尔元件通向齿圈的磁力线较为集中，磁场也相对较强，如图 8-33b 所示。这样在齿圈的转动过程中，由于通过霍尔元件的磁力线密度发生变化，因而引起霍尔元件上霍尔电压的变化，使霍尔元件向外输出一个正弦波电压信号。

霍尔元件在齿轮的运动下产生并向外输出一个毫伏级的正弦波霍尔电压，经放大器放大为伏特级电压，然后送至施密特触发器输出标准的脉冲信号，并产生一定回差以提高稳定性，最后送至输出级再放大输出。

霍尔效应式轮速传感器的电子线路原理如图 8-34 所示，它的工作电压为 8~15V，负载电流为 100mA，工作频率为 20kHz，输出电压幅值为 7~14V。为了适应汽车在各种温度下工作，霍尔效应式轮速传感器采用封闭式的结构，将齿圈与传感器密封在一起，以保证在恶劣的环境中能可靠地工作。

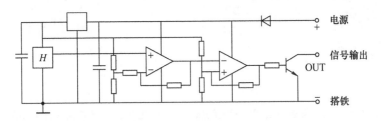

图 8-34　霍尔效应式轮速传感器的电子线路原理图

霍尔效应式轮速传感器是一种主动式轮速传感器，因此克服了电磁感应式轮速传感器的输出信号幅值会变化、频率响应不高、抗电磁干扰能力差的缺点，具有输出信号幅值不变、频率响应高、抗电磁干扰能力强的优点，因此在一些新型汽车的 ABS 上，越来越广泛地使用此类型的轮速传感器。

2. 霍尔效应式轮速传感器的检测

霍尔效应式轮速传感器的检测，主要是检查输出电压信号。

1）检查时，关闭点火开关，举升车辆，使四个轮胎离地 10cm 左右。拔下轮速传感器的导线插接器插头，并用导线将线束插头与轮速传感器插头的电源端子相连。

将万用表交流电压档的两表笔分别搭接在轮速传感器信号输出端子（注意：+、-极性不要搞错），测量传感器的输出电压。

打开点火开关，用手转动车轮，万用表应显示交流电压在 7~14V 范围。

若检测电压值不符合要求，则应检查传感器与齿圈之间的间隙（标准值为 0.2~0.5mm），否则应进行调整或更换传感器。

2）检测传感器磁头与齿圈的间隙。用塞尺测量传感器磁头与齿圈之间的间隙，如图 8-35 所示，间隙值应符合标准值，否则应进行调整或更换。

3）示波器检测。在用示波器检测时，观察所出现的电压脉冲波形应与图 8-36 所示的相似，而且要注意所有脉冲应该均匀出现。脉冲电压波形取决于车轮的转速，正常的车速传感器信号将产生一个正弦波，其波幅高度和频率宽度与车轮速度成比例。当车轮开始转动时，在示波器中部的水平直线开始在零线的上下摆动。当转速增加时，摆动幅度将越来越大。当加速时，轮速传感器的交流信号幅值增加，速度越快，波形越高。当轮速传感器有故障时，其波形将发生相应变化，所以通过波形可以分析出故障所在。

若脉冲波形显示不均匀，通常是轮速传感器或齿圈吸附了制动磨屑。为此，必须从车轮轮毂或差速器上取下轮速传感器进行清洗。

由于传感器的整体部分是线圈或绕组，它的损坏与温度或振动有关。在大多数情况下，波形将变短很多或很无组织,同时设定故障码。通常防抱死系统轮速传感器的损坏是传感器根本不产生信号。但是,如果波形是好的,检查传感器和示波器连线确定回路没有接地,则应检查传感器的气隙是否正确,然后再对传感器进行判断。

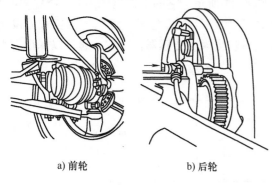

a) 前轮　　　　b) 后轮

图 8-35　轮速传感器磁头与齿圈之间间隙的测量

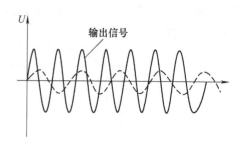

图 8-36　轮速传感器输出的电压脉冲波形
（实线为高速、虚线为低速）

4) 故障诊断仪诊断。在断电情况下,将故障诊断仪与诊断插座连接后,打开点火开关。进入 ABS 工作环境,键入所需的功能代码,结束后退出。在断电后,拆下故障诊断仪即可。

四、磁阻式轮速传感器

新型轮速传感器除了具备主动型轮速传感器的功能外,还能够检测出车轮的旋转方向。新型的轮速传感器内部有两个磁阻,在车轮转动时产生两个信号,把这两个信号叠加在一起后,再发送到 ECU。由于车辆向前或者向后行驶时,两个磁阻发出的信号是不同的,所以 ECU 可以根据传感器信号来判断车轮的旋转方向和车辆的实际行驶方向。

现以丰田新皇冠轿车的轮速传感器为例,说明轮速传感器的结构、原理与检测方法。

1. 磁阻式轮速传感器的结构与原理

丰田新皇冠轿车的轮速传感器采用磁阻型半导体传感器,简称 MRE 传感器。磁性转子是由内置带磁性粒子的橡胶制成,南北共 48 极,磁极按圆周方向均匀分布在一个环状垫片内,镶嵌在后轮轴承内圈上,与车轮同速度旋转。MRE 传感器则安装在轮毂上固定不动,与磁性转子间存在 0.5~0.8mm 的空气间隙。安装位置如图 8-37 所示。

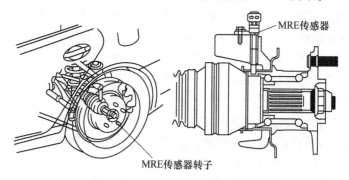

图 8-37　新皇冠轿车 MRE 轮速传感器安装位置

MRE 传感器工作原理如图 8-38 所示。当磁性转子随车轮旋转，产生磁场变化，传感器内的磁阻值相应变化，经电路处理以脉冲信号输出给 ABS ECU。MRE 传感器与广泛采用的其他方式轮速传感器相比较，它能检测到从 0km/h 开始的车速，此外，还能够检测到转子的旋转方向，因此系统可以区分车辆向前还是向后的运动方向，为坡道起步辅助控制系统 HAC 提供制动控制信号。

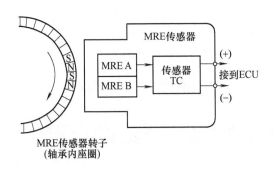

图 8-38　新皇冠轿车磁阻式轮速传感器工作原理

2. 磁阻式轮速传感器的检测

现以左前轮速传感器为例说明其检测方法。

左前轮速传感器（S4）与 ABS 和牵引力执行器总成（制动防滑控制 ECU）的连接线路如图 8-39 所示。

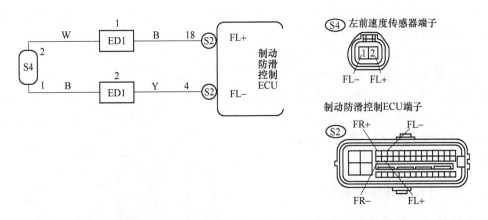

图 8-39　左前轮速传感器（S4）与制动防滑控制 ECU 端子的连接线路及端子位置示意图

1）输入电压检测。关闭点火开关，断开轮速传感器插接器；打开点火开关，用万用表检测 S4-2（FL+）与车身搭铁的电压，其值应在 7.5～12V 之间。

2）线路导通性检测。关闭点火开关，断开轮速传感器插接器和制动防滑控制 ECU 插接器，用万用表测量左前轮速传感器 S4-2（FL+）与 S2-18（FL+）之间、S4-1（FL-）与 S2-4（FL-）之间的电阻，其值应小于 1Ω。

3）绝缘性检测。关闭点火开关，断开制动防滑控制 ECU 插接器，用万用表测量 S2-18（FL+）与搭铁之间、S2-4（FL-）与搭铁之间电阻，其值应大于 10kΩ。

4）解码器检测。用解码器检测，如果左前轮速传感器或线路有故障，会输出故障码

DTC C0205/32 左前轮速传感器、DTC C1272/72 左前轮速传感器输出电压低。

5）示波器检测。使用示波器，利用背插法，在不脱开端子的条件下测量，应该输出图 8-40 所示波形，否则应检查线路或更换传感器。

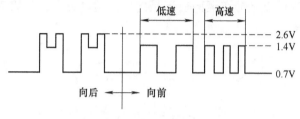

图 8-40 轮速传感器输出波形

第四节 加速度与减速度传感器

加速度可以分为速度增加的正加速度（加速度）和速度减小的负加速度（减速度）。

在汽车运行过程中，汽车控制系统经常需要获得汽车的加速度来了解汽车的运行状态，再对其进行控制。在汽车的安全气囊系统、防抱死系统、电子控制悬架系统、自动变速器系统、汽车防盗系统上都应用了各种加速度传感器。

汽车上使用的加速度传感器很大一部分是 MEMS 加速度传感器。MEMS 是微电子机械系统（Micro Electro Mechanical Systems）的英文缩写。

应用 MEMS 技术的加速度传感器有压阻式 MEMS 加速度传感器、电容式 MEMS 加速度传感器、谐振式 MEMS 加速度传感器。

在制动过程中所用的加速度传感器，由于是测量车辆纵向速度降低的快慢程度，因此也被称为减速度传感器。按照测量原理的不同，减速度传感器可以分为光电式、水银式、差动变压器式、惯性压阻式、开关式等几种。

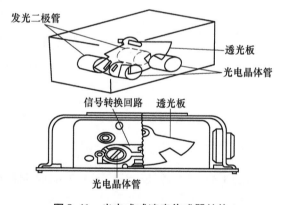

图 8-41 光电式减速度传感器结构

一、光电式减速度传感器

光电式减速度传感器的结构如图 8-41 所示，由两只发光二极管 LED、两只光电晶体管、一块透光板和信号处理电路等组成。

光电式减速度传感器的工作原理如图 8-42 所示。

透光板位于发光二极管和光电晶体管的中间，如图 8-42a 所示，其上有开口。随着透光板的摆动，发光二极管发出的光或透过透光板，如图 8-42b 所示，或被透光板挡住，如图 8-42c 所示，从而使光电晶体管时而导通时而截止，从而向外输出电压信号。

汽车匀速行驶时，透光板静止不动，传感器无信号输出。当汽车减速时，透光板沿汽车纵向摆动，如图 8-43 所示。透光板摆动角度随着减速度的变化而变化，两只光电晶体管的

"导通"与"截止"状态也就随着变化。减速度越大,透光板摆动角度越大。根据两只光电晶体管的输出信号,就可将汽车减速度区分为四个等级,见表8-1。ABS ECU 接收到传感器信号后,就可判定出路面状况,从而采取相应的措施,以保持车辆行驶的平稳性。

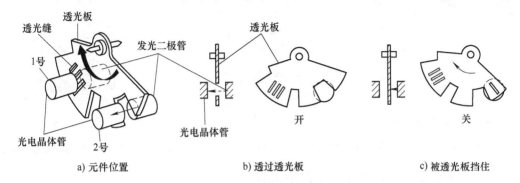

图 8-42 光电式减速度传感器的工作原理

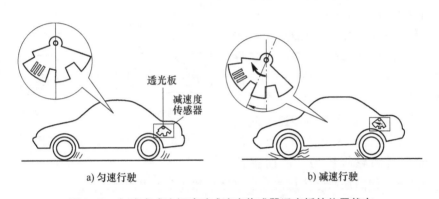

图 8-43 匀速或减速行驶时减速度传感器透光板的位置状态

表 8-1 减速度(减速率)的等级

减速率	低减速率1	低减速率2	中等减速率	高减速率
光电晶体管1	开	关	关	开
光电晶体管2	开	开	关	关
透光板位置	光电晶体管1(开) 光电晶体管2(开)	关 开	关 关	开 关

二、水银式减速度传感器

水银式减速度传感器应用在日本日产4×4全轮驱动汽车上,安装在变速杆的后部,外形如图8-44a,安装位置如图8-44b。水银式减速度传感器的结构如图8-45所示,它主要由玻璃管和水银组成。

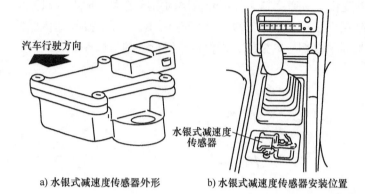
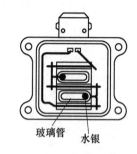

图8-44 水银式减速度传感器的外形及安装位置　　图8-45 水银式减速度传感器的结构

图8-46为水银式减速度传感器的工作原理。

在图8-45中,水银式减速度传感器可以检测前后两个方向的加减速度,当然也可以横置,作为左右方向上的加减速度传感器。当汽车高速急转弯时,横向加速度超过设定值,水银在惯性作用下移动,传感器电路断开,向ABS ECU输入一个低电平信号。ABS ECU接收到横向加速度超过设定值的信号后,立即发出控制指令,修正左、右车轮制动轮缸压力,从而提高

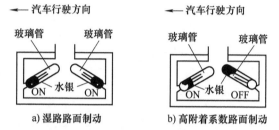

图8-46 水银式减速度传感器工作原理

ABS的制动性能。横向加速度传感器在高级轿车和赛车上采用较多。

当汽车在低附着系数路面上制动时,汽车减速度较小,水银在玻璃管内基本不动,如图8-46a所示,此时传感器电路接通,ABS ECU便按低附着系数路面上的控制程序控制制动系统工作。

当汽车在高附着系数路面上制动时,汽车减速度较大,如图8-46b所示,传感器玻璃管内的水银在惯性力作用下前移,此时传感器电路断开,于是ABS控制电路断开,汽车可以不用防抱死方式制动,在高附着系数的路面上也能保持稳定性。

三、差动变压器式减速度传感器

差动变压器式减速度传感器是利用耦合变压原理获得加速度信号。该传感器由固定的线圈和可移动的铁心构成,铁心在制动减速惯性力的作用下沿线圈轴向移动,可导致传感器电路中感应电量的连续变化。

差动变压器式减速度传感器的结构如图8-47a所示,日本三菱公司的汽车上装有这样的减速度传感器。

差动变压器式减速度传感器的工作原理如图8-47b所示。汽车正常行驶时,差动变压器线圈内的铁心处于线圈中部位置,当汽车制动减速时,铁心受惯性力作用向前移动,从而使差动变压器内的感应电流发生变化,以此作为输出信号来控制ABS工作。

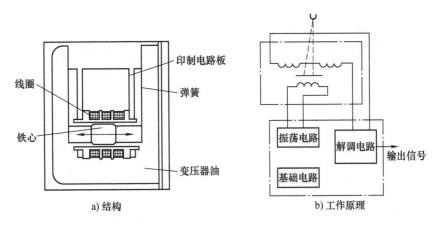

图 8-47 差动变压器式减速度传感器的结构与工作原理

四、压电式减速度传感器

压电式减速度传感器又称压电式减速度计。它也属于惯性式传感器,它是利用某些物质如石英晶体的压电效应,在减速度传感器受振时,质量块加在压电元件上的力也随之变化。当被测振动频率远低于减速度传感器的固有频率时,则力的变化与被测减速度成正比。

常用的压电式减速度传感器的结构如图 8-48 所示。

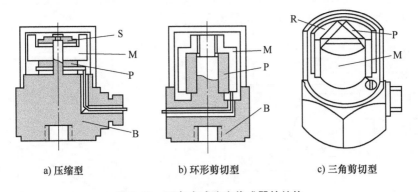

图 8-48 压电式减速度传感器的结构

S—弹簧 M—质块 B—基座 P—压电元件 R—夹持环

五、压阻式减速度传感器

压阻式减速度传感器也称为惯性压阻式减速度传感器、应变计式减速度传感器,由惯性压阻元件组成的电桥、恒压电路、抗干扰及温度补偿电路等组成。紧急制动时,传感器上的质量块随减速度的大小产生相应的惯性力,施加在压阻元件上,从而改变电桥的电阻,打破了电桥电路的平衡,使传感器输出的电压信号发生变化,即输出一个随减速度变化的电压差。

现以三菱汽车 V31、V33 车型使用的半导体型压阻式减速度传感器为例,介绍其结构和检测方法。

1. 半导体型压阻式减速度传感器的结构

三菱汽车的压阻式减速度传感器由塑料壳、配重块及包含放大电路、降噪电路和其他元件的复合集成电路组成。传感器壳体内装有硅油,以确保最佳动态性能,如图8-49所示。

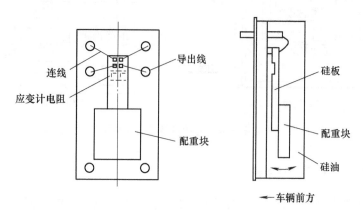

图8-49 半导体型压阻式减速度传感器结构

配重块悬挂在硅板上一端,硅板上贴有应变片。当车辆加速或减速时,惯性力作用在配重块上,配重块的运动使硅板上的应变片向其中一方拉长或压缩,引起应变片电阻发生变化,通过电桥电路,将电阻的变化转化为电压的变化,代表纵向的加速度或减速度的大小。其内部电路如图8-50所示,输出特性如图8-51所示。

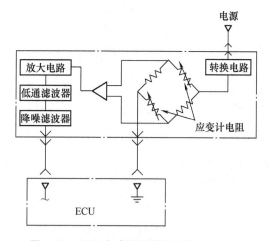

图8-50 压阻式减速度传感器内部电路图

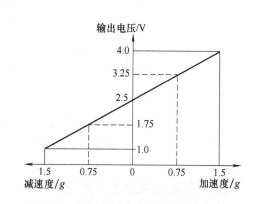

图8-51 压阻式减速度传感器输出特性图

2. 压阻式减速度传感器的检测

三菱V31、V33车型用压阻式减速度传感器的连接电路如图8-52所示。

1)供电电压的检查。关闭点火开关,断开减速度传感器与ABS ECU的插头,打开点火开关,用万用表电压档测量压阻式减速度传感器线束侧端子1与蓄电池负极间的电压,应为蓄电池电压。

第八章 速度与加速度传感器

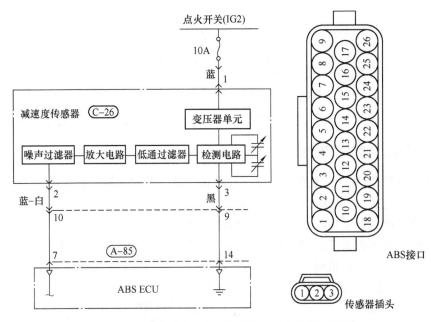

图 8-52 压阻式减速度传感器连接电路和端子示意图

2）搭铁检查。关闭点火开关，断开减速度传感器与 ABS ECU 的插头，打开点火开关，用万用表电阻档测量压阻式减速度传感器线束侧端子 3 与蓄电池负极间的电阻，应小于 1.5Ω。

3）输出信号检查。关闭点火开关，断开减速度传感器插接器，连接专用工具 MB991348（即专用三通插头）测试线束组，在断开的插接器端子间测量，如图 8-53 所示。

使点火开关转到"ON"的位置，读取在端子 2 和端子 3 之间的电压，标准值为 2.4~2.6V。

在连接专用工具 MB991348 情况下，转动使箭头面朝下，读取在端子 2 和端子 3 之间的输出电压，标准值为 3.4~3.6V。

如果电压值偏离标准值，确认电源供给线和接地线有无问题，如无问题则更换减速度传感器。

4）解码器检测。使用三菱专用解码器 MUT-Ⅱ，进入 ABS，读出数据流，见图 8-54 和表 8-2。

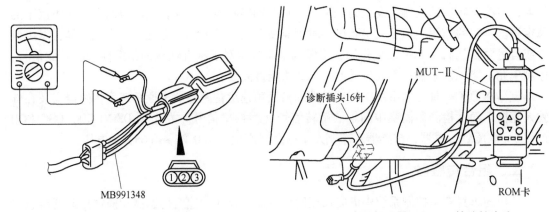

图 8-53 压阻式减速度传感器测量方法　　图 8-54 专用解码器 MUT-Ⅱ的连接方法

表 8-2 MUT-Ⅱ有关减速度传感器数据流

项目号	检查项目	检查要求	正常值/V
32	减速度传感器输出电压	当车辆于静止状态（水平）	2.4~2.6
		当车辆于行驶状态	显示值以2.5为均值波动

如果减速度传感器有故障，查找故障码时会出现"故障码32——G传感器故障"。

六、开关式加速度传感器

博世公司 ABS 2S 系统采用的开关式加速度传感器，又称为横向加速度开关，它是用来感测汽车横向加速度的。在横向加速度开关中，串联有两对开启方向相反的开关触点，当汽车的横向加速度低于限定值时，两对触点都处于闭合状态，插头两端子通过开关内部构成通路；当汽车的横向加速度超过限定值时，开关中的一对触点在自身惯性力的作用下处于开启状态，插头两端子之间在开关内部形成断路。

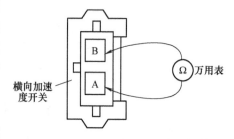

图 8-55 开关式加速度传感器的检测

开关式加速度传感器检测（图8-55）方法：

将点火开关置于"OFF"位置，将横向加速度开关线束插头断开，将万用表电阻档接在横向加速度开关的两个端子上，万用表的读数应该为零。如果读数不等于零，则说明横向加速度开关有故障，则应更换。

第五节 横摆角速度传感器与组合传感器

一、横摆角速度传感器

横摆角速度传感器一般安装在车辆中部变速杆旁、行李舱上方、后座椅下方、转向柱下方偏右侧等处。横摆角速度传感器可以单独安装，也可以与侧向加速度传感器合为一体。

横摆角速度传感器识别车辆绕垂直于地面轴线方向的旋转角度，记录汽车绕垂直轴线的运动，监测车辆后部因侧滑发生的甩尾，识别车辆实际运动方向，偏转角的大小代表汽车的稳定程度。它的作用类似于飞机陀螺，时刻监视着汽车的方向稳定性，确定汽车是否发生侧滑或者甩尾，从而使 ESP 发生作用，确保汽车保持相对于垂直轴线的稳定性。没有此信号，控制单元不能识别车辆是否发生转向，ESP 功能将失效。

宝马在 DSC—Ⅲ 控制系统中使用单独的横摆角速度传感器。横摆角速度传感器安装在驾驶人座椅下面，检测车辆绕中间轴的旋转信号（横摆率信号）发送到 DSC ECU，DSC ECU 提供 5V 电压到传感器，传感器在车辆发生横摆时产生一个 0.25~4.65V 的电压。

二、组合传感器

最初的车身姿态控制系统中纵向加速度传感器、横向加速度传感器和横摆角速度传感器都是单独安装的。随着科技的发展，现在基本都使用了传感器总成（sensor cluster）的模式,即将其中的两个或三个传感器设计为一体与ECU连接。最常见的组合传感器为横向加速度传感器和横摆角速度传感器的组合。

组合传感器与ECU连接通信的方式有两种:一种是普通线束连接;一种是采用CAN(控制器局域网)总线与控制单元间以双绞线进行通信。

1. 使用一般电线连接的组合传感器

一汽马自达6轿车的DSC系统采用了组合传感器,组合传感器安装在驻车制动杆的左侧,由横向加速度传感器与横摆角速度传感器组合而成,用以探测车辆横摆率(车辆转角速度)以及横向惯性力,并把信号传输给DSC HU/CM(动态稳定控制液压控制单元)。当传感器探测到旋转转向叉的转动速度所产生的自转偏向力(科氏力)后,就会按比例形成横摆角速度信号。当传感器探测到作用在硅检测部件上的惯性力时,就会按比例形成横向惯性力信号。当车辆保持静止时,组合传感器输出横摆角速度信号电压和横向惯性力信号电压均为2.5V,并随着横摆角速度以及横向惯性力的变动而变动。组合传感器的外形与输出特性如图8-56所示。

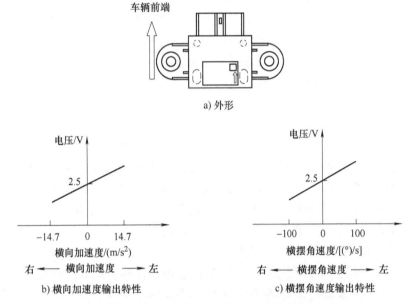

图8-56 组合传感器的外形与输出特性

组合传感器与DSC HU/CM的连接电路和各端子的功用见图8-57和表8-3。

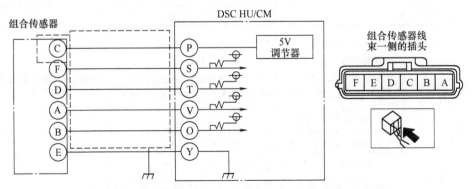

图8-57 组合传感器与DSC HU/CM的连接电路和端子示意图

· 221 ·

表8-3 组合传感器与 DSC HU/CM 各端子功用

组合传感器端子	DSC HU/CM 端子	名 称
C	P	组合传感器的功率输出（为传感器提供 +5V 电压）
F	S	组合传感器诊断信号（为 3.5~5.0V 电压）
D	T	横摆角速度传感器输出
A	V	—
B	O	横向加速度传感器（横向加速度信号）
E	Y	组合传感器搭铁

在检测组合传感器时，应注意不能让传感器跌落，如果传感器受到强烈冲击，应更换。组合传感器的检测方法如下：

1) 电源检测。将点火开关旋转到接通的位置（发动机关闭），测量组合传感器的端子 C（线束一侧）和搭铁之间的电压，电压值应在 4.5~5.5V 之间。

2) 搭铁电路检测。将点火开关旋转到断开的位置，断开组合传感器，测量组合传感器线束侧的端子 E 与蓄电池负极之间的导通性，正常应导通。

3) 横向加速度传感器的检测。连接插头，接通点火开关，根据下列内容检查端子 B 和 E 之间的电压。如果不满足要求，说明横向加速度传感器有故障，应更换横向加速度传感器。

① 水平，B 和 E 之间的电压值应为 2.4~2.6V。

② 顶面向上（与水平面上倾90°），B 和 E 之间的电压值应为 3.3~3.7V。

③ 顶面向下（与水平面下倾90°），B 和 E 之间的电压值应为 1.3~1.7V。

4) 横摆角速度传感器的检测。在静态条件下，测定横摆角速度传感器的电压。当摆动速率传感器左右旋转时，测量端子 D 与 E 之间电压，应符合规定，即：向右旋转，在 2.5~4.62V 之间波动；向左旋转，在 2.5~0.33V 之间波动。

如果不符合，则应更换横摆角速度传感器。

5) 解码检测。诊断 DSC 系统时，可用 WDS 读取故障码，然后根据相关故障码的含义进行相应的维修。当诊断到故障码 DTC1280、DTC1730、DTC1952、DTC1951 和 DTC1959 时，参考表8-4 中的故障码设置说明，对组合传感器进行更换或检测线路。

表8-4 故障码与设置说明

故 障 码	设 置 说 明
DTC1280	① 横摆角速度传感器水平时输出值大于等于3V，或者小于等于2V ② 横摆角速度传感器输出的电压应保持不变 ③ 根据轮速传感器、横向加速度传感器、转向角传感器计算出横摆角速度传感器的估计值，该估计值与横摆角速度传感器的输出值之间的差值超过了规定值
DTC1730	检测到的组合传感器的电压超过规定范围
DTC1952	检测到的横摆角速度传感器控制器的电压小于等于 3.5V
DTC1951	① 检测到的横向加速度传感器控制器的电压大于等于4.5V，或者小于等于 0.5V ② 在 1s 内，检测到大于等于 1.25V 的控制器的电压差出现了 8 次

(续)

故障码	设置说明
DTC1959	① 横向加速度传感器在 0 点的输出值大于等于 3V，或者小于等于 2V ② 横向加速度传感器的输出电压保持绝对不变 ③ 根据转向角传感器计算出横向加速度的估计值，该估计值与横摆角速度传感器的输出值之间的差值超过了规定值

2. 使用 CAN-BUS 连接的组合传感器的检测

新皇冠轿车采用 CAN-BUS 连接的组合传感器，其电路图和端子如图 8-58 所示。

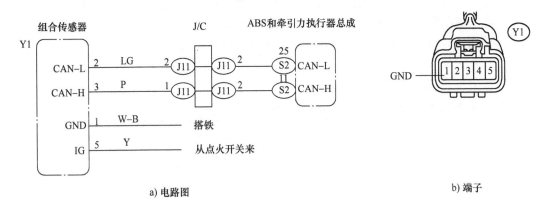

图 8-58 新皇冠轿车采用 CAN-BUS 连接的组合传感器电路图和端子图

检测方法如下：

1）电源检测。关闭点火开关，断开组合传感器插头，打开点火开关，用万用表电压档测量线束端 5 号端子与搭铁间电压，正常值应在 10~14V 之间。

2）搭铁检测。关闭点火开关，断开组合传感器插头，用万用表电阻档测量线束端 1 号端子与搭铁间电阻，正常电阻值应小于 1Ω。

3）解码器检测。由于该组合传感器使用 CAN-BUS 进行通信。因此检测主要应依靠解码器来进行。组合传感器的故障码见表 8-5。

表 8-5 组合传感器的故障码

故障码	意义	故障码	意义
C1279/79	减速度传感器故障	C1245/45	减速度传感器故障
C0371/71	横摆角速度传感器输出信号故障	C1210/36	未进行横摆角速度传感器零点校正
C1232/32	减速度传感器故障	C1336/39	未进行减速度传感器零点校正
C1234/34	横摆角速度传感器故障	C1381/97	横摆角速度传感器/减速度传感器电源电压故障
C1243/43	减速度传感器故障	U0123	失去与横摆角速度传感器模块的通信
C1244/44	减速度传感器电路开路或短路	U0124	失去与减速度传感器模块的通信

注：故障码 C1243/43、C1245/45、C1232/32 具体的故障点需查阅原厂维修手册。

复 习 题

一、填空题

1. 电磁感应式车速传感器也称为（　　）车速传感器,它安装在（　　）输出轴附近。

2. 按照汽车上安装的轮速传感器的数量,可以分为（　　）、（　　）、（　　）、单轮速传感器四种形式,可以实现四通道、三通道、二通道、单通道的控制方式。

3. 目前使用的轮速传感器主要有（　　）和（　　）两种。

4. 车速传感器并不是在任何情况下都反映车辆的实际行驶速度,如（　　）和（　　）时,车速传感器便不能反映车辆的实际行驶状况。

5. 横摆角速度传感器又称为（　　）传感器,它的作用类似飞机陀螺。

二、简述题

1. 车速传感器的主要作用是什么?

2. 汽车加速度传感器的主要作用是什么?

第九章 爆燃与碰撞传感器

第一节 爆燃传感器

爆燃传感器是用来检测发动机气缸有无发生爆燃现象,并将检测的信号输入 ECU, ECU 根据爆燃传感器的反馈信号来调整点火提前角,从而使点火提前角保持最佳位置,以避免发动机出现爆燃,改善发动机的工作性能,延长发动机的工作寿命。

按检测方式的不同,爆燃传感器可分为共振型和非共振型两大类(图 9-1)。共振型又分为磁致伸缩式和压电式两种;非共振型主要是压电式。共振型传感器在发动机爆燃时输出的电压比较高,因此无需使用滤波器即可判别有无爆燃产生;而非共振型的爆燃传感器需经滤波器检出爆燃信号。绝大多数现代汽车采用共振型压电式爆燃传感器,它是利用发动机产生爆燃时其振动频率和传感器本身的固有频率一致而产生共振的现象,用以检测是否产生爆燃,其输出信号为电压,电压值的大小表示爆燃的强度。

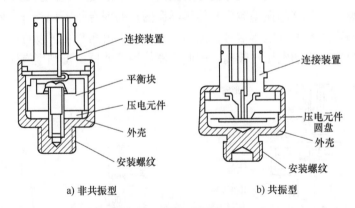

图 9-1 爆燃传感器的种类

按爆燃传感器的结构不同,爆燃传感器又可分为压电式、磁致伸缩式及火花塞座金属垫型几种。

爆燃传感器通常安装在发动机的侧面,有的发动机还装有两个爆燃传感器。

例如,2016 款丰田皇冠 5GR-FE 发动机使用了两个爆燃传感器,其电路如图 9-2 所示。

爆燃传感器 B1 的端子 1、2 分别与发动机控制单元 ECM 的端子 26、33 连接。

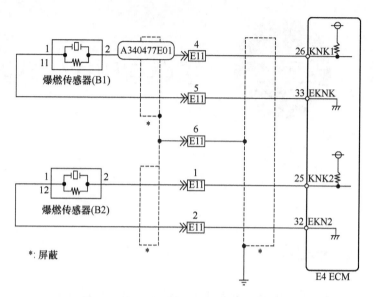

图 9-2　2016 款丰田皇冠爆燃传感器电路

爆燃传感器 B2 的端子 1、2 分别与发动机控制单元 ECM 的端子 25、32 连接。

一、压电式爆燃传感器

1. 共振型压电式爆燃传感器的结构与工作原理

共振型压电式爆燃传感器的结构如图 9-3 所示，主要由插头、插接器、压电元件等组成。传感器中的压电元件紧密地贴合在振荡片上，振荡片则固定在传感器的基座上。振荡片随发动机的振动而振荡，压电元件随振荡片的振荡而发生形变，进而在其上产生一个电压信号。当发动机爆燃时，气缸的振动频率与传感器振荡片的固有频率相符合，此时振荡片产生共振，压电元件将产生最大的电压信号，如图 9-4 所示。由图 9-4 可以看出，该类型爆燃传感器在发动机爆燃时输出的电压比较高，因此无需使用滤波器即可判别有无爆燃产生。

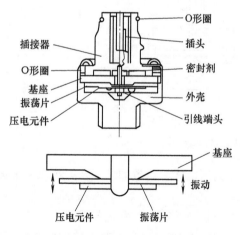

图 9-3　共振型压电式爆燃传感器结构

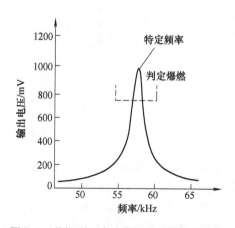

图 9-4　共振型压电式爆燃传感器输出特性

2. 非共振型压电式爆燃传感器的结构和工作原理

非共振型压电式爆燃传感器一般安装在发动机的气缸体上，其安装位置及结构如图 9-5 所示。传感器由平衡重（配重）、压电晶体、壳体、引出线等组成。两个压电晶体同极性相向对接，平衡重由螺钉固定在壳体上。

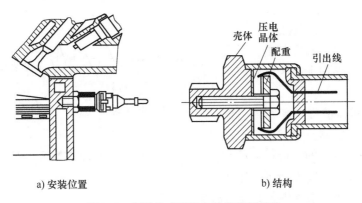

a) 安装位置　　　　　　b) 结构

图 9-5　爆燃传感器的安装位置及结构

当发动机产生爆燃时，安装在缸体上的爆燃传感器内部配重受振动的影响而产生加速度，配重将此加速度惯性力转变为作用在压电晶体上的力，压电晶体受到此加速度惯性压力后产生电信号输出。该传感器结构简单，制造时不需要调整。在发动机发生爆燃时，这种传感器输出的电压不大，具有平缓的输出特性，如图 9-6 所示。因此，需要将反映发动机振动频率的输出电压信号送到识别爆燃的滤波器中，判别是否有爆燃产生的信号。

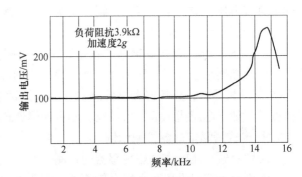

图 9-6　爆燃传感器输出电压与频率的关系

3. 共振型压电式爆燃传感器与非共振型压电式爆燃传感器的比较

1）电压。共振型在爆燃时输出电压明显增大，非共振型输出电压增大不明显。

2）测量。共振型电压易于测量，但传感器必须与发动机配套使用。非共振型用于不同发动机时，只需调整滤波器的频率范围就可以工作，不需要更换传感器，通用性比较强，但爆燃信号的检测复杂一些。

3）共振型爆燃传感器的输出波形可以直接观察出爆燃的波形，即爆燃点，而非共振型的爆燃传感器需经滤波器检出爆燃的信号。共振型和非共振型爆燃传感器输出波形的比较如图 9-7 所示。

4. 压电式爆燃传感器的检测

各种汽车用压电式爆燃传感器的检测方法基本相同。在发动机工作过程中，若爆燃传感器信号中断，电控单元就会将各缸的点火提前角推迟约 15°，汽车在行驶过程中，发动机动力不足。为了避免爆燃传感器误传输爆燃信号，必须保证爆燃传感器固定螺栓的拧紧力矩准确无误。

1）就车检查爆燃传感器。在进行爆燃传感器的检查时，可轻轻敲击该爆燃传感器附件的缸体。当轻轻敲击时，发动机的转速应随之下降，这时还需打开节气门并稳定发动机，以提高发动机的转速，此时点火提前角应随之延迟。如果在爆燃传感器附近轻轻敲击，对发动机的点火正时和转速无影响，则应用万用表进行检查。

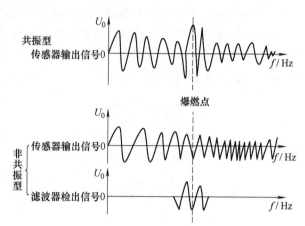

图 9-7　爆燃传感器输出波形比较

2）检查传感器波形。爆燃传感器是否正常，可用示波器检测发动机工作时爆燃传感器输出电压的波形。若没有波形输出或输出波形不随发动机工作状况的变化而变化，则说明爆燃传感器有故障。

3）检查爆燃传感器电源电压。检查时，关闭点火开关，等待 10s 之后，拆下爆燃传感器的插头，然后打开点火开关（发动机不起动），测量线束上信号输出端子和信号回路端子之间的直流电压，应为 1～4V；否则，说明线路有故障。

4）检查爆燃传感器功能：

① 发动机运转，连接好爆燃传感器导线，缓慢地提高发动机转速至 3000r/min，同时用万用表电压档测量。如果电压随之升高，说明爆燃传感器有故障。

② 发动机运转，连接好爆燃传感器导线，用锤子轻轻敲击排气歧管，同时用万用表电压档测量。如果电压指示值发生波动，则说明爆燃传感器有故障，应更换新的传感器。

5. 压电式爆燃传感器检测示例

上海别克轿车压电式爆燃传感器的检测

上海别克轿车只设置一个爆燃传感器，安装在发动机右侧气缸体上。爆燃传感器为单导线型传感器，用于检测发动机的爆燃情况，并将其转化为电信号输入 PCM，PCM 根据传感器信号的振幅和频率推迟点火提前角。

爆燃传感器利用晶体或陶瓷多晶体的压电材料制成，其外壳有压电元件、配重块及导线等。该传感器与 PCM 的连接电路如图 9-8 所示。

图 9-8　爆燃传感器与 PCM 连接电路图

传感器的检测方法如下：

1）检测传感器的电阻值。关闭点火开关，拔下传感器的 1 芯插头，用万用表电阻档测量 1 芯插头与传感器外壳之间的电阻，此值应为 ∞；否则，说明传感器已损坏，应及时更换。

2）检测传感器的信号电压。拔下传感器的导线插头，当发动机怠速运转时，用示波器检测爆燃传感器的信号端子与搭铁端子之间是否有脉冲波形信号电压输出。若没有，则说明传感器有故障，应及时进行更换。

二、共振型磁致伸缩式爆燃传感器

1. 共振型磁致伸缩式爆燃传感器的结构与原理

共振型磁致伸缩式爆燃传感器主要由感应线圈、磁致伸缩杆、永久磁铁和磁性壳体组成,其结构如图9-9所示。磁致伸缩杆用高镍合金制成,在其一端设置有永久磁铁,另一端安放在弹性部件上。感应线圈绕制在磁致伸缩杆的周围,线圈两端引出电极与控制线路连接。

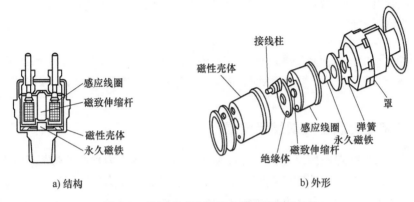

图 9-9 共振型磁致伸缩式爆燃传感器结构

共振型磁致伸缩式爆燃传感器安装在发动机上,它将发动机振动的频率变换成电压信号来检测爆燃强度。其工作原理是,当发动机的气缸体出现振动时,壳体和感应线圈随发动机而振动,永久磁铁因弹簧的存在,由于惯性而保持不动,这样永久磁铁和感应线圈间便存在相对运动,根据电磁感应原理,线圈中就会有感应电动势产生。当频率在7kHz左右时,传感器将产生共振,使传感器感应线圈的感应电压显著增大。图9-10为共振型磁致伸缩式爆燃传感器的输出特性。

2. 共振型磁致伸缩式爆燃传感器的检测

各种爆燃传感器的检测方法都是相似的。图9-11为共振型磁致伸缩式爆燃传感器与ECU的接线图。

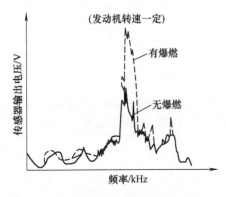

图 9-10 共振型磁致伸缩式爆燃传感器的输出特性

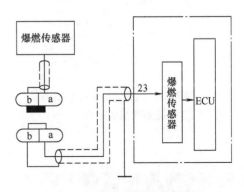

图 9-11 共振型磁致伸缩式爆燃传感器与ECU的接线图

(1) 万用表检测法

1) 关闭点火开关，脱开爆燃传感器接线端，脱开 ECU 插接器。

2) 用万用表测量 ECU 爆燃传感器信号输入端与爆燃传感器信号输出 a 端子之间的连线是否导通。如果不通，则应检查线路及插接器。

3) 如果检查上述线路无问题，再检查传感器 b 端子与搭铁间是否导通。如果不通，说明搭铁不良。

4) 如果检查 b 端子搭铁良好，可进一步脱开爆燃传感器插接器，单独测量 a、b 两端子电阻，应按近于 0Ω。如不符合，则说明该传感器已损坏，应更换传感器。

(2) 示波器测波形法

正常情况下，各爆燃传感器的输出电压波形如图 9-10 所示。如果测得波形不对或无波形，或在波形不对且发生爆燃时波形振幅基本不变，则可能是传感器损坏。

三、火花塞座金属垫型爆燃传感器

火花塞座金属垫型爆燃传感器又称垫圈型压力传感器或压力检测式爆燃传感器，它是由压电元件制成的，安装在火花塞的垫圈与发动机缸体之间，其结构如图 9-12 所示。它能根据燃烧压力直接检测爆燃信息，并将燃烧压力转换成电压信号输出。一般每缸火花塞都安装一个火花塞座金属垫型爆燃传感器。

火花塞座金属垫型爆燃传感器的输出电压波形如图 9-13 所示。如果发生爆燃现象，在燃烧期间传感器输出的电压信号波形的振幅将增大，输入 ECU 后经过滤波处理，根据其值的大小即可判定有无爆燃的产生。

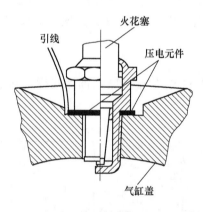

图 9-12 火花塞座金属垫型爆燃传感器结构

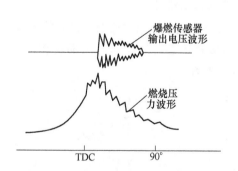

图 9-13 火花塞座金属垫型爆燃传感器输出电压波形

第二节 碰撞传感器

在汽车安全气囊系统中，传感器可分为碰撞传感器和安全传感器两种。碰撞传感器是安全气囊系统中主要的信号输入装置，其作用是在汽车发生碰撞时，检测汽车碰撞强度的信号，并将信号输入安全气囊 ECU，安全气囊 ECU 根据碰撞传感器传送的信号判断是否引爆气体发生器使气囊充气。碰撞传感器的安装位置通常有两种：安装于汽车前部（前保险杠后及前翼子板下）的碰撞传感器称为前碰撞传感器；安装于安全气囊 ECU 内部的碰撞传感器称为中央传感器。前碰撞传感器的安装位置也有不同，如奥迪 A6 轿车的前碰撞传感器在前排座椅下面。

安全传感器又称为防护传感器或保险传感器，主要是用来防止安全气囊系统在非碰撞的情况下发生错误引爆。一般安装在安全气囊 ECU 内部，通常有两个安全传感器。

安全传感器与碰撞传感器串联，且一般采用电子式结构。碰撞传感器的安装位置如图 9-14 所示。正面和侧面碰撞传感器、安全传感器的连接关系如图 9-15 所示。

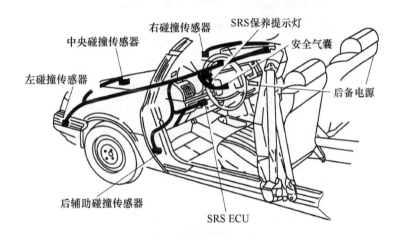

图 9-14 碰撞传感器的安装位置

按照结构来分，碰撞传感器可分为机械式碰撞传感器、机电式碰撞传感器、电子式碰撞传感器。

机械式碰撞传感器常见的是阻尼弹簧式，没有电子设备，只靠机械力控制气囊电路的接通和切断。

常用的电子式碰撞传感器有电阻应变计式和压电式两种。电阻应变计式碰撞传感器在发生碰撞时应变电阻发生变形，使电阻发生变化，传感器输出信号电压发生变化，当电压值超过预定值时，气囊被触发。压电式碰撞传感器在碰撞时压电晶片输出电压发生变化，当变化的电压达到预定值时，气囊被触发。

机电结合式碰撞传感器是利用机械运动（滚动或转动）来控制电路触点动作，再由触点断开和闭合来控制安全气囊电路的接通和切断。常见的有滚球式、滚轴式和偏心锤式碰撞传感器。

一、滚球式碰撞传感器

滚球式碰撞传感器又称为偏压磁铁式传感器，其结构如图 9-16 所示，主要由铁质滚球、永久磁铁、导缸、固定触点和外壳组成。两个触点分别与传感器接线端子连接，滚球在导缸

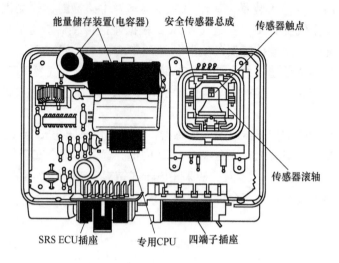

a) 安装位置

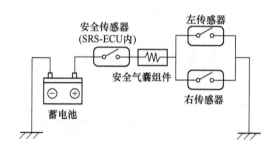

b) 连接关系

图 9-15 安全传感器安装位置及与碰撞传感器的连接关系

内可移动或滚动,用来感测减速度大小。

壳体上印制有箭头标记,方向与传感器结构有关,有的规定指向汽车前方,有的规定指向汽车后方,因此在安装传感器时,箭头方向必须符合使用说明书的规定。

滚球式碰撞传感器工作原理如图 9-17 所示。

汽车未碰撞时传感器处于静止状态,滚球在永久磁铁的磁力作用下,被吸向磁铁,静止于磁铁侧,两个触点未被连通,无碰撞信号输入。

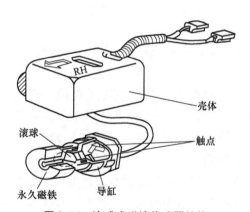

图 9-16 滚球式碰撞传感器结构

当汽车受碰撞且减速度达到碰撞强度设定的值时,滚球由于惯性产生的惯性力大于永久磁铁的磁力,滚球克服磁力在柱状滚道内滚动到两个固定触点侧,将两个固定触点搭接,使传感器电路接通,碰撞强度信号即输入。

第九章 爆燃与碰撞传感器

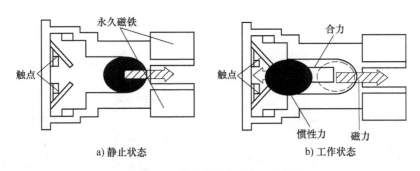

图 9-17 滚球式碰撞传感器工作原理

日本日产公司和马自达汽车公司采用这种滚球式碰撞传感器，用于安全气囊系统。该碰撞传感器由德国博世（BOSCH）公司生产。

二、滚轴式碰撞传感器

滚轴式碰撞传感器的结构主要由止动销、滚轴、滚动触点、固定触点、底座和片状弹簧组成，如图 9-18 所示。片状弹簧一端固定在底座上，与传感器的一个接线端子连接，另一端绕在滚轴上；滚动触点固定在滚轴部分的片状弹簧上，并可随滚轴一起转动。固定触点与片状弹簧绝缘固定在底座上，并与传感器的另一个接线端子连接。

汽车未碰撞时，传感器处于静止状态（图 9-18），此时滚轴在弹起的片状弹簧作用下，靠向止动销一侧，滚动触点与固定触点形成的开关处于断开状态，传感器电路不接通，无碰撞信号输入。

当汽车碰撞且减速度达到碰撞强度设定时，滚轴由于惯性产生的惯性力大于片状弹簧的弹力，滚轴就会克服片状弹簧的弹力压下片状弹簧向右滚动，使滚轴上的滚动触点与片状弹簧上的固定触点接触，将传感器电路接通。滚轴式碰撞传感器的工作原理如图 9-19 所示。

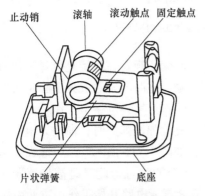

图 9-18 滚轴式碰撞传感器的结构

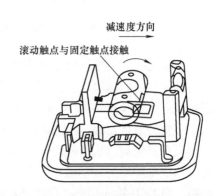

图 9-19 滚轴式碰撞传感器的工作原理

丰田、本田和三菱汽车的安全气囊系统采用了滚轴式碰撞传感器。

三、偏心锤式碰撞传感器

偏心锤式碰撞传感器又称为偏心转子式碰撞传感器，属于惯性开关式碰撞传感器。偏心锤式碰撞传感器的结构如图 9-20 所示，主要由外壳、偏心转子、偏心重块、固定触点、转动触点等部分组成。

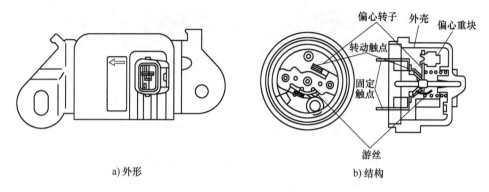

图 9-20　偏心锤式碰撞传感器的结构

转子总成由偏心锤（或偏心重块）、转动触点臂及转动触点组成，安装在传感器轴上。转动触点臂两端固定有转动触点，转动触点随触点臂一起转动。两个固定触点绝缘固定在传感器壳体上，并用导线分别与传感器接线端子连接。

如图 9-21 所示为偏心锤式碰撞传感器的工作原理。

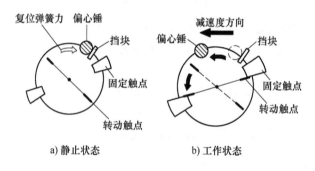

图 9-21　偏心锤式碰撞传感器的工作原理图

在汽车未碰撞时，传感器处于静止状态，偏心锤和偏心锤臂在螺旋复位弹簧弹力的作用下顶靠在与外壳相连的挡块上，偏心锤与挡块保持接触，此时转子总成处于静止状态，转动触点与固定触点处于断开状态，如图 9-21a 所示，此时安全气囊电路不工作。

当汽车遭受碰撞且当偏心锤的惯性力矩大于螺旋复位弹簧弹力时，惯性力矩就会克服弹簧力矩使转子总成转动，从而带动转动触点臂转动，如图 9-21b 所示。当碰撞强度达到设定值时，转子总成将转动到转动触点与固定触点接触闭合的位置，此时碰撞传感器接通 SRS 的搭铁回路，向 ECU 输入一个"ON"信号，于是安全气囊电路开始工作，进而引爆充气元件向气囊充气。

丰田雷克萨斯 LS400 轿车使用的是偏心锤式碰撞传感器。

四、电阻应变计式碰撞传感器

电阻应变计式碰撞传感器的结构如图 9-22a 所示，主要由电子电路、电阻应变计、振动块、缓冲介质和壳体等组成。电子电路包括稳压与温度补偿电路 W、信号处理与放大电路 A。电阻应变计的电阻 R_1、R_2、R_3、R_4 制作在硅膜片上,如图 9-22b 所示。当硅膜片产生变形时,应变电阻的电阻值就会发生变化。应变电阻一般都连接成电桥电路,并设计有稳压和温度补偿电路,如图 9-22c 所示。

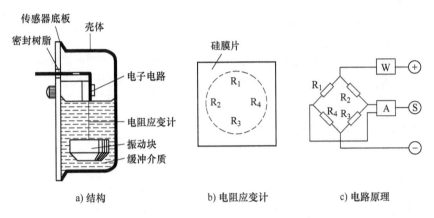

图 9-22 电阻应变计式碰撞传感器的结构与原理

当汽车遭受碰撞时,碰撞传感器的振动块振动,缓冲介质随之振动,进而使应变计的应变电阻产生变形,应变电阻值随之变化。由于应变电阻以电桥电路的方式连接,随着应变电阻电阻值的变化,电桥电路的输出电压就发生变化,经过信号处理与放大后,传感器将变化的信号电压输入 SRS ECU。SRS ECU 根据传感器输入信号电压的强弱便可判断碰撞的强度或碰撞激烈度。当信号电压超过设定值时,SRS ECU 就会立即向点火器发出点火指令引爆点火剂,进而向安全气囊充气,打开气囊。

五、压电式碰撞传感器

压电式碰撞传感器是利用压电效应制成的传感器(压电效应是指压电晶体在压力作用下,晶体外形发生变化进而使其输出电压发生变化的现象),它主要应用在汽车安全气囊中。压电晶体通常用石英或陶瓷制成,在压力作用下,压电晶体的外形和输出电压就会随之变化。

当汽车遭受碰撞时,传感器内的压电晶体在碰撞产生的压力作用下发生变形,从而使压电晶体的电阻值发生变化,通过电路的连接后会使电路的输出电压随之变化。传感器将此信号电压输入 SRS ECU,SRS ECU 根据传感器输入的信号电压的强弱即可判断碰撞的烈度。如果信号电压超过设定值,SRS ECU 就会立即向点火器发出点火指令,引爆点火剂使气体发生器给气囊充气,使安全气囊膨胀开,从而达到保护驾驶人和乘员的目的。

六、水银开关式碰撞传感器

水银开关式碰撞传感器主要由水银、电极、密封圈、密封螺塞及壳体组成的,其结构如图 9-23 所示。这种传感器是利用水银导电良好的特性制成的传感器,一般用于防护传感器（安全传感器）。

水银开关式碰撞传感器的工作原理如图9-24所示。在汽车未碰撞时，传感器处于静止状态，水银在其自身重力作用下处于如图9-24a所示位置，传感器的两个接线端子处于不导通状态。

当汽车碰撞且减速度达到设定值时，如图9-24b所示，水银产生的惯性力在运动方向的分力将克服其重力的分力使水银向传感器电极端移动，使传感器的两个电极接通。当传感器用作碰撞信号传感器时，两个电极接通会将碰撞信号输入SRS ECU；当传感器用作碰撞防护传感器时，两个电极接通则将点火器电源电路接通。

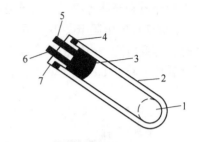

图9-23 水银开关式碰撞传感器结构

1—水银（静态位置） 2—壳体 3—水银（动态位置） 4—密封圈 5、6—电极 7—密封螺塞

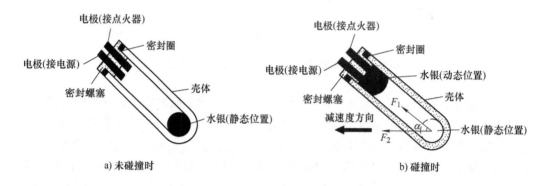

图9-24 水银开关式碰撞传感器的工作原理

七、阻尼弹簧式碰撞传感器

阻尼弹簧式碰撞传感器包括球体、导向筒、点火针、触发杠杆、平衡弹簧、点火弹簧等，其结构如图9-25所示。该传感器用于整体式安全气囊，它装在转向盘的气囊内，一旦汽车发生碰撞，可以使点火剂点燃，让充气装置的气体发生剂燃烧而使气囊充气膨胀。

阻尼弹簧式碰撞传感器的工作原理如图9-26所示。当汽车发生碰撞时，传感器受到一个向后的惯性力作用，传感器内

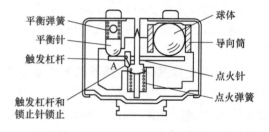

图9-25 阻尼弹簧式碰撞传感器的结构

球体在惯性力作用下沿导向筒向下移动（图9-26b中所示方向），推动触发杠杆绕支点A转动，触发杠杆左端即压缩弹簧。当冲撞减速度达到一定值时，触发杠杆转动到触发杠杆上的锁止针失去作用的位置，此时引燃销便高速冲击点火剂而点燃气体发生剂。这种方式没有采用电控方式，结构简单，只能作为气囊装置发挥作用，且没有可靠的补救功能和自我诊断功能。

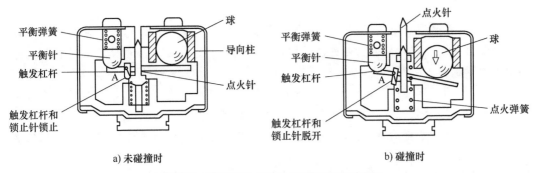

图 9-26　阻尼弹簧式碰撞传感器的工作原理

八、应变仪式安全传感器

1. 应变仪式安全传感器的结构

应变仪式安全传感器与电阻应变计式碰撞传感器原理基本相同，但它主要用作安全传感器，安装在安全气囊电控单元（SRS ECU）的内部，应变仪式安全传感器的结构及电路如图 9-27 所示，它由悬臂、计示电阻及集成电路等组成。计示电阻是一个半导体应变片，半导体应变片两端被悬臂架压住。

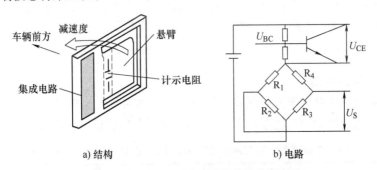

图 9-27　应变仪式安全传感器的结构及电路

2. 应变仪式安全传感器的工作原理

当汽车发生碰撞时，半导体应变片在悬臂架惯性力作用下发生弯曲应变，受压后的半导体应变片的电阻值产生变化，电阻的变化引起集成电路输出电压 U_S 的变化。汽车的速度越高，碰撞后产生的减速度越大，传感器输出的电压越大。由于半导体压力传感器的输出特性受温度影响，因此常采用晶体管的基极—发射极间的电压变化来对温度进行修正。安全气囊 ECU 根据碰撞信号进行分析处理，若需要引爆安全气囊，安全气囊 ECU 便会接通点火电路，如果此时前方碰撞传感器的触点同时也闭合，则气体发生器的电路接通，安全气囊引爆。

九、碰撞传感器的检测

1. 碰撞传感器检测注意事项

1）在检查安全气囊系统部件之前，应先关闭点火开关，拔下 SRS 熔断器，防止 SRS 电路触点误触。过 90s 待备用电力电容完全放电后进行操作，防止安全气囊在检测时引爆。

2）安全气囊系统电器零件均一次性使用，绝不能修复碰撞传感器，左前和右前碰撞传感器更换时应同时更换。在更换碰撞传感器时应使用新品，不能使用其他不同型号车辆上的零部件。

3）在检测汽车其他系统时，应特别注意SRS电路连线是用黄色导线与其他系统电线相区别的，在检测之前应关闭点火开关，拔下SRS熔断器，防止SRS带电。

4）安全气囊系统的水银开关式防护传感器在更换后，不能随意扔掉，因为水银有毒，应作有害物品处理。

5）当碰撞传感器受到摔碰或其壳体、支架、导线插接器有损坏时，应当更换新件。

6）前碰撞传感器和SRS的其他部件不能放在太阳下曝晒或接近火源。

7）在SRS的零部件表面均标有标牌或注意事项，使用时应遵照执行。

8）碰撞传感器的动作有方向性，安装时应注意传感器壳体上的箭头的指向，一定要按规定方向安装。日本日产和马自达汽车使用说明书规定传感器壳体上的箭头指向汽车后方，丰田汽车前碰撞传感器安装时则要求传感器壳体上的箭头必须指向汽车前方。

9）前碰撞传感器的定位螺栓和螺母都经过了防锈处理，拆卸或更换前碰撞传感器时，必须同时更换螺栓和螺母。

10）前碰撞传感器的导线插接器装有电路连接诊断机构。安装插接器时，插头和插座应当插牢固。当插接器插头与插座未插牢时，自诊断系统会检测出来，视为故障，并将以故障码的形式存入存储器中。

2. 碰撞传感器的检测

现以雷克萨斯LS400轿车安全气囊系统碰撞传感器为例，说明碰撞传感器的检测方法。表9-1为丰田雷克萨斯LS400轿车SRS ECU插座端子名称及检测数据。

表9-1 丰田雷克萨斯LS400轿车SRS ECU插座端子名称及检测数据

代号	端子代号	端子名称	电路参数
1	IG1	电源（ECU—IG熔断器）	点火开关置于"OFF"时，0V 点火开关置于"ACC"时，12V
2	-SR	右前（RH）碰撞传感器-	两端子间电阻为755~885Ω
3	+SR	右前（RH）碰撞传感器+	
4	+SL	左前（LH）碰撞传感器+	两端子间电阻为755~885Ω
5	-SL	左前（LH）碰撞传感器-	
6	+B	蓄电池电源（ECU—B熔断器）	12V
7	IG2	电源（IGN熔断器）	点火开关置于"OFF"时，0V 点火开关置于"ON"时，12V
8	E2	搭铁	0V
9	LA	SRS指示灯	灯亮时，0V；灯灭时，12V
10	D-	安全气囊组件点火器-	—
11	D+	安全气囊组件点火器+	—
12	T_C	SRS诊断触发端子	12V

(续)

代 号	端子代号	端子名称	电路参数
13	E1	搭铁	0V
14	ACC	电源（CIG）	点火开关置于"OFF"时，0V 点火开关置于"ACC"时，12V
A	—	电路连接诊断端子	—
B	—	电路连接诊断端子	—

1) 前碰撞传感器电路检查。拔下 SRS ECU 插接器插头，检测插头上 +SR 与 -SR 端子、+SL 与 -SL 端子间电阻，如图 9-28 所示，正常电阻值应为 755~885Ω。如果电阻值不在规定范围，说明端子 +SR、-SR、+SL 或 -SL 至前碰撞传感器之间的线束搭铁或前碰撞传感器电路有故障。

2) 前碰撞传感器搭铁情况检查。检测 +SR、-SL 端子与车身搭铁之间的电阻，如图 9-29 所示，正常值应为无穷大。如果电阻值为无穷大，说明线束良好，故障发生在传感器，碰撞传感器需要更换；如果电阻值不为无穷大，说明端子 +SR 或 +SL 至前碰撞传感器之间的线束搭铁，需要修理或更换线束。

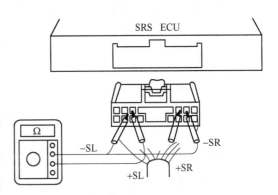

图 9-28 前碰撞传感器电路检查

3) 前碰撞传感器电阻检查。脱开前碰撞传感器线束插接器插头，用万用表测量传感器插头各端子之间的电阻值，如图 9-30 所示。各端子间电阻值应符合表 9-2 标准值；如果不符合标准值，则应更换碰撞传感器。

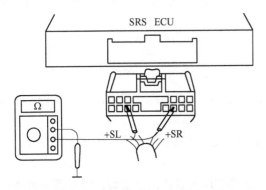

图 9-29 前碰撞传感器搭铁情况检查

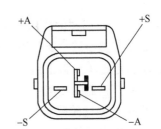

图 9-30 前碰撞传感器电阻检查

表 9-2 前碰撞传感器电阻值

被测端子代号	标 准 值/Ω
+S、+A	755~885
+S、-S	∞
-S、-A	<1

4)前碰撞传感器的电压检测。将蓄电池负极电缆端子接好,打开点火开关,用电压表在 SRS ECU 线束插头上检测 +SR、+SL 端子与车身搭铁之间的电压,如图 9-31 所示,正常电压值应为 0V。如果电压值不是 0V,说明端子 +SR 或 +SL 至前碰撞传感器之间的线路与电源线搭铁短路,需要修理或更换线束与插接器。

5)SRS ECU 至前碰撞传感器之间线路检查。拔下 SRS ECU 线束插接器插头,分别用导线将插头上的端子 +SR 与 -SR、+SL 与 -SL 连接起来。然后拔下前碰撞传感器线束插头,用万用表检测传感器插头上的端子 +SR 与 -SR、+SL 与 -SL 之间的电阻值,如图 9-32 所示,正常值应小于 1Ω。如果电阻值大于 1Ω,说明前碰撞传感器至 SRS ECU 之间线束断路或接触不良,应当修理或更换。

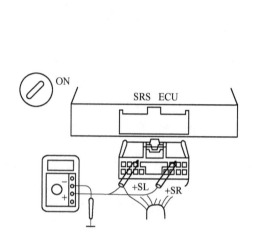

图 9-31 前碰撞传感器的电压检测

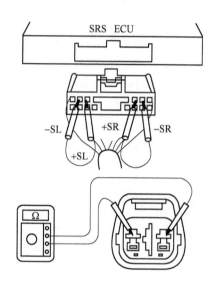

图 9-32 检查前碰撞传感器线路是否断路

十、防盗振动传感器

1. 防盗振动传感器的作用与类型

防盗振动传感器的主要作用是检测汽车受到的冲击,当汽车受到冲击,其振动达到一定强度时,防盗电控单元输出信号,控制报警装置报警。

防盗振动传感器的类型主要有:压电式、压阻式、磁致伸缩式、压缩式等几种。

(1)压电式振动传感器

当外力使压电元件产生应变时,在压电元件的应变方向出现电荷,这种现象称为正压电效应。反之当压电元件受外电场作用时,压电元件产生机械力,这种现象称为反压电效应。利用正压电效应的原理可制成压电式振动传感器。

1)压缩型压电式振动传感器通过调整中心孔螺栓形成质量块,它能检测出微小的振动(图 9-33)。

2)剪切型压电式振动传感器将两块压电片匀称地固定在轴的两侧,这种结构可忽略横向振动的影响,还能在高温环境中使用(图 9-34)。

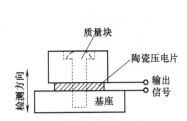 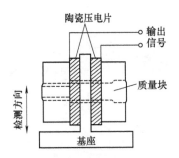

图 9-33　压缩型压电式振动传感器的结构原理　　图 9-34　剪切型压电式振动传感器的结构原理

3）弯曲型压电式振动传感器结构简单，具有体积小、重量轻和灵敏度高等优点，但压电材料有阻抗高、脆性大和难于与金属粘接等缺点（图 9-35）。

(2) 压阻式振动传感器

压阻式振动传感器是利用半导体应变片的压阻效应制成的，其结构如图 9-36 所示，互相垂直的三块弹簧钢制成的振动板的板面分别平行于 X、Y、Z 轴，振动板的顶端安装铅制的质量块，半导体应变片粘在振动原点附近。

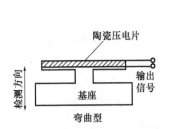 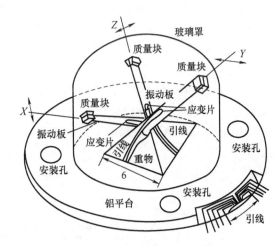

图 9-35　弯曲型压电式振动
传感器的结构原理

图 9-36　压阻式振动传感器的结构

压阻式振动传感器的控制电路如图 9-37 所示。当汽车产生振动时，电路可检测出振动的强度，并输出电压信号。

(3) 磁致伸缩式振动传感器

磁致伸缩式振动传感器的结构如图 9-38 所示，主要由永久磁铁、磁致伸缩杆、感应线圈和壳体组成。磁致伸缩杆用高镍合金制成，在其一端设置有永久磁铁，另一端安放在弹性部件上。感应线圈绕制在磁致伸缩杆的周围，线圈两端引出电极与控制线路连接。

当汽车产生振动时，传感器的磁致伸缩杆就会随之产生振动，感应线圈中的磁通量就会发生变化。由电磁感应原理可知，线圈中就会感应产生交变电动势，传感器就会有信号电压输出。

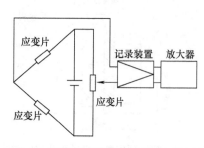

图 9-37 压阻式振动传感器的控制电路

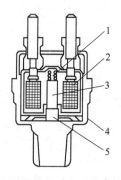

图 9-38 磁致伸缩式振动传感器的结构

1—复位弹簧 2—感应线圈 3—磁致
伸缩杆 4—壳体 5—永久磁铁

（4）压缩式振动传感器

压缩式振动传感器的结构如图 9-39 所示，装有这种传感器的防盗系统能迅速检测出汽车的异常振动。

2. 防盗振动传感器的工作原理

车辆电子防盗系统的振动传感器通过探测车身受到的振动，发出控制信号进行报警，主要由振动传感器 B、信号放大和电平转换以及指示电路等组成。由于这部分电路是控制信号进入的最前端，生产厂家为了方便与不同的车辆进行配套，通常都把这部分电路单独制作在一小块电路板上，安装在车辆驾驶室内部隐蔽之处。

四环 QBJ-868 系列遥控车辆电子防盗系统振动传感器电路如图 9-40 所示。

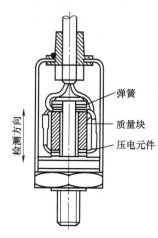

图 9-39 压缩式振动传感器

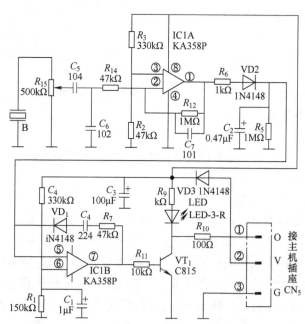

图 9-40 四环 QBJ-868 系列遥控车辆电子防盗系统振动传感器电路原理

复 习 题

一、填空题

1. 在汽车安全气囊系统中,传感器可分为(　　　　)和(　　　　)两种。
2. 安全传感器又称为(　　　　)或(　　　　),主要用来防止安全气囊系统在非碰撞的情况下发生错误引爆。
3. 碰撞传感器按工作原理可分为(　　　)、(　　　)和(　　　)三种。
4. 按照对发动机缸体振动频率的检测方式不同,爆燃传感器可分为(　　　　)和(　　　　)两种。
5. 绝大多数现代汽车采用共振型压电式爆燃传感器,它是利用发动机产生爆燃时其振动频率和传感器(　　　　)一致而产生共振的现象,用以检测是否发生爆燃,其输出信号为(　　　　　　)。

二、简述题

1. 爆燃传感器的主要作用是什么?
2. 碰撞传感器的作用是什么?

第十章 其他传感器

本章所介绍的其他传感器主要有应用于自动空调控制系统中的日照传感器，应用于汽车灯光控制器上的光电式光量传感器、装有光电二极管的自动控制器用光量传感器，用于检测汽车车灯是否断丝的晶体管式电流传感器、舌簧开关式电流传感器、电阻—集成电路式电流传感器、集成电路式灯泡断丝检测传感器，用于汽车门控电动机上的PTC正温度系数式电流传感器，用于风窗玻璃防霜和防雾的湿度传感器等。

第一节 光量传感器

光量传感器是一种检测光能的传感器。光量传感器有日照传感器、光电式光量传感器和照明控制传感器三种类型。

一、日照传感器

1. 日照传感器结构与原理

日照传感器主要由壳体、滤光片及光电二极管组成（图10-1）。通过光电二极管可检测出日光照射量的变化。光电二极管对日光的照射变化反应敏感，而自身不受温度的影响，将日照变化转换成电流变化，根据电流的大小就可以知道准确的日照量。

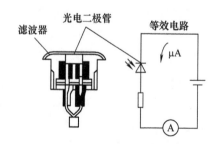

图10-1 日照传感器结构

日照传感器用于汽车自动空调控制系统中，由于它不受环境温度的影响，能够准确地检测出日光照射量的变化，把日光照射量转化为电流，根据电流的大小判断日光照射量，并把信息送入空调ECU，使空调ECU根据此信号调整车内空调吹出的风量与温度。日照传感器一般安装在仪表板的上侧（图10-2），这里容易检测日照的变化。

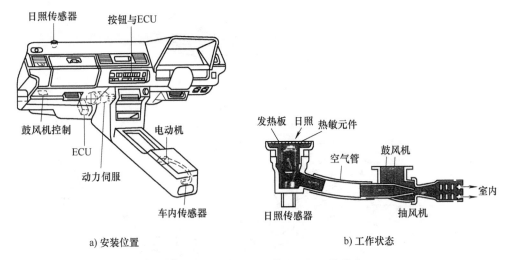

图10-2 日照传感器安装位置及工作状态

2. 日照传感器的检测

拆下仪表板上的杂物箱，拔下日照传感器导线插接器，用布遮住传感器，测量日照传感器插接器端子1与2间的电阻值。在正常情况下，电阻值应为∞，应不导通。掀开日照传感器上的布，并用灯光照射日照传感器，继续测量插接器端子1与2间的电阻值，在正常情况下应为4kΩ。当灯光逐渐从传感器上移开时，即光照由强变弱时，日照传感器的电阻值应当增加。

另外，还可以拔下传感器插接器，连接好蓄电池和电流表。将传感器放在强光区，测量1号端子与蓄电池负极间电流；再将传感器放在弱光区，测量2号端子与蓄电池正极间的电流。测量结果为强光区电流应大于弱光区电流，若不符合规定，则应更换传感器。

二、光电式光量传感器

1. 光电式光量传感器结构与原理

1）光电式光量传感器在汽车灯光控制器上的应用。灯光控制器安装在仪表板的上方，如图10-3a所示。到傍晚时，它使尾灯点亮，当天色变得更暗时，前照灯被点亮。当对方来车时，它还具有变光功能，这些都是自动完成的。

2）光电式光量传感器的结构如图10-3b所示。光电式光量传感器内装有半导体元件硫化镉，硫化镉为多晶结构，在传感器中把硫化镉制成曲线形状，目的是增大它与电极的接触面积，从而提高该传感器的灵敏度。它的特性是当周围较暗时，其电阻值较大；当周围环境较亮时，它的电阻值又会变小。

图10-4为灯光控制器的电路图，当点火开关接通后，也就是把灯光控制器的转换开关置于"AUTO"（自动）档，控制器获得传感器输入的信号，自动控制尾灯及前照灯的亮灭。当关闭点火开关后，控制器的电源电路被切断，这时与周围环境条件无关，车灯熄灭。此外，利用灵敏度调整电位器可以调整自动亮灯及熄灯的敏感程度。控制器的工作情况见表10-1。

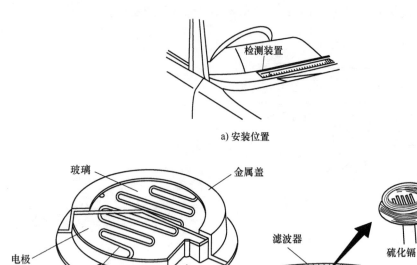

图 10-3 光电式光量传感器的安装位置与结构

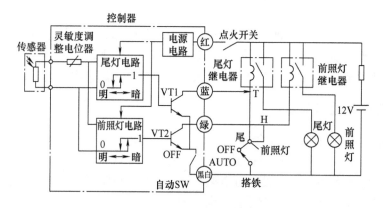

图 10-4 灯光控制器电路图

表 10-1 灯光控制器的工作情况

周围条件	尾灯电路		前照灯电路		尾 灯	前照灯
	输出	VT1	输出	VT2		
明亮（传感器电阻小）	0	OFF	0	OFF	灯灭	灯灭
稍暗（传感器电阻稍大）	1	ON	0	OFF	灯亮	灯灭
很暗（传感器电阻值很大）	1	ON	1	ON	灯亮	灯亮

2. 光电式光量传感器的检测

光电式光量传感器的检测方法与日照传感器的检测方法相似，可以利用改变光照强度，检测传感器电阻的变化情况来判断传感器的工作情况好坏。光照强时，其电阻值小；光照弱时，其电阻值大。若不符合要求，则应更换传感器。

三、装有光电二极管的自动控制器用光量传感器

1. 光量传感器的结构与原理

灯光自动控制器可以自动地点亮和熄灭前照灯和尾灯，灯光自动控制器主要由光量传感器、尾灯继电器和前照灯继电器等组成。

自动控制器中的光量传感器的结构如图10-5所示。

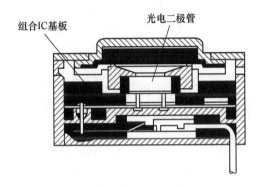

图10-5 自动控制器用光量传感器的结构

光电二极管的工作原理如图10-6a所示，PN结上有光照射时，PN结吸收光能产生大量的电子和空穴，P型半导体上产生的电子向N型半导体中移动，N型半导体上产生的空穴向P型半导体上移动。所以，当把半导体分别装上电极并从外部短路时，从P侧电极到N侧电极有光电流通过，光电二极管就是利用这种现象制成的。光电二极管中的电流与照射到元件上的光量成正比，如图10-6b所示。图10-7为灯光自动控制逻辑电路，该系统在进行自动控制时工作状况见表10-2。

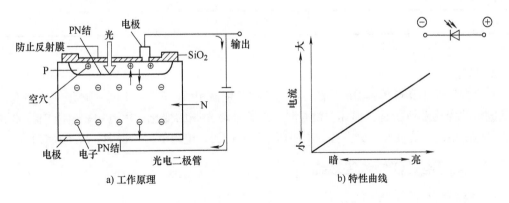

图10-6 自动控制器用光量传感器工作原理及特性曲线

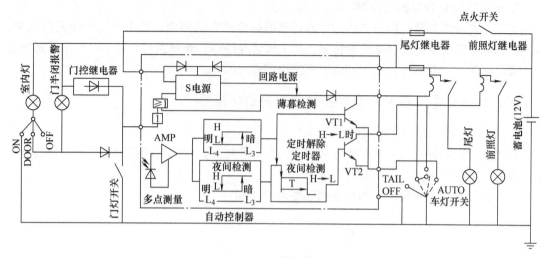

图 10-7　灯光自动控制逻辑电路

表 10-2　灯光自动控制器的部件工作状况

序　号	车灯开关	点火开关	驾驶人座上门开关	环 境 状 况	尾灯	前照灯
1	OFF 档	—	—	—	×	×
2	小灯档	—	—	—	○	×
3	前照灯档	—	—	—	○	○
4	自动档	ON 档	OFF 档	明亮	×	×
5	↑	↑	↑	稍暗	○	×
6	↑	↑	↑	暗	○	○
7	↑	↑	↑	瞬间明亮	○	○
8	↑	OFF 档	↑	暗	○	○
9	↑	↑	ON 档	↑	×	×
10	↑	↑	OFF 档	↑	×	×
11	↑	ON 档	↑	↑	○	○
12	↑	↑	ON 档	↑	○	○

注：○表示灯亮；×表示灯灭。

2. 检测

自动控制器用光量传感器的检测方法与日照传感器相似，可以利用改变环境光照亮度，检测其电阻的变化来判断是否损坏。检查时，随着环境光照的变化，用万用表电阻档检测输出端，其电阻值应随之变化。光照强，电阻值小；光照弱，电阻值大。否则，应更换该传感器。

四、热释电式红外线传感器

1. 结构原理

热释电式红外线传感器，又称红外探头，如图 10-8 所示。通常安装在汽车内部驾驶人附近，在汽车的防盗控制系统中，它通过红外辐射变化来探测是否有人侵入车内。

热释电式红外线传感器的内部电路如图 10-9 所示。它主要由具有高热电系数的红外热释电体晶片和配合滤光镜片窗口组成。它能以非接触形式，检测出物体放射出来的红外线能量变化，并将其转换成电信号输出。当车内的红外线无变化或变化较小时，无信号输出或输出电信号较弱，当红外线能量变化较大时，它便输出较强的电信号。

图 10-8　热释电式红外线传感器

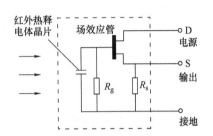

图 10-9　热释电式红外线传感器的内部电路

2. 检测方法

热释电式红外线传感器的检查可以利用改变红外线的光照亮度，检测其信号电压的变化来判断其是否损坏的方法。

第二节　湿度传感器

在雨雪天里或者车内外温差较大的时候，车内玻璃，尤其是前风窗玻璃上会凝结出一层雾，严重影响驾驶安全。很多驾驶人没有打开车内空调、调节车内湿度来消除玻璃上的雾气这种意识，车内湿度传感器便会自动解决这一问题。湿度传感器可以实时监测车内的空气湿度状况。当车内空气湿度高于 75% 时，车内空气中的水分将逐渐凝结成细小水珠，并凝在温差较大的车内壁上，严重影响驾驶人的前方视线。此时，车内安装的湿度传感器便会检测到空气湿度超标，从而系统会自动打开车载空调系统，并根据车内外的温度合理地自动调节空调温度和排风量，消除车窗内壁上的水珠。

湿度传感器主要有热敏电阻式、结露式和空气湿度传感器三种形式。

一、热敏电阻式湿度传感器

1. 热敏电阻式湿度传感器结构与原理

热敏电阻式湿度传感器主要用于汽车风窗玻璃的防霜，进气部位空气湿度的测定以及自动空调系统中车内相对湿度的测定。

热敏电阻式湿度传感器，装有金属氧化物系列陶瓷材料制成的多孔烧结体，传感器就是利用烧结体表面对水分的吸附作用来工作的。当烧结体吸附了水分子时，其电阻值发生变化，根据这一变化就可以检测出车内湿度的变化。热敏电阻式湿度传感器的结构与特性曲线如图 10-10 所示。当湿度增加时，传感器的电阻值减少，当相对湿度从 0% 变化到 100% 时，传感器的电阻值有数千倍变化。这种传感器的电阻值随温度变化而变化，所以给湿度传感器再配以温度补偿热敏电阻后，才能提高测试精度。

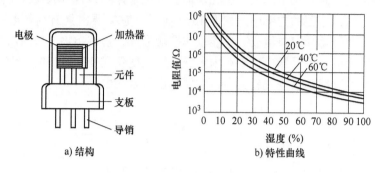

图 10-10 热敏电阻式湿度传感器结构与特性曲线

2. 热敏电阻式湿度传感器的检测

1)可用万用表测量湿度传感器的电阻大小。当湿度变化时,电阻值应当改变,相对湿度越大,电阻值越小;相反,则其电阻值越大。如不符合则应更换传感器。

2)检测传感器端子间的输出电压。在不同的湿度下,输出电压应符合规定值,否则应进一步检查线束或更换湿度传感器。

二、结露传感器

结露传感器用于检测车窗玻璃的结露,当车窗玻璃湿度较大,处于结露状态时,结露传感器使汽车空调进行除霜运行,以确保驾驶人、车内乘员良好的视野,确保行车安全。

该传感器为密封式,它由内部电极、感湿膜片、热敏电阻及铝基板等组成,如图10-11a所示。即在一个陶瓷基板上印制一种高分子半导体电阻材料,引出两端电极,当传感器表面干燥时,分子间接触电阻小,电极两端电阻为1kΩ左右。而当高分子材料吸收水分后,其内部分子空间迅速膨胀,分子间接触电阻变大,使电极两端的电阻大大增加,其工作特性如图10-11b所示。电子控制器通过测试电阻的大小来感知是否发生结露。

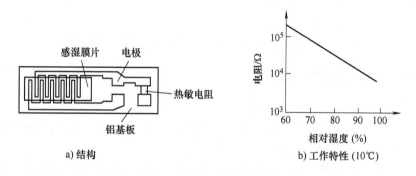

图 10-11 结露传感器结构及工作特性

三、空气湿度传感器

1. 结构原理

空气湿度传感器的所有功能都集中在传感器壳体中。为了能够进行自动除霜功能的自适应控制，空气湿度传感器检测空气湿度、传感器处的相关温度和风窗玻璃温度三个测量值。

在外界温度很低的情况下，风窗玻璃上部的三分之一会变得非常冷，因而容易起雾。空气湿度传感器安装在后视镜的根部，它的检测原理如下。

1) 测量空气湿度。测量空气湿度，就是确定乘员舱内气态水（水蒸气）所占的比例。空气吸收水蒸气的能力取决于空气温度。

湿度是通过薄层电容传感器测量的。空气湿度传感器的工作模式等同于平行极板电容器，如图10-12所示。

电容器的电容，即存储电能的容量，取决于电容极板的表面积、间隔以及两极之间填充材料的特性，这些材料称为电介质，其基本结构如图10-12所示。空气湿度测量的基本原理如图10-13所示。这种特殊的电容器可以吸收水蒸气。吸收的水蒸气改变了电介质的特性，从而改变了电容器的电容量。所以测得的电容值就表示了空气湿度。传感器电子装置将所测的电容值转换成电压信号。

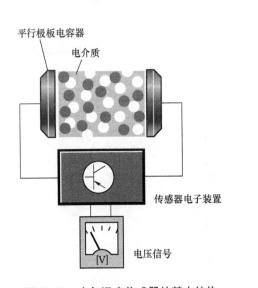

图10-12 空气湿度传感器的基本结构

图10-13 空气湿度测量的基本原理

2) 传感器处测得的相关温度。为了确定空气湿度，测量位置附近的温度也必须确定。此温度是很重要的，因为空气湿度非常依赖空气的温度，若湿度测量点距温度测量点太远，则测量的空气湿度可能不准确，因为温度的差异会导致湿度的不同。

3) 测量风窗玻璃温度。测量一个物体（这里是风窗玻璃）的红外线辐射，是用一个高灵敏度的红外线辐射传感器进行的。如果风窗玻璃的温度发生变化，其红外线辐射也会变化，该传感器能检测这种变化，并且传感器电子装置可以将其转换成电压信号。风窗玻璃温度测量原理如图10-14所示。

2. 湿度传感器电路图

奥迪Q5、A5、A4等车型采用了空气湿度传感器，传感器的电压在0~5V之间线性变化，由此，可以通过湿敏电容空气湿度传感器测得相对湿度值，其控制电路如图10-15所示。

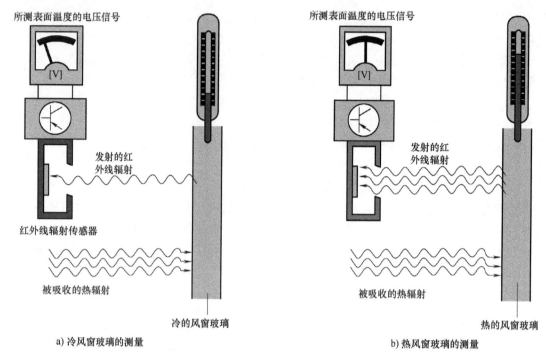

图 10-14 风窗玻璃温度测量原理

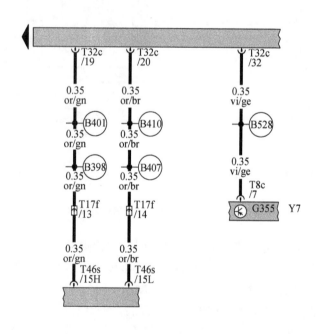

图 10-15 空气湿度传感器电路图

G355—空气湿度传感器 T8c—8 芯插头 T17f—17 芯插头，棕色 T32c—32 芯插头 T46s—46 芯插头
Y7—自动防眩目的车内后视镜 B407—连接 2（舒适/便捷系统 CAN 总线），在主导线线束中

*第三节 电流检测用传感器

电流检测用传感器广泛应用在汽车灯具系统中，它可以判断灯具灯丝是否断开，并通过警告灯进行报警，常用的电流检测用传感器有晶体管式、舌簧开关式、正温度系数热敏电阻式、集成电路式和霍尔式等几种。

一、晶体管式电流传感器

晶体管式电流传感器内部设有检测电流用的电阻，使负荷电流流过该电阻，并利用运算放大器（OP比较电路）将其电压值与基准电压进行比较。当电流检测电阻上的电压降低于或高于基准电压时，比较器的输出电流点亮警告灯，说明电路有故障，应及时检测或更换。

该传感器电路图如图10-16所示。该传感器用于检测制动灯灯丝是否断开的实例如图10-17所示。这种传感器也可以应用在尾灯电路中。在车上使用2~4个灯的电路中，如有1个或1个以上灯丝断线或总功率不足时，报警灯便被点亮。

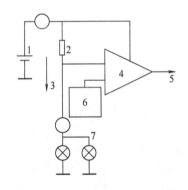

图10-16 晶体管式电流传感器电路
1—蓄电池 2—检测电阻 3—电流 4—比较器
5—输出 6—基准电压 7—负荷灯泡

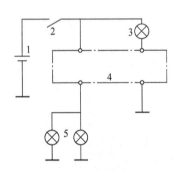

图10-17 制动灯灯丝断开检测系统电路
1—蓄电池 2—制动开关 3—警告灯
4—传感器 5—制动灯（尾灯）

电流传感器具有适应灯泡电流的电压补偿特性，其特性曲线如图10-18所示。

二、舌簧开关式电流传感器

舌簧开关式电流传感器广泛应用在汽车灯具系统中，检测尾灯、前照灯、牌照灯及制动灯的灯丝是否断开。当有1个灯泡灯丝断开时，警告灯点亮。该传感器的外形如图10-19所示，舌簧开关式电流传感器在其电流线圈的外面绕有电压补偿线圈，它的作用是防止电压的变化引起传感器的误动作，在该装置骨架的中间设置有舌簧开关，其结构如图10-20所示。

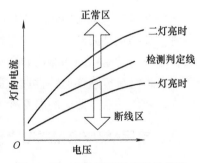

图10-18 电流传感器的特性曲线

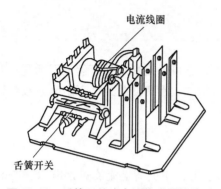

图 10-19　舌簧开关式电流传感器的外形

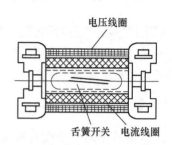

图 10-20　舌簧开关式电流传感器的结构

舌簧开关式电流传感器的电路如图 10-21 所示。当开关闭合时,若灯泡全部工作正常,电流线圈中即有额定电流流过,这时在线圈产生的磁力作用下,舌簧开关闭合。如果有灯泡断丝,相应的电流线圈中电流就会减少,磁力减弱,使舌簧开关断开,警告灯于是点亮进行报警。该传感器的应用实例如图 10-22 所示,从图中可以看出,此传感器可以控制警告灯电路,是检测制动灯、尾灯灯丝是否断开的传感器。

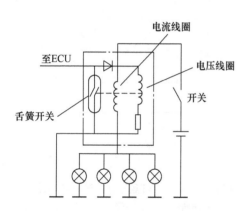

图 10-21　舌簧开关式电流传感器的电路

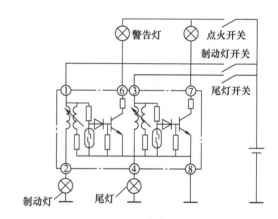

图 10-22　灯泡线路故障显示传感器电路

三、正温度系数热敏电阻式（PTC）电流传感器

正温度系数热敏电阻式（PTC）电流传感器是由陶瓷半导体构成的,它是用钛酸钡再加上各种添加物烧结而成。在化油器式发动机上,电加热式自动阻风门上所用的这种传感器的安装位置及自动阻风门的结构如图 10-23 所示。

PTC 式电流传感器的特性曲线如图 10-24 所示。图中标示的"居里点"的含义是电阻值为常温两倍的点,此时的温度称为居里温度。

四、电阻-集成电路式电流传感器

电阻-集成电路式电流传感器的功能是用来检测尾灯、牌照灯、制动灯及前照灯是否断丝。当有 1 个或 1 个以上的灯丝断开时,传感器点亮警告灯通知驾驶人。

第十章 其他传感器

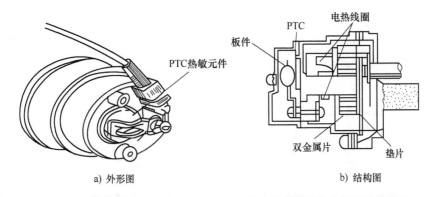

a) 外形图　　　　　　　　　　　　b) 结构图

图 10-23　正温度系数热敏电阻式（PTC）电流传感器及自动阻风门的结构

灯泡断丝检测电路如图 10-25 所示。电路内部有比较放大器 IC_1，这是专用于检测熔丝的集成电路，C 点是基准电压。正常情况时电流检测电阻 R_1 上的电流要大于基准电流，A 点电压低于基准电压，比较放大器 IC_1 的输出为 0，晶体管 VT_1 截止，警告灯不亮。

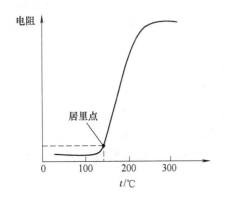

图 10-24　PTC 式电流传感器的特性曲线

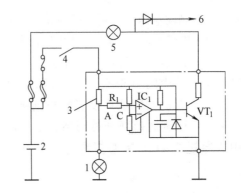

图 10-25　灯泡断丝检测电路
1—停车灯　2—蓄电池　3—检测电阻　4—停车灯开关
5—警告灯　6—至电压调节器

当有故障发生时，电阻 R_1 上的电流减少，A 点电压升高并高于基准电压，这时比较放大器 IC_1 的输出为 1，晶体管 VT_1 的基极中有电流通过，VT_1 导通，警告灯点亮，表示已经出现故障。

五、集成电路式灯泡断丝检测传感器

集成电路式灯泡断丝检测传感器用于检测前照灯、尾灯、制动灯、牌照灯的灯丝状况，它可以检测出灯泡全部点亮时的电流与 1 个灯泡灯丝断开时的电流变化，然后将断丝或功率不足的信息通过点亮警告灯方式向驾驶人报警，该报警系统电路如图 10-26 所示。

集成电路式灯泡断丝检测传感器是利用集成电路比较器进行检测的，其特性可用图 10-27 说明，在图中，c 设定在灯全亮时的电流特性 a 与 1 个灯断丝时的电流特性 b 的变化范围，由此可以检测出灯泡有无断丝。

· 255 ·

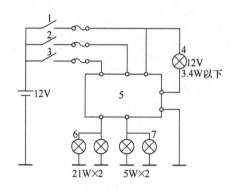

图 10-26 灯泡断丝检测报警系统电路

1—点火开关 2—尾灯开关 3—制动灯开关 4—警告灯
5—灯泡断丝传感器 6—制动灯 7—尾灯

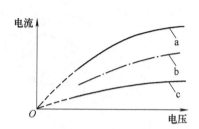

图 10-27 集成电路式灯泡断丝检测传感器特性

a—灯泡全亮时的电流 b——个灯泡断丝时的电流
c—判断基准

六、制动器摩擦片磨损检测传感器

磨损检测传感器用于检测汽车制动器摩擦片的磨损情况。检测摩擦片磨损情况常用的一种方法是，当制动器摩擦片超过磨损允许的限度时，磨损检测传感器本身被磨损，并将此磨损情况转变为电信号输入 ECU，并接通报警电路。

磨损检测传感器在盘式制动器上的安装情况如图 10-28 所示。磨损检测传感器用一个安装在摩擦片中的 U 形金属丝检测，U 形金属丝的顶端就处在制动器摩擦块的磨损极限位置上，制动器摩擦片没有磨损到极限位置时，输出电压为 0。当摩擦片磨损到规定程度时，U 形金属丝部分被磨断，电路断开，这时输出电压为高电平，异常信号输入 ECU 中或通过电阻 R 接通报警电路，使灯泡点亮。图 10-29 为磨损检测传感器工作电路。

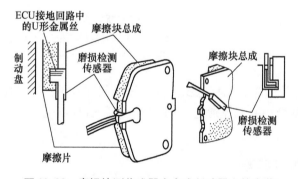

图 10-28 磨损检测传感器在盘式制动器上的安装

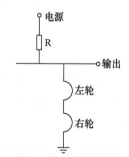

图 10-29 制动器摩擦片磨损检测传感器工作电路

七、HV 蓄电池电流传感器

安装在 HV 蓄电池正极电缆侧的蓄电池电流传感器的作用是，检测流入和流出 HV 蓄电池的电流值。

HV 蓄电池电流传感器与蓄电池 ECU 连接电路如图 10-30 所示。蓄电池 ECU 接收 0~5V 之间的电压,此电压与电缆的电流流量成比例,电流传感器输出特性曲线如图 10-31 所示。该电压从蓄电池电流传感器进入端子 IB。蓄电池电流传感器输出电压低于 2.5V 表示 HV 蓄电池正在放电,电压高于 2.5V 表示 HV 蓄电池正在充电。

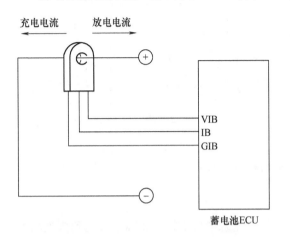

图 10-30　HV 蓄电池电流传感器电路　　　图 10-31　电流传感器输出特性曲线

根据从蓄电池电流传感器输入到蓄电池 ECU 端子 IB 的信号,混合动力车辆控制 ECU 确定由 HV 蓄电池接收的充电量或放电量的电流。根据累计的电流值,混合动力车辆控制 ECU 也可以计算出 HV 蓄电池的 SOC(充电状态)。

八、ION 传感器

1. 结构与原理

ION 传感器通过检测燃烧室内的离子生成,来检测发动机预点火。通过向火花塞施加偏压,可以用电流形式检测燃油燃烧产生的离子,该电流在点火线圈内部电路中放大后被输入到 PCM。

ION 传感器内置在点火线圈内,如图 10-32 所示。

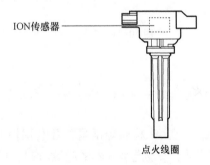

图 10-32　ION 传感器的位置与结构

ION 传感器的工作原理,如图 10-33 所示。聚集偏压电容器(1)中点火线圈的次级电流,并通过向火花塞施加偏压来检测离子电流(2),将经电流放大电路(3)放大的电流

（4）、导入从 PCM 引出的点火线圈。PCM 测量/转换发送到点火线圈和监控器的电流。

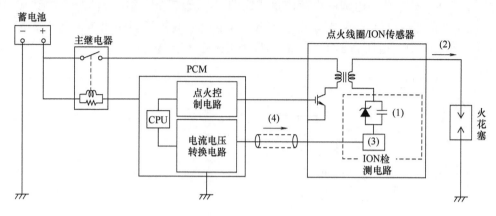

图 10-33　ION 传感器工作原理

2. 离子产生机构

燃油燃烧所产生的负离子移动到施加了偏压的火花塞中央电极，正离子移动到搭铁的发动机壁面，于是电流从火花塞流向点火线圈，如图 10-34 所示。

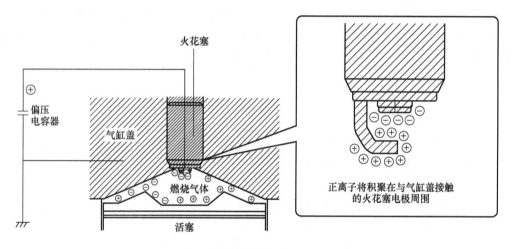

图 10-34　离子产生

第四节　雨滴传感器

雨滴传感器用于刮水系统上，用来检测降雨量，并利用控制器将测出的降雨信号转换，转换后的信号会自动地根据降雨量来设定刮水器的间歇时间，控制刮水器电动机。

雨滴传感器通常安装在车身外部，一般可装在车辆的发动机舱盖、保险杠、前栅格或顶篷上。其壳体密封要求良好，均用不锈钢材料制成。根据检测雨滴的方法不同，雨滴传感器分为：流量型雨滴传感器、电容式雨滴传感器、压电式雨滴传感器和光电式雨滴传感器 4 种类型。常见的有压电式、光电式和电容式 3 种。

一、压电式雨滴传感器

压电式雨滴传感器由振动板、压电元件、放大器、壳体及阻尼橡胶构成，如图 10-35 所示，其核心部分是压电元件。

振动板的功用是接收雨滴冲击的能量，按自身固有的振动频率进行弯曲振动，并将振动传递给内侧压电元件上，压电元件把从振动板传递来的变形转换成电压信号。雨滴传感器上的压电元件结构如图 10-36a 所示。它是在烧结钛酸钡陶瓷片两侧加真空镀膜电极制成的，当压电元件上出现机械变形时，在两侧的电极上就会产生电压，如图 10-36b 所示。当雨滴滴落在振动板上时，压电元件上就会产生电压，电压大小与加到板上的雨滴的能量成正

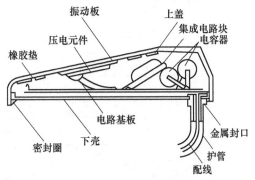

图 10-35 压电式雨滴传感器的构造

比，一般为 0.5~300mV。放大器将压电元件上产生的电压信号放大后再输入到刮水器放大器中。放大器由晶体管、IC 块、电阻、电容等部件组成。

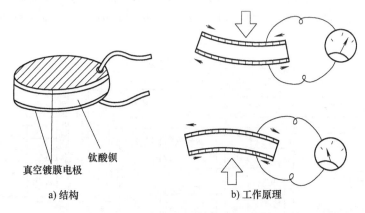

图 10-36 压电式雨滴传感器压电元件结构及工作原理

振动板要通过阻尼橡胶才能在外壳上保持弹性。阻尼橡胶除了可以屏蔽车身传给外壳的高频振动外，它的支撑刚性还可以避免对振动板的振动工况产生干扰。

汽车上所用的间歇式刮水系统的构成如图 10-37 所示。该系统由雨滴传感器代替了无级调整式间歇刮水器系统内设定刮水间歇时间的可变电阻器。雨滴传感器安装在发动机舱盖板上，从其承受的雨滴强度与频率感知雨量的大小。间歇式刮水系统根据实际雨量自动控制刮水器动作次数，使它在 3~52 次/min 范围内变化。为了使小雨中汽车行驶方便，刮水器可置于"AUTO"（自动）档位。如果想使刮水器任意动作，可按下"MIST"开关，则刮水器在按下状态中，以"LOW"方式动作。无雨时，如将刮水器置于"AUTO"位置，则刮水器将以 3 次/min 的速度间歇动作。

自动刮水器控制系统电路如图 10-38 所示。当雨滴触及传感器表面时，在传感器内部产生随雨滴强度和频率变化的电压（A 点在压电元件上发生与雨滴运动能量成正比的电压波

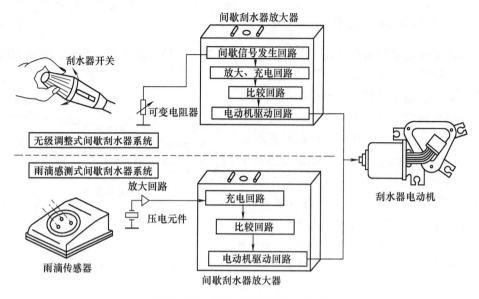

图 10-37 间歇式刮水系统的组成

形),该电压波形经传感器内部放大电路放大(B 点),输入功率放大器内的充电电路。当输入充电电路的电压信号达到一定值(U_0)时,经过比较电路输入刮水器驱动电路,刮水器随即开始动作。

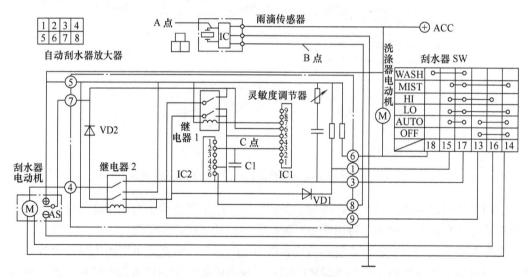

图 10-38 自动刮水器控制系统电路

注:AS 为自动停止机构(电动机回转时连接"-"侧,电动机停止时连接"+"侧)。

由于间歇时间(t)与充电电路电压达到 U_0 的速度成正比,所以雨滴能量越高,车速越快,间歇时间也越短;反之,则越长。

二、电容式雨滴传感器

对于利用静电电容量变化的电容式雨滴传感器来说,因水与空气的介电常数不同,所以当电容极板上附着雨水时,静电电容量就会发生变化,利用这种静电电容量的变化形成振荡电路,则振荡频率就会随着雨量的变化而变化。将此频率信号输入到控制器后,就可以设定间歇刮水器工作时间。

三、光电式雨滴传感器

光电式雨滴传感器是利用发光元件发出的发光波形来工作的。在不下雨时,感光波形与发光波形是一样的;在下雨时,受雨滴的影响,发光波形被搅乱,所以感光波形的振幅发生变化,随雨滴的大小、雨量的大小,感光波形的振幅成正比地衰减,振幅的变化再输入至控制器中,就可以设定间歇刮水器的工作时间,刮水器工作时间与振幅变化的峰值成正比。

1. 结构

光电式雨滴传感器的结构如图 10-39 所示,它由 2 个可以发出红外线的发光二极管(LED)、1 个可以接收红外线的光电二极管、1 个透镜和雨滴传感器胶带组成。

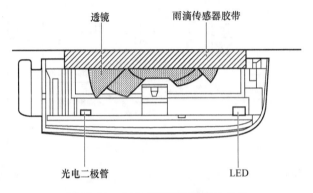

图 10-39 光电式雨滴传感器的结构

无雨滴时光电式雨滴传感器的工作状态如图 10-40a 所示。此时两个发光二极管发的光会通过风窗玻璃的反射作用反射到光电二极管上面。

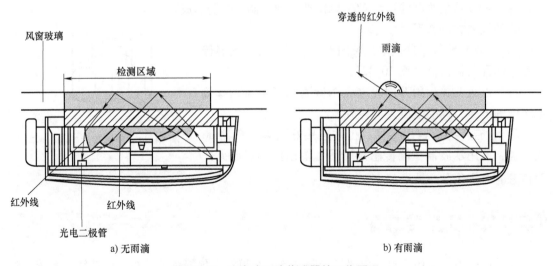

图 10-40 光电式雨滴传感器的工作原理

有雨滴时光电式雨滴传感器的工作状态如图 10-40b 所示。此时风窗玻璃被浸湿，玻璃表面的光学特性发生了变化，光线发生折射，反射的光线将会减小，光电二极管接收到的光也将减少，于是信号电压就发生了变化。

例如，奥迪 A6L（C6）轿车电控智能刮水组合开关具有间歇、间歇分级、单触刮水、刮水 4 种功能。根据雨量不同，雨滴传感器具备 4 种功能：自动起动刮水开或关，以 7 种速度工作；雨天会自动打开前照灯，关闭刮水停止 5s 再刮水一次；雨天车辆停止后自动关闭车门和车顶。当刮臂位于间歇时，上述功能启用，雨滴传感器有 4 种敏感程度可以选择。手动选择总是处于优先位置。

2. 检测

2016 款丰田皇冠刮水洗涤系统中采用了红外线雨滴传感器，其电路如图 10-41 所示。

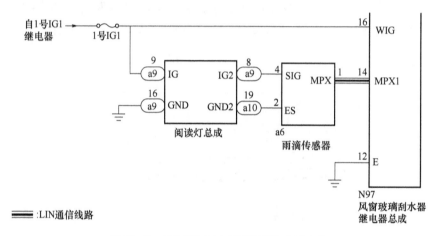

图 10-41　2016 款丰田皇冠雨滴传感器电路

雨滴传感器 a6 端子 4 是来自阅读灯总成插接器 a9 端子 8 提供的 12V 蓄电池电压；端子 2 为接地端，通过阅读灯总成插接器 a10 端子 19 在阅读灯内部接地；端子 1 输出传感器信号，通过 LIN 通信线路输送到 N97 风窗玻璃刮水器继电器总成。

它的检测方法如下：

1）检查雨滴传感器供电：关闭点火开关，拆下雨滴传感器，断开其插接器（图 10-42）。

打开点火开关，用万用表电压档检测端子 4 与车身接地之间的电压，标准电压为 11~14V。

2）检查传感器输出信号：正常连接好雨滴传感器 a6 插接器，使用示波器检测传感器端子 1 输出波形。点火开关打开时应产生脉冲波形。

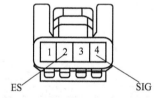

图 10-42　雨滴传感器 a6 端子

第五节　视觉传感器

视觉传感器主要用于自适应巡航控制系统、车道偏离预警系统、车道保持辅助系统、汽车并线辅助系统、自动驻车辅助系统中的障碍物检测和道路检测等。

摄像头有单目摄像头和双目摄像头两种。

单目摄像头是利用摄像头采集车辆前方路况信息，并依靠数据库中保存的物体标志性特征轮廓识别前方物体，从而依靠独立的算法计算出物体与车辆的距离和接近速率。单目摄像头的优点是成本低廉，能够识别具体障碍物的种类，识别准确；缺点是由于单目摄像头的识别原理导致它无法识别没有明显轮廓的障碍物，工作准确率与外部光线条件有关，并且受限于数据库，没有自学习功能。

双目摄像头可以通过视频接收信号计算出汽车与其他物体间的距离。双目摄像头优点是功能较单目摄像头更强大，探测距离更准确，探测距离更远；缺点是成本高于单目摄像头。

摄像头有红外摄像头和普通摄像头，红外摄像头既适合白天工作，也适合黑夜工作；普通摄像头只适合白天工作，不适合黑夜工作。目前使用的主要是红外摄像头。

广义的视觉传感器主要由光源、镜头、图像传感器、模数转换器、图像处理器、图像存储器等组成，如图 10-43 所示，其主要功能是获取足够的机器视觉系统要处理的最原始图像。把光源、摄像机、图像处理器、标准的控制与通信接口等集成一体的视觉传感器常称为一个智能图像采集与处理单元，内部程序存储器可存储图像处理算法，并能使用 PC 机，利用专用组态软件编制各种算法，下载到视觉传感器的程序存储器中，视觉传感器将 PC 机的灵活性、PLC 的可靠性、分布式网络技术结合在一起，用这样的视觉传感器和 PLC 可以更容易地构成机器视觉系统。

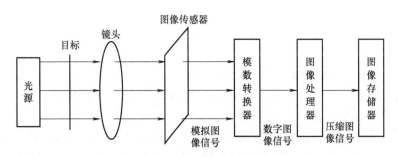

图 10-43 视觉传感器的组成

狭义的视觉传感器是指图像传感器，它的作用是将镜头所成的图像转变为数字或模拟信号输出，是视觉检测的核心部件，主要有 CCD 图像传感器和 CMOS 图像传感器。

1. CCD 图像传感器

CCD 图像传感器用于判断倒车时的障碍物，运动中判断周围的物体距离自己多近，有没有不安全，并提示；自动驾驶时识别地面的色线，使行驶路线不偏离等。

CCD 的全称"Charge Coupled Device"即电荷耦合器件，是一种特殊的半导体。它具有光电转换、电荷存储和电荷转移的功能。它的主要特点是由光电变换所产生的电荷可以在驱动脉冲的作用下自行移动，这种运动方式又称为电荷的自行扫描，广泛应用于自动控制和自动测量，尤其适用于图像识别技术。

从结构原理上 CCD 可以分为线阵 CCD（Linear CCD）和面阵 CCD（CCD Array）两种。线阵 CCD 每次只拍摄图像的一条线，主要用于高分辨率的拍摄设备。

1) 线阵 CCD 的工作原理与台式扫描仪类似，它将图像分割成线状，每条线的宽度大约为 10μm，光线经透镜组投射到线性 CCD 中，CCD 图像传感器根据图像强弱的不同将其转换成不同大小的电流，经 A/D 转换处理，将电信号转换成数据信号，即产生一行的图像数据，然后依次完成整个成像过程。显然，这种方式速度很慢，成像的时间长，但分辨率很高。另外，由于采用线阵 CCD 扫描方式的数码相机需要一个保持静止的目标，因此无法用来拍摄移动物体。

2）面阵 CCD 是平面阵列 CCD 简称，也称区域阵列 CCD。与线阵 CCD 不同，面阵 CCD 包含一个光敏元件阵列，在其接收板上纵横排列集成有几十万、几百万甚至上千万个光电二极管及译码寻址电路。

当光线经过镜头在面阵 CCD 上成像时，每个光电二极管会因感受到的光强度的不同而耦合出不同数量的电荷。通过译码电路可取出每个光电二极管上耦合出的电荷而形成电流，该电流经 A/D 变换即形成一个二进制数字量，该数字量对应一个像素点（实际上二极管的数量通常大于拍摄照片中像素点的数量）。上百万像素点集合起来即构成了数字照片。显然，矩阵中的像素点越多，所获得的图像分辨率就越高。

2. CMOS 图像传感器

CMOS（Complementary Metal Oxide Semiconductor）中文全称为互补性氧化金属半导体。CMOS 图像传感器是利用 CMOS 工艺制造的图像传感器，主要利用了半导体的光电效应，和 CCD 的原理相同。

CMOS 图像传感器与 CCD 图像传感器一样，可用于自动控制、自动检测、摄影摄像、视觉识别等各个领域。

CCD 和 CMOS 图像传感器的主要参数有像素、帧率、靶面尺寸、感光度、信噪比和电子快门等。

CCD 和 CMOS 图像传感器的差异如下：

1）制造上的差异。CCD 和 CMOS 同为半导体，但 CCD 是集成在半导体单晶材料上；CMOS 是集成在金属氧化物的半导体材料上。

2）工作原理的差异。主要区别是读取视觉数据的方法，CCD 从阵列的一个角落开始读取数据；CMOS 对每一个像素采用有源像素传感器及晶体管，以实现视觉数据读取。

3）视觉扫描方法的差异。CCD 传感器连续扫描，在最后一个数据扫描完成之后才能将信号放大；CMOS 传感器的每个像素都有一个将电荷转化为电子信号的放大器。

4）感光度的差异。CMOS 每个像素包含了放大器与 A/D 转换电路，过多的额外设备压缩单一像素的感光区域的表面积，因此在相同像素下，同样大小之感光器尺寸，CMOS 的感光度会低于 CCD。

5）分辨率的差异。CMOS 每个像素的结构比 CCD 复杂，其感光开口不及 CCD 大，比较相同尺寸的 CCD 与 CMOS 感光器时，CCD 感光器的分辨率通常会优于 CMOS。

6）噪声的差异。CMOS 每个感光二极管旁都搭配一个 ADC 放大器，如果以百万像素计，那么就需要百万个以上的 ADC 放大器，虽然是统一制造下的产品，但是每个放大器或多或少都有微小差异存在，很难达到放大同步的效果，对比只有一个放大器的 CCD，CMOS 最终计算出的噪声就比较多。

7）成本的差异。CMOS 应用半导体工业常用的 MOS 制程，可以一次将全部周边设施整合于单芯片中，节省加工芯片所需负担的成本和良率的损失；相对地，CCD 采用电荷传递的方式输出信息，必须另辟传输信道，如果信道中有一个像素故障，就会导致一整排的信号阻塞，无法传递，因此 CCD 的良率比 CMOS 低，加上另辟传输通道和外加 ADC 等，CCD 的制造成本相对高于 CMOS。

8）耗电量的差异。CMOS 的影像电荷驱动方式为主动式，感光二极管所产生的电荷会直接由旁边的晶体管做放大输出；但 CCD 却为被动式，必须外加电压让每个像素中的电荷移动至传输通道。而这外加电压通常需要 12V 以上，因此 CCD 还必须有更精密的电源线路设计和耐压强度，高驱动电压使 CCD 的电量远高于 CMOS。

CCD 摄像机和 CMOS 摄像机在使用过程中还涉及诸多工作参数。就当前技术现状，CCD 摄像机的灵敏度和解析度均比 CMOS 高，为了能够确保视觉识别的精度和准确度，一般选用 CCD 摄像机作为图像传感器。

第六节　存储式后视镜用传感器

一、存储式后视镜用传感器的结构

存储式后视镜用传感器是指自动存储记忆、调整车门外后视镜的上下、左右方向上角度的一种装置。它由上下和左右方向的两组位置传感器组成，其结构和安装位置如图 10-44 所示。它由安装在后视镜的把柄上的霍尔元件和埋入在驱动后视镜用驱动轴螺钉后端部的永久磁铁所构成。

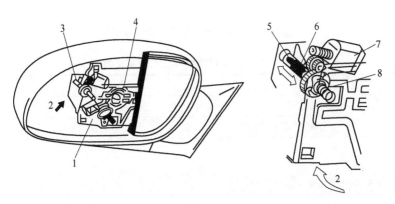

图 10-44　存储式后视镜用传感器构造与安装位置
1—上下方向位置传感器　2—A 向视图　3—左右方向位置传感器　4—后视镜支架
5—永久磁铁　6—霍尔元件　7—电动机（左右方向调整）　8—驱动轴螺钉

二、存储式后视镜用传感器的检测

现以丰田凌志 LS400 型轿车存储式后视镜用传感器为例，说明其检修方法（图 10-45）。

1）将 3 节 1.5V 的干电池串联起来后，其正极接到传感器端子 5，负极接端子 8。

2）将电压表的正测试棒接传感器端子 6，负测试棒接端子 8。

3）将蓄电池正、负极接端子 1、2，如图 10-45a 所示，其正极接 1，负极接 2；图 10-45b 中正极接 2，负极接 1。检测后视镜在最高位置和最低位置之间移动时的电压表所示的电压值。最低位置时，其值为 2.8~5.0V；最高位置时，为 0~0.9V。当后视镜由低至高变化时,电压表所指示的电压值应逐渐减小。若检测的结果不符合规定值,则应更换存储式后视镜用传感器。

4)如图10-45c、d所示,将电压表正极接端子7,负极接端子8,蓄电池正、负极接端子1和3,观察后视镜由最左位置向最右位置移动时电压的变化情况,见表10-3。

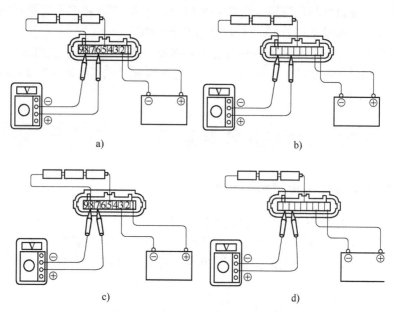

图 10-45　检修存储式后视镜用传感器

表 10-3　后视镜位置移动及电压变化情况

后视镜位置		最左	左右	最右
电压/V	左后视镜	2.8~5.0	逐渐减小	0~0.9
	右后视镜	0~0.9	逐渐增大	2.8~5.0

*第七节　燃油含水率传感器

一、燃油含水率传感器的作用与原理

目前,电控柴油机的燃油粗滤器普遍带有油水分离器,油水分离器的下部安装了燃油含水率传感器,当燃油中的水分在油水分离器内到达传感器两电极的高度时,利用水的可导电性将两电极短路,此时水位警告灯点亮,提示驾驶人放水。

长城汽车GW2.8TC型柴油机的燃油含水率传感器与ECU的连接电路如图10-46所示。燃油含水率传感器有3个接线端子,1号端子接电源、2号端子接ECU的K40端子(信号)。

二、燃油含水率传感器的检测

1)外线路检查。用万用表电阻档,测量燃油含水率传感器的2号端子与对应的ECU的K40端子之间的电阻值,判断外线路是否存在短路及断路故障。

2）传感器电压值测量。关闭点火开关，拔下燃油含水率传感器，打开点火开关，测量线束侧插头 1 号端子与搭铁之间电压值应为 12V，3 号端子电压为 0V。

3）传感器电阻值测量。1 号与 2 号端子之间电阻应为无限大，2 号与 3 号端子之间电阻值应为 4MΩ 左右，1 号与 3 号端子之间电阻值应为 1.5~2.5MΩ。

如果故障指示灯常亮，故障码为"燃油含水率传感器故障"，可能的故障原因包括：插拔过程中传感器端子弯曲、传感器线路虚接，导致信号端子输出电压信号偏差过大；燃油中含水量过大，使两个电极长期处于导通状态，系统便会一直点亮故障指示灯。

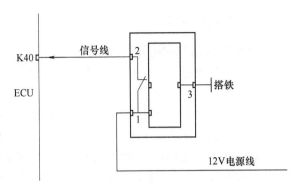

图 10-46　燃油含水率传感器与 ECU 的连接电路

第八节　空调压缩机锁定传感器

空调压缩机锁定传感器安装在空调压缩机的内部，用于检测压缩机的转速，压缩机每转一圈，锁定传感器产生 4 个脉冲信号输送给空调 ECU。如果压缩机转速与发动机转速之比小于预定值，则空调 ECU 便使压缩机停转，指示器以约 1s 间隔闪光一次。

空调压缩机锁定传感器的检测方法如图 10-47 所示。

测量传感器插接器端子 1 和 2 之间的电阻。在 25℃，阻值为 530~650Ω；在 100℃，阻值为 670~890Ω。否则，应更换传感器。

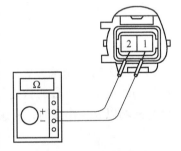

图 10-47　空调压缩机锁定传感器的检测

第九节　汽车导航传感器

汽车导航系统开始只用于显示估计到达目的地的时间和将要行驶的距离，并用作罗盘和转向盘传感器，后来把交通地图编制成数字化数据库的形式，可利用电子地图及在地图上指示当前汽车所处的位置等，这样就要有更多的传感器才能满足各种功能的需要。

汽车导航系统利用车内 GPS 信号接收机接收至少 4 颗 GPS 卫星的信号，以确定汽车在地球坐标系的位置，再与汽车导航仪中的电子地图进行匹配，从而将汽车所在的位置在导航仪的显示屏中显示出来。但是当汽车行驶在隧道、高层楼群、高架桥、高山群涧、密集森林等地段时，将与 GPS 卫星失去联系，这时导航系统自动转入自主导航，由车速传感器检测出汽车的行驶速度，通过微处理器的数据处理，由速度和时间算出前进的距离，由地磁场传感器（陀螺仪）直接检测出汽车的前进方向和行驶路线状态。汽车导航系统传感器包括罗盘传感器（陀螺仪）、车轮转差方向传感器、车速传感器等。

一、罗盘传感器

1. 罗盘传感器的结构与原理

罗盘传感器通过对地球磁场的感应来测定汽车的方向。该传感器的结构如图 10-48 所示。在环状铁心上缠绕着励磁线圈，而两个互成直角的感应线圈绕在具有高导磁率的环状铁心的磁场中心。

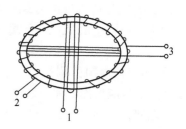

图 10-48 罗盘传感器的结构

当对励磁线圈施加交流电时，磁场中心的磁通量发生变化，在感应线圈内由于电磁感应而产生感应电压。在无外部磁场干扰时，环形磁场的磁通量变化如图 10-49 所示，在磁场中心产生 S_1 和 S_2 的感应电压，其极性相反，互相抵消。

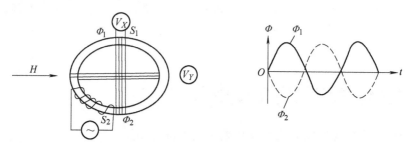

图 10-49 罗盘传感器的原理

当外部磁场 H 与某一感应线圈成直角时，输出的感应电压为 V_X，被附加在由励磁电流所产生的磁场上，使磁通量变得不对称（图 10-50），输出的电压与磁通量的差值成比例。当外部磁场以 θ 角作用时，在感应线圈中所产生的输出电压 V_X 和 V_Y 可用下式计算：

$$V_X = KH\cos\theta$$
$$V_Y = KH\sin\theta$$
$$\theta = \arctan(V_Y/V_X)$$

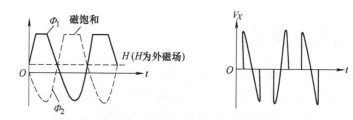

图 10-50 罗盘传感器的输出电压波形

这样汽车行驶的方向就可通过两个感应线圈输出的电压来测定。

另外，还有利用地磁制作的发电式方位传感器。它是由两个相位相反、串联的线圈和特殊形状的铁心等组成的。其输出电压与传感器和地磁的夹角相关，由此可测出地磁的方向。

2. 罗盘传感器的检测

利用地磁制成的罗盘传感器因地磁的强度很小，故很容易受到外界的磁场干扰。因为这种传感器信噪比比较小,当外界的干扰信号和有用信号在同一数量级时,就会使之无法正常工作,所以当汽车经过一条隧道、驶过一座铁桥、与一辆大型货车并排行驶,或把扬声器等强磁场体靠近传感器时,地磁会暂时被扰乱,致使传感器无法正常工作。这种类型的传感器出现故障时,首先看有无上述干扰地磁的现象发生,然后用数字式万用表逐级测量传感器的信号输出是否随汽车方向改变而相应地变化。如发现传感器本身有问题时,可以把传感器有关连接线拆开,对两个线圈进行电阻测量;如发现电阻为零或无穷大,则说明传感器本身有短路或断路发生。

二、车轮转差方向传感器

用于防抱死制动系统(ABS)中的前轮转速传感器也可以被用于汽车导航系统中作为方向传感器。通过对左、右前轮传感器输出的脉冲差(左、右前轮的行驶距离差)的测定,可计算出汽车是否已转向及方向的变化量。当汽车在以 R 为半径的圆弧上转动 θ 角度时,汽车的两个前转向轮均以相同的转动中心旋转。对于每个前轮所走过的路径(图10-51)可以通过公式计算出来。两个前轮所走过的距离 L_i 和 L_e 因转弯半径的不同而异,可分别用每个前轮的转弯半径 R_i 和 R_e 来计算:

$$L_i = R_i \theta$$
$$L_e = R_e \theta$$

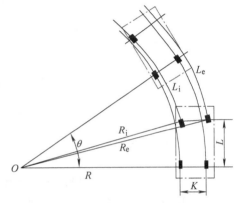

图10-51 汽车转向时每个车轮的行驶轨迹

而每个前轮的转弯半径可由下式表示,其中 R 是汽车后轮的转弯半径,L 是前后两排车轮的轮距,K 是同排车轮的间距:

$$R_i = \sqrt{R^2 + L^2}$$
$$R_e = \sqrt{(R+K)^2 + L^2}$$

取内、外侧车轮所走过的距离比为 P,则有:

$$P = \frac{L_e}{L_i} = \frac{\sqrt{(R+K)^2 + L^2}}{\sqrt{R^2 + L^2}}$$

通过对上述公式变换可得:

$$R = \frac{K + \sqrt{K^2 - (P^2+1)[(P^2-1)L^2 - K^2]}}{P^2 - 1}$$

对汽车而言,前后车轮轮距 L 和车轮间距 K 值是一定值,这样只需通过计算前车轮内侧和外侧轮所行驶过的距离之比值 P,即可得到后车轮的转弯半径 R。相应地可采用下式计算出汽车转向角 θ:

$$\theta = \frac{180°}{\pi} \frac{L_i}{R_i} = \frac{180°}{\pi} \frac{L_i}{\sqrt{R^2 + L^2}}$$

同样,对汽车每行驶一设定的距离计算出汽车转向角,从汽车第一次转向点开始,通过对全部转向角求算术和,则可计算出汽车到目前为止的方向改变量。

三、陀螺仪

采用陀螺仪是检测汽车行驶方向的另一种方法。它是通过测定汽车转向角速度，并对该角速度进行积分来检测方向的变化。目前车用的陀螺仪种类较多，但在汽车导航系统中采用的一般是气体流率差陀螺仪，还有就是光纤维陀螺仪。

1. 气体流率差陀螺仪的结构与原理

图 10-52 为气体流率差陀螺仪工作原理框图。在气体流率差陀螺仪中，用一台气泵以设定的流率泵送氦气。通过设有两条热线的探测器，测量流过这两条热线的气体流率的变化而得到汽车转弯的角速度。

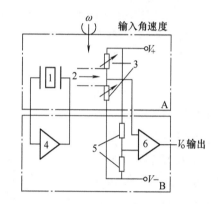

图 10-52　气体流率差陀螺仪工作原理框图
1—气泵　2—气流　3—热线　4—振荡器　5—电阻　6—放大器　A—传感部分　B—电路部分

当氦气从气泵喷嘴喷出后逐渐膨胀，气体通过热线时，气体流率的分布情况如图 10-53 所示。如果汽车以直线行驶，氦气均匀地流过两条热线，并均匀地冷却热线，使两条热线的温度平衡，则由桥式电路组成的方向检测电路的输出电压为零。当汽车行驶方向变化时，产生复合向心力，气流方向改变，气流冲刷每一条热线的方式发生差异，两条热线的热力平衡被破坏，产生输出电压（图 10-54）。通过对输出电压的检测可计算出汽车转向时的角速度。

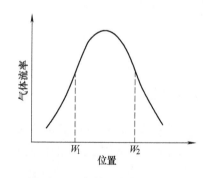

图 10-53　气体流率的分布情况

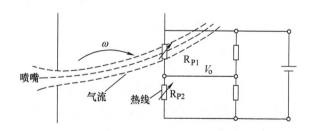

图 10-54　气体流率差陀螺仪检测原理图

2. 光纤维陀螺仪的结构与原理

光纤维陀螺仪的检测原理如图 10-55 所示，光从光纤维线圈 A 点入射，经向左、向右两方向回转传播，光程相同时两方向同时经过一个周期到达输出点 B。当光纤维线圈以角速度 ω 向右旋转时，从 A 点入射的同一周期内左右方向传播的光程不同，右回转传播光程与左回转传播光程两者相差一定角度，在原输出点 B 测量两方向传到的光相位不同。测定两光干涉的强度，可以确定两方向光的传播时间差（相位差），从而计算出光纤维线圈（汽车）的转向角速度ω。

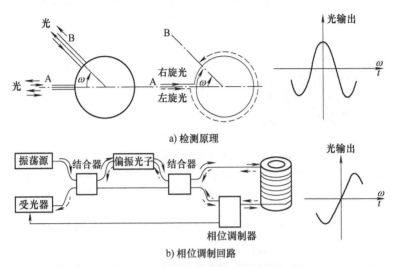

图 10-55　光纤维陀螺仪检测原理与相位调制回路

*第十节　智能型蓄电池传感器

智能型蓄电池传感器（IBS）是电源管理系统的一个组成部分，它由机械、硬件和软件三部分功能元件组成。IBS 的机械部分是由蓄电池负极接线柱及接地线组成的。智能型蓄电池传感器（IBS）内部安装的智能芯片通过电源线 B + 给其供电，同时提供蓄电池电压信号。智能型蓄电池传感器工作时可以连续检测蓄电池电压、蓄电池充电/放电电流、蓄电池电解液温度。智能芯片内部的软件还负责控制相关流程和与发动机 ECU 的通信，通过数据接口将数据传送至发动机 ECU。

智能型蓄电池传感器安装在蓄电池负极上。

为了进行数据传输，智能型蓄电池传感器通过 LIN 总线与数字式发动机电子伺服控制系统（DME）或数字式柴油机电子装置（DDE）连接，如图 10-56 所示。

在行驶模式下和在车辆处于静止状态时查询检测值。

1) 行驶模式。计算蓄电池状态，用于蓄电池充电状态（SOC：充电状态）和蓄电池状态（SOH：健康状态）的基础，平衡蓄电池的充电和放电电流。

计算车辆起动时的电流变化，以便确定蓄电池状态。

智能型蓄电池传感器中的软件控制与发动机 ECU 的通信。

2) 车辆静止。在车辆处于静止状态时周期性地检查检测值，以便识别能量损失。智能型蓄电池传感器已被编程成每 14s 唤醒一次，以便通过一次重新检测更新检测值。检测持续时间约 50ms。检测值记录到蓄电池传感器中用于记录静态电流的存储器中。在发动机重新起动后，发动机 ECU 读取静态电流的变化过程。如果与定义的静态电流变化过程存在偏差，则在发动机 ECU 中记录一个故障码。

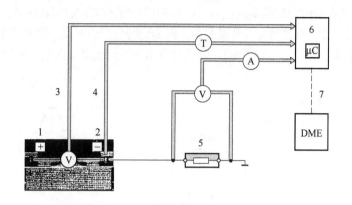

图 10-56 智能型蓄电池传感器控制原理图

1—蓄电池正极 2—蓄电池负极 3—蓄电池电压检测 4—蓄电池温度检测 5—电流检测（分流器上的电压降） 6—IBS 中的微控制器 7—串行数据接口

为了计算蓄电池指示参数，还要同时对蓄电池的充电状态 SoC 进行检测计算，见表 10-4。

表 10-4 蓄电池的 IBS 检测范围

项 目	IBS 检测范围	项 目	IBS 检测范围
电压	6~16.5V	起动电流	0~1000A
电流	-200~+200A	温度	-40~105℃
休眠电流	0~10A		

*第十一节 侵入传感器

侵入传感器通过超声波检测车辆内的运动，并将检测到的信号发送到后车身控制模块（RBCM），以便检测是否有驾驶室侵入。

侵入传感器位于车顶的中前部，如图 10-57 所示。

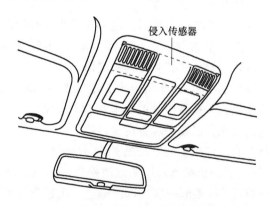

图 10-57 侵入传感器的安装位置

在装备防盗系统的车辆中，侵入传感器向乘员舱输出超声波，如图 10-58 所示。侵入传感器检测从目标物体输出或反射回来的超声波（反射波）相位差。在由于车内移动（入侵者）而出现反射波相位差时，CPU 计算这种相位差的级别。若相位差符合特定准则，侵入传感器向后车身控制模块（RBCM）发送一个检测信号。

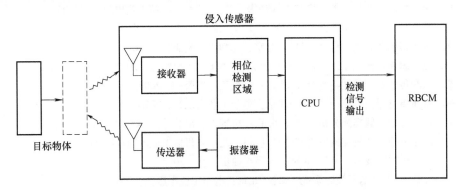

图 10-58　侵入传感器工作原理

复 习 题

一、填空题

1. 光量传感器是一种检测（　　　）的传感器。
2. 日照传感器主要应用于（　　　）控制系统中。
3. 磨损检测传感器用于检测（　　　）的磨损情况。
4. 罗盘传感器通过对地球磁场的感应来测定（　　　）。
5. 当车内湿度较大时，车内安装的（　　　）会检测到空气湿度超标，从而会自动打开汽车空调系统。

二、简述题

1. 结露传感器的作用是什么？
2. 晶体管式电流传感器的原理是什么？

参 考 文 献

[1] 吴文琳，李美生. 汽车传感器识别与检修精华［M］. 北京：机械工业出版社，2006.
[2] 贺展开，龚晓艳. 汽车传感器的检测［M］. 2版. 北京：机械工业出版社，2011.
[3] 何金戈. 汽车传感器原理与检修［M］. 北京：化学工业出版社，2009.
[4] 宋年秀，等. 怎样检测汽车传感器［M］. 北京：中国电力出版社，2007.
[5] 谭本忠. 汽车传感器维修图集［M］. 北京：机械工业出版社，2009.
[6] 姜立标. 汽车传感器及其应用［M］. 北京：电子工业出版社，2010.
[7] 谭本忠. 汽车波型与数据流分析［M］. 北京：机械工业出版社，2009.
[8] 栾琪文. 汽车电控柴油机结构原理与维修［M］. 北京：机械工业出版社，2007.
[9] 舒华. 汽车电子控制技术［M］. 北京：人民交通出版社，2002.
[10] 麻友良. 汽车电器与电子控制系统［M］. 北京：电子工业出版社，2007.
[11] 温国标. 汽车电气设备构造与检修［M］. 北京：机械工业出版社，2008.
[12] 于文海. 车载网络系统原理与检修［M］. 北京：电子工业出版社，2008.
[13] 孙余凯，吴鸣山. 汽车电路故障检测与分析500例［M］. 北京：化学工业出版社，2013.